JN025637

税務重要裁決事例

元審判官が解説!
税理士が誤りやすいポイント

企業編 第2集

編集代表
成松洋一

第一法規

は　し　が　き

　最近、経済取引の高度化、国際化等を反映して税の取扱いが複雑、難解になる傾向がみられ、納税者の税に対する関心も高い。これらの事情もあって、租税に関する不服申立てや訴訟が注目され、重要性が増している。

　平成26年6月の税制改正では、従来の「異議申立て」が「再調査の請求」に名称変更されるとともに、異議申立て前置主義が廃止され、全ての処分につき、直接国税不服審判所長に対して審査請求をしてよいこととされた。

　これは、国税の不服申立ては、審査請求を原則とし、納税者の選択により再調査の請求ができる、という納税者の利便性の向上を図り、選択の自由度を増す、という趣旨によるものである。

　このように、審査請求の重要性が高まったのであるが、その審査請求に対する裁決を行う機関が国税不服審判所である。その裁決例も数多く集積され、注目される事例や他の参考となる事例も少なくない。

　そこで、法人税と消費税に関して参考となる裁決例について、国税審判官の勤務経験をもつ者が、そのポイントや留意点、注意点を解説し、『税務重要裁決事例　企業編』として2019年6月に刊行した。これは、大方の好評を得たところであり、その後も先例となる裁決例が出されているので、『税務重要裁決事例　企業編　第2集』を刊行することとしたものである。審判所が公表していない裁決例のなかにも、参考となるものが少なくないので、そのような未公表裁決もできるだけ取り上げている。

　本書が、『第1集』同様、税理士や公認会計士をはじめ、会社の税務担当者などにいささかなりとも、参考になれば幸いである。

　　令和5年3月

　　　　　　　　　　　　　　　　　　　　　編集代表　成松　洋一

凡　例

　本書に掲載している根拠法令・通達等には、次の略称を用いています。なお、裁決事例中の法令は、裁決当時の法令に基づいています。

法　令　・　通　達　等　の　名　称	略　　　　　　称
国税通則法	通則法
国税通則法施行令	通則法令
国税通則法施行規則	通則規則
所得税法	所得税法
所得税法施行令	所得税令
所得税法施行規則	所得税規則
所得税基本通達	所基通
法人税法	法人税法
法人税法施行令	法人税令
法人税法施行規則	法人税規則
法人税基本通達	法基通
消費税法	消費税法
消費税法施行令	消費税令
消費税法施行規則	消費税規則
消費税法基本通達	消基通
租税特別措置法	措置法
租税特別措置法施行令	措置法令
租税特別措置法施行規則	措置法規則
租税特別措置法関係通達	措置法通達

目　次

はしがき

国税不服申立ての構造と審査請求・裁決事例の意義

1 税務争訟の構造

税務署長は、納税者の申告した所得金額や税額の計算が法令に照らして誤っていると認められる場合には、更正処分や加算税の賦課決定処分を行う（通則法第24条、第26条、第32条）。

また、納税者が納税申告をすべきにもかかわらず、申告をしなかった場合には、所得金額や税額を確定させるための決定処分をする（通則法第25条）。

さらに、税務署長、国税局長又は国税庁長官は、各種の課税上の申請や請求に対する承認や認定、拒否等の処分を行っている。

このような国税に関する処分に納得できない納税者が、その処分の取消しや変更を求めて不服を申し立てる制度として、①再調査の請求と②審査請求との2つが認められている。これら不服申立ての結果につきなお不服がある場合には、③訴訟を提起することができる。現行の国税に関する処分については、三段階での争いが可能な仕組みになっている（後掲・国税不服審判所ホームページ「国税の不服申立制度の概要図」参照）。

2 再調査の請求

納税者が上述したような国税に関する処分に不服がある場合には、その処分をした税務署長又は国税局長に対して再調査の請求をすることができる（通則法第75条第1項）。ただし、税務署長がした処分でその処分のもとになった調査が国税局の職員によって行われた旨の記載がある書面により通知されたものは、国税局長に対して再調査の請求をする（通則法第75条第2項）。

平成26年6月の税制改正により、国税の不服申立手続が改正され、従来の「異議申立て」が「再調査の請求」と改称された。その改正を機に、再調査の請求期間については、処分があったことを知った日の翌日

から起算して3カ月以内に伸長された（通則法第77条第1項）。

3　審査請求

⑴　直接審査請求

　　上記再調査の請求の決定を経た後の処分になお不服がある納税者は、次に国税不服審判所長（以下「審判所長」という。）に対して審査請求をすることができる（通則法第75条第3項）。その場合の審査請求期間は、再調査決定書の謄本の送達があった日の翌日から起算して1カ月以内である（通則法第77条第2項）。

　　ただし、平成26年6月の税制改正前は、異議申立て前置主義がとられ、原則としてまず異議申立てを経なければ、審査請求はできなかったが、その改正後は納税者の選択により、全ての処分について再調査の請求を経ず、直接審判所長に対して審査請求をしてよいこととされた（通則法第75条第1項）。この場合の審査請求期間は、処分があったことを知った日の翌日から起算して3カ月以内である（通則法第77条第1項）。

　　同改正後は、審査請求が原則であると位置づけられている。

⑵　国税不服審判所の性格

　　上記により納税者から審査請求がされた場合、国税不服審判所（以下「審判所」という。）は事案の調査・審理を行い、裁決を行う（通則法第78条第1項）。その審判所は、あくまでも国税庁の組織の一つとしての特別の機関たる行政機関である（国家行政組織法第8条の3、財務省設置法第22条）。審判所長は、国税庁長官が財務大臣の承認を受けて任命する（通則法第78条第2項）。

　　しかし、審判所は、その発足の経緯・趣旨から、その独立性を高め、第三者的機関とするため、各種の措置が講じられている。例えば、実際に事案の調査・審理を行う国税審判官に判事、検事等の司法関係者や学者、公認会計士、税理士を任命する等である（通則法第79

条第4項、通則法令第31条）。従来から本部審判所長、東京及び大阪の審判所長には、現役の判事や検事が任命されているし、最近では、国税審判官の公募を行っており、各地の審判所に公認会計士や税理士等が多数配置されている。

　従来、国税審判官のほとんどが国税職員であったため、「同じ穴の貉（むじな）」と揶揄されることもあったが、今後は更に裁決にも第三者的感覚が多く取り入れられ、信頼性が増していくものと思われる。また、全裁決の要旨や参考裁決事例の公表等も、開かれた審判所とするための一つの施策といえよう。

　なお、審判所は国税庁の組織の一つとはいえ、審判所長は、国税庁長官通達と異なる解釈により裁決をすることができる、通達審査権を有している（通則法第99条）。通達は全ての社会経済情勢に対応して定めることは不可能であるから、納税者の特殊事情による個別的、具体的妥当性を担保しようとするものである。

(3)　最近の審査請求の状況

　審判所が発表した令和3年度における審査請求の状況は、次のとおりである（「令和3年度における審査請求の概要」令和4年6月国税不服審判所、記者発表資料より）。

○審査請求の発生状況　　　　　　　　　　　　　　　（単位：件、％）

区分	課税関係							徴収関係	合計
	申告所得税等	源泉所得税等	法人税等	相続税贈与税	消費税等	その他			
令和2年度	内直審 516 内二審 238 754	内直審 32 内二審 10 42	内直審 234 内二審 95 329	内直審 149 内二審 30 179	内直審 586 内二審 244 830	内直審 6 内二審 0 6	内直審 1,523 内二審 617 2,140	内直審 78 内二審 19 97	内直審 1,601 内二審 636 2,237
令和3年度	内直審 506 内二審 264 770	内直審 42 内二審 11 53	内直審 451 内二審 87 538	内直審 122 内二審 35 157	内直審 598 内二審 260 858	内直審 13 内二審 1 14	内直審 1,732 内二審 658 2,390	内直審 79 内二審 13 92	内直審 1,811 内二審 671 2,482
前年度比	98.1 110.9 102.1	131.3 110.0 126.2	192.7 91.6 163.5	81.9 116.7 87.7	102.0 106.6 103.4	216.7 皆増 233.3	113.7 106.6 111.7	101.3 68.4 94.8	113.1 105.5 111.0

○審査請求の処理状況 (単位：件、％)

区　分	要処理件数	審査請求の処理状況			認　容				未　済	1年以内処理件数割合
		取下げ	却　下	棄　却		一部	全部	合　計		
令和2年度(構成比)	4,549	199(8.5)	93(4.0)	1,803(77.4)	233(10.0)	168(7.2)	65(2.8)	2,328(100.0)	2,221	83.5
課税関係	4,369	190	35	1,725	227	167	60	2,177	2,192	82.5
徴収関係	180	9	58	78	6	1	5	151	29	98.0
令和3年度(構成比)	4,703	321(14.1)	98(4.3)	1,566(68.6)	297(13.0)	137(6.0)	160(7.0)	2,282(100.0)	2,421	92.6
課税関係	4,582	294	73	1,539	296	136	160	2,202	2,380	92.3
徴収関係	121	27	25	27	1	1	0	80	41	100.0

　これをみて注目されるのは、「法人税等」及び「消費税等」では、再調査の請求（異議申立て）を経ないで直接審査請求（表の「内直審」）のあった件数が、多い点である。これは、平成26年6月の税制改正を反映したものであろう。

　ただ、「消費税等」にあっては、直接審査請求のあった件数の割合が低下する傾向がみられる。これは、事実関係や争点の整理、課税庁の考え方を知るため、再調査の請求が見直されているのであろうか。

　逆に、「法人税等」にあっては、直接審査請求のあった件数の割合が上昇する傾向がみられるとともに、審査請求自体の件数が大幅に増加している。

(4) 裁決事例の意義と実務への利用

　審判所の裁決事例をみると、訴訟が主として高度な法律解釈や事実認定が争われるのに対し、審査請求はきわめて実務的、実践的な処理に関する事案が多い。そのため、裁決事例は、公認会計士や税理士、経理担当者等の実務家の実務上の処理に当たって、参考になるものが少なくない。

審判所では、全裁決の裁決要旨を、税目別・争点項目別に公開しているから、それを検索すれば類似事案や参考裁決事例が見つかるであろう。また、裁決事例を時系列でみれば、例えば法人税でいえば役員給与や組織再編税制、国際課税をめぐる争いが目立つ等、現在の税務の問題点の傾向やあり方がみえてくる。

　裁決において、審査請求人（以下「請求人」という。）の主張が認容され、原処分庁の主張が排斥されたとしても、原処分庁は、訴訟を提起することはできない。審判所長の判断は、行政庁としての最終判断であるからである。その意味では、特に請求人の主張が認容された裁決は、裁決で示された法律解釈や事実認定は行政庁（国税庁）の最終的な判断であるといえ、実務上の指針となるであろう。

　また、裁決書を形式的にみれば、裁決書はあくまでも行政文書であるから、法律専門家の書く判決文に比べて、用語や文章等が簡潔で平易である。事実関係の把握も比較的しやすい。その点では、訴訟の判決内容を検討する場合には、まず裁決書を参照することが有用である。

（成松洋一）

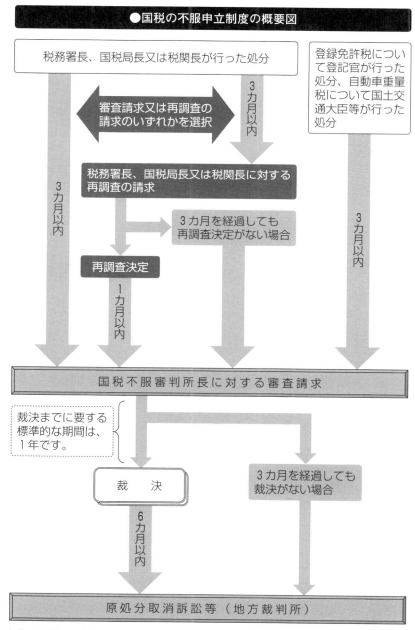

●国税の不服申立制度の概要図

税務署長、国税局長又は税関長が行った処分

登録免許税について登記官が行った処分、自動車重量税について国土交通大臣等が行った処分

審査請求又は再調査の請求のいずれかを選択

3カ月以内

税務署長、国税局長又は税関長に対する再調査の請求

3カ月を経過しても再調査決定がない場合

再調査決定

1カ月以内

3カ月以内

3カ月以内

国税不服審判所長に対する審査請求

裁決までに要する標準的な期間は、1年です。

裁決

3カ月を経過しても裁決がない場合

6カ月以内

原処分取消訴訟等（地方裁判所）

出典：国税不服審判所ホームページ「国税の不服申立制度の概要図」

税務重要裁決事例　企業編 第2集

法人税関係

● 所得の帰属

取引先から元代表者に支払われた金員は、請求人に帰属する収益とは認められないとされた事例

平成29年3月10日裁決　裁決事例集№106-63頁

裁決の要旨

　原処分庁は、請求人の元代表者からの求めに応じて支払われた金員（本件金員）について、元代表者が取引先に対して請求人の会長として振る舞っていたこと、本件金員が請求人宛の支払明細書（本件支払明細書）に基づき支払われたこと、本件金員の支払者が請求人との取引の継続を条件として支払っていたことから、本件金員は請求人に支払われたものである旨主張する。

　しかしながら、当時、元代表者は請求人の役員や従業員ではなく、請求人が受注した工事に仲介人として関与したにすぎないことからすれば、元代表者の行為を請求人の行為と同視することはできず、また、本件支払明細書が請求人に送付されたと認めるに足りる証拠はないから、本件支払明細書の記載をもって、本件金員が請求人に支払われたものとは認められず、さらに、請求人との取引の継続を目的として本件金員が支払われたことは、本件金員が請求人に支払われたことの決め手とはいえない。

　これらのことからすれば、本件金員は、元代表者個人に支払われたものと認めるのが相当であり、請求人に帰属する収益とは認められない。

本裁決のポイント解説

1　本事例は、取引先から請求人の元代表者Jに支払われた金員について、請求人提出資料、原処分関係資料及び審判所の調査結果をもとに、審判所が当該金員の支払に係る事実関係を総合勘案して、元代表者個人又は請求人のいずれに帰属するかを判断したものであり、その事実認定の過程や判断は実務上の参考となる。

2　本件は、原処分庁が、請求人は金属スクラップ等の売買取引により得た収入を故意に計上しなかったなどとして、法人税の更正処分及び重加算税の賦課決定処分をしたのに対し、請求人が、当該取引に基づく収益は請求人に帰属するものではないなどと主張して、原処分の全部の取消しを求めた事案である。

　　ここでは、「本件金員が請求人に帰属する収益であるか否か」について本件争点として取り上げる。

3　本件争点に関する主な事実関係は、概要次のとおりである。
　⑴　請求人は、Jがその全額を出資して設立した、土木建築工事業等を営む同族会社であり、Jは、請求人の設立以前から、個人で「K」の屋号を用いて土木建築工事業等を営んでいた。
　⑵　Jは、平成21年6月に請求人の取締役を辞任した後は、請求人の役員や従業員であったことはなく、遅くとも本件法人税更正処分等の対象期である平成24年6月期以降、請求人の株式は有していない。
　⑶　Jは、請求人がL社から本件工事における解体作業を受注し、当該作業をさらにT社に外注するに当たり、請求人とL社・T社の間をそれぞれ仲介した。本件工事の解体現場からは、非鉄金属が発生したため、請求人はL社から買い受けた金属スクラップ等をM社に売り渡す旨の継続的売買契約（本件売買契約）を締結したが、J

11

は、本件売買契約の締結に当たり、請求人とM社の間を仲介した。

⑷　請求人は、本件売買契約に基づく代金について、M社から、支払金額の内訳等が記載された支払明細書の送付を受け、当該明細書に記載された代金額の支払を受けていた。

⑸　その後、M社における請求人の担当者であったNは、Jから、本件工事で搬出され、本件売買契約に基づきM社に売り渡された金属スクラップ等の中に希少金属が含まれていたことを理由に、相応の金額の支払を求められたため、Nは、本件支払明細書を作成し、当該希少金属の対価に見合う金額である本件金員を、Nが経営するP社を振込名義人として、Jに支払った。

⑹　請求人とP社の間で、金属スクラップ等の売買契約が締結されたことはなく、また、M社とP社の間に資本関係はない。

4　本件争点に関する審判所の判断は、概要次のとおりである。

　本件金員は、M社の担当者であったNが、Jから、本件売買契約に基づき請求人からM社に売り渡された金属スクラップ等の中に希少金属が含まれていたことを理由に、相応の金額の支払を求められ、これに応じてJに支払ったものであるところ、Jは、上記売却及び本件金員の支払がされた平成23、24年当時、請求人の役員や従業員ではなく、株主でもなく、請求人とは別個独立の個人事業を営んでいたものであって、本件売買契約や、その大本の本件工事における解体作業に関し、あくまで仲介人として関与したにとどまる上に、本件金員は、請求人を経ることなくJに直接支払われたものであり、Jの個人的な使途に充てられ、P社の帳簿上もJに対する支払として経理処理されていることが認められる。

　この点、原処分庁は、Jが、取引先等に対し、請求人の「会長」として振る舞っていたこと、本件金員が、請求人宛の本件支払明細書に基づき支払われたこと、Nは、本件売買契約の継続を目的とし、その継続を条件として本件金員を支払ったものであることなどを根拠に、

本件金員は請求人に対して支払われたものと認められる旨主張するが、Ｊは、請求人の創業者であるとともに、現代表者の義父であって、「会長」との肩書を用いるなど、請求人に対し一定の影響力を有していたことはうかがわれるものの、本件当時、請求人の役員や従業員等の地位にあったものではなく、本件売買契約等に関し、あくまで仲介人として関与したにとどまることからすれば、Ｊの行為を請求人の行為と同視することはできないというべきである。

　なお、本件金員の支払に関しＮが作成した本件支払明細書は、請求人宛として作成され、Ｎは、原処分庁所属の調査担当職員に対し、本件支払明細書を請求人に送ったと思う旨申述しているが、この申述は、それ自体が曖昧である上、請求人代表者は、本件支払明細書が請求人に送付されたことはない旨答述していることが認められるなど、当該申述は信用性に疑問があり、直ちに採用することはできず、他にも証拠はないこと等から、本件支払明細書の記載から、直ちに、本件金員が請求人に対して支払われたものと認めることもできない。また、Ｊは、請求人に対し一定の影響力を有していたことがうかがわれ、本件売買契約にも仲介人として関与していたことに照らすと、本件売買契約の継続を目的とする本件金員をＪに対して支払うということも、十分首肯できるところであり、本件金員が本件売買契約の継続を目的とするものであることは、これが請求人に対して支払われたことの決め手にはならないというべきである。以上のとおり、原処分庁の上記主張はいずれも採用することができず、本件金員は、Ｊに対して支払われたものと認めるのが相当であり、請求人に帰属する収益と認めることはできない。

本裁決の留意点

　本裁決においては、主要な争点である「本件金員が請求人に帰属する収益であるか否か」について、関係法令として法人税法第22条《各事業年度の所得の金額の計算》第２項を掲げているのみであり、法人税法第

11条《実質所得者課税の原則》には、何ら言及していない。したがって、実質所得者課税の原則を適用したかは明らかではないが、その判断の過程においては、取引を行った者の地位・権限、その取引の態様や請求人の事業内容との関連、取引の相手方の認識、本件金員の費消状況等などを総合考慮して判断を行っている。その点では、収益の帰属に係る平成21年9月9日裁決（裁決事例集No.78-327頁～（『税務重要裁決事例 企業編』13頁）における実質所得者課税に係る法令解釈や判断基準とおおむね一致している。

◆関係法令

法人税法第22条第2項

◆関係キーワード

実質所得者課税、収益の帰属

◆参考判決・裁決

平成21年9月9日裁決（裁決事例集No.78-327頁（『税務重要裁決事例 企業編』13頁）

（髙田次郎）

請求人が請求人の従業員に帰属するとした販売業務の収益は、請求人に帰属するところ、一部売上原価等は損金の額に算入すべきとされた事例

平成30年6月28日裁決　裁決事例集No.111-160頁

裁決の要旨

　請求人は、インターネットオークションによる販売業務（本件業務）の事業主体は請求人の従業員（本件従業員ら）であるから、本件業務に係る収益は請求人に帰属しない旨主張する。

　しかしながら、本件業務は、個人名義で出品するものの本件従業員らの名義であったこと、請求人の事務所において本件従業員らが本件業務の事務及び商品の発送を行っていたこと、請求人が仕入れた商品を出品することによって収益が獲得されていたこと、本件業務に従事する本件従業員らの給与は一部を除き請求人が支払っていたこと及び請求人の代表者は、本件業務で収益を得ていたとの認識があったこと、などの事実関係から、本件業務は請求人の業務の一環として行われたものとみるのが相当であり、本件業務に係る収益は請求人に帰属する。

　そして、①本件業務において売り上げた商品のうち請求人の仕入れに計上されていない一部商品の仕入額及び②本件業務に係る人件費のうち請求人の給与手当勘定に計上されていない給与支給額については、請求人の損金の額に算入するのが相当である。

本裁決のポイント解説

1　本裁決は、事業収益の帰属者が誰であるかという争点について、当該事業の遂行に際して行われる法律行為の名義だけでなく、事業の経緯、業務の遂行状況、業務に係る費用の支払状況及び請求人の認識な

どの事実関係を総合勘案して判断すべきとした実質所得者課税に係る事例であり、また、もう一つの争点として、本件業務に係る収益が請求人に帰属するとした場合、売上原価相当額及び人件費相当額を損金の額に算入すべきか否かについて判断した事例である。

2　本件争点に関する主な事実関係は、概要次のとおりである。

(1)　出品者名義について、本件業務においては、売買契約の成立に至るまでに請求人の名称を使用したことを認めるに足りる証拠はない。

(2)　従事者について、請求人の従業員であるＪ、Ｋ及びＬは、請求人に採用されて以降、請求人が取り扱う商品の販売等の業務に従事するとともに、Ｊは本件業務の開始当初から、Ｋ及びＬは請求人に採用されて以降、本件業務にも従事し、本件業務に係る設備については、請求人の所在地にある請求人の事務所においてＪ所有のパソコン２台を利用していた。

(3)　本件業務における落札商品の発送業者における荷主コードとして、請求人の電話番号、請求人の社名、請求人所在地が顧客登録されていた。そして、本件各事業年度における落札商品の９割超が請求人の所在地から発送されていた。

(4)　本件業務において出品された商品の調達については、本件従業員らが個人的に仕入れたと認めるに足りる証拠はなく、本件業務に係る落札商品と請求人が取り扱う商品の属性は同じだったこと等からすると、本件業務の出品商品のほとんどは請求人が調達し仕入れに計上した商品であったと推認できる。

(5)　本件業務の従事者の給与について、請求人は、一部を除いて請求人の給与手当勘定に計上していた。

(6)　請求人の従業員であるＪが、同じく請求人の従業員であるＫとＬに指示して、本件業務を請求人の事務所で行っていたこと、そして本件業務に従事していたのは請求人の本件各事業年度の従業員数の

半数近くに当たること、本件業務の出品商品のほとんどは請求人が調達し仕入れに計上したものと認められること、本件業務以外では発送を委託していない○社が、平日はほぼ毎日、請求人の所在地に落札商品の集荷に来ており、落札商品の９割超は請求人の所在地から発送されていたこと、などの事情からすれば、請求人代表者の目の届く範囲で本件業務が行われていたことは明らかであるから、請求人代表者には、本件業務において、請求人の仕入商品を販売することによって収益を得ていたとの認識があったというべきである。

(7) 請求人は平成26年10月○日付で古物商許可を受け、請求人代表者も平成20年10月○日付で同許可を受けていたが、Ｊは古物商許可を受けていなかった。

3 本件争点のうち「本件業務に係る収益が請求人に帰属するか否か」について

(1) 関係法令及び法令解釈等

法人税法第11条《実質所得者課税の原則》は、法律上の所得の帰属の形式とその実質が異なるときには、実質に従って租税関係が定められるべきであるという租税法上の当然の条理を確認的に定めたものと解される。

したがって、事業収益の帰属者が誰であるかは、当該事業の遂行に際して行われる法律行為の名義だけでなく、事業の経緯、業務の遂行状況、業務に係る費用の支払状況及び請求人の認識などの事実関係を総合勘案して、当該事業の主体は誰であるかにより判断することとなる。また、消費税法第13条《資産の譲渡等又は特定仕入れを行った者の実質判定》第１項は、法人税法第11条と同趣旨であると解される。

(2) 本件への当てはめ等

①法律行為の名義については、本件業務は、落札者に対して出品者として表示されるのは個人名義であるが、どちらも請求人の従業

員名義であること、②本件業務の遂行状況については、請求人の従
業員が請求人の事務所において本件業務の事務及び落札商品の発送
を行っており、請求人の仕入商品を出品することによって収益が獲
得されていたこと、③本件業務に係る費用の支払状況については、
落札商品のほとんどは請求人が調達し仕入れに計上した商品であっ
た上に、業務に従事する者の給与についても、一部を除いて請求人
から支払われていたこと、④請求人代表者には本件業務で収益を得
ていたとの認識があったこと及び⑤大量の中古雑品等の出品を、古
物商許可すら受けていないＪが請求人の業務の合間に請求人と無関
係に行うことができるものではなく、むしろ請求人によってのみ行
うことのできる業務というべきであることを考慮すると、本件業務
は請求人の業務の一環として行われたものとみるのが相当である。

　　　したがって、本件業務の事業主体は請求人であり、本件業務に係
る収益は請求人に帰属すると認められる。

4　本件争点のうち「本件業務に係る収益が請求人に帰属するとした場
合、売上原価相当額及び人件費相当額を損金の額に算入すべきか否
か」について

　　上記3のとおり、本件業務に係る収益は請求人に帰属すると認めら
れるから、請求人は、当該収益に係る売上原価、販売費、一般管理費
その他の費用のうち、法人税法第22条第3項第1号及び第2号の要件
を満たす金額を損金の額に算入することとなる。そして、本件業務に
係る売上原価（本件業務において売り上げた商品のうち、請求人の仕
入れに計上されていない2個のスマートフォンの仕入れの額）及び人
件費（請求人の給与手当勘定に計上されていなかったＫへの給与支給
額の合計額）は、おおむね売上げに対応して不可避的に発生する費用
であって業務の遂行上必要と認められるから、請求人の帳簿書類に計
上されていない当該費用のうち、同項第1号及び第2号の要件を満た
す金額を本件各事業年度の損金の額に算入すべきである。

　なお、原処分庁は、売上原価のような、その存在自体を否定できない損金を主張するときであっても、その法人において、そのような損金の存在及びその金額を含む損金の内容につき具体的に主張及び立証すべき必要があり、その主張及び立証がされない限り、当該損金は存在しないとの事実上の推定が働くところ、請求人は、本件業務の売上原価の額及び人件費の額について主張及び立証をしていないから当該損金は存在しないとの事実上の推定が働く旨主張する。しかしながら、上記の売上原価の額及び給与支給額は、請求人提出資料並びに当審判所の調査及び審理の結果、損金の額に算入するのが相当と認められることから、原処分庁の主張には理由がない。

本裁決の留意点

1　本件争点の一つである「本件業務に係る収益が請求人に帰属するか否か」について、審判所は法人税法第11条を適用して判断を行っている。先例裁決としては、平成26年12月10日裁決（裁決事例集No.97）があり、ほぼ同様の法令解釈を行っているが、当該先例裁決においては、「事業収益の帰属者が誰であるかは、設立時の状況、業務の遂行状況、業務に係る費用の支払状況などの事実関係を総合して、業務の主体が誰であるかにより判断することとなる。」とした上で、当てはめ及び判断を行っている。

　他の先例裁決としては、平成21年9月9日裁決（裁決事例集No.78-327頁（『税務重要裁決事例　企業編』13頁））があり、この裁決では、「本件〇〇取引に係る収益は、請求人の売上げか否か」を争点とし、実質所得者課税の原則を適用したかは明らかではないものの、「本件〇〇取引に係る収益が、請求人の売上げか否かについては、①取引を行った従業員の地位・権限、②その取引の態様、③請求人の事業内容、④取引の相手方の認識などを総合考慮して判断するのが相当である。」としてその判断基準を示している。

　また、本書別掲の事例（令和元年5月16日裁決、本書22頁）では、

実質所得者課税の原則を適用した上で、平成21年9月9日裁決におけ
る判断基準に加え、売上代金の費消状況等を含めて総合考慮すべきと
している。

2　本裁決では、請求人は、「請求人代表者は期間を限定して請求人の
状況を回答する旨を前置きして申述したにもかかわらず、本件調査担
当職員はこれを本件質問応答記録書に記載せず、また、記載内容が申
述内容と一致していないことを理由に請求人代表者が署名押印を拒絶
したところ、本件質問応答記録書は単なる内部資料にすぎないという
説明をして請求人代表者に署名押印に応じさせた」として本件質問応
答記録書の作成過程に原処分を取り消すべき違法がある旨主張し、争
点の一つとされたが、審判所は「通則法第74条の2は、税務署の当該
職員は、法人税等に関する調査について必要があるときは、法人等に
質問することができる旨規定しているところ、本件調査担当職員は請
求人代表者へ質問を行い、本件質問応答記録書が作成されており、本
件質問応答記録書の作成過程に原処分を取り消すべき違法は認められ
ないし、そのほかに請求人が主張する事実を認めるに足りる証拠はな
い」として、請求人の主張を排斥した。

　　質問応答記録書への署名押印については、争訟における争点とされ
ることが少なからずある。署名押印の有無が、証拠能力としての決め
手となるとは限らないものの、間接証拠としての信用性を高める場合
もあることから、その対応については慎重に判断すべきと思われる。

◆関係法令

法人税法第11条、第22条第3項

◆関係キーワード

事業収益の帰属者、実質所得者課税

◆**参考判決・裁決**

平成21年9月9日裁決（裁決事例集№78-327頁）

令和元年5月16日裁決（裁決事例集№115-197頁）（本書22頁）

（髙田次郎）

元従業員が請求人の仕入れた商品を窃取してインターネットオークションで販売して得た収益は請求人に帰属しないとされ、また、窃取された商品に係る当該元従業員に対する損害賠償請求権は益金の額に算入すべきとされた事例

令和元年 5 月16日裁決　裁決事例集№115−197頁

裁決の要旨

　請求人は、請求人の元従業員（本件元従業員）が請求人の仕入商品を窃取してインターネットオークションで販売した取引（本件取引）による本件元従業員に対する損害賠償請求権（本件損害賠償請求権）の額は、本件取引の日を含む事業年度（本件各事業年度（平成23年 1 月期ないし平成29年 1 月期））の終了時に確定できる状況になかった旨主張する。

　しかしながら、本件損害賠償請求権の額は、請求人が本件各事業年度の当時において、仕入に係る資料と売上げ・棚卸に係る資料とを照合し、窃取された商品を特定した上、当該商品に係る価額等に係る資料を保全することで計算し得た金額を上回らないものと認められるから、通常人を基準とすれば、本件各事業年度においてその金額を把握し得ないとはいえず、また、本件損害賠償請求権につき権利行使を期待できない客観的状況があったとはいえないことから、本件損害賠償請求権の確定による収益の額を本件各事業年度の益金の額に算入すべきである。

　なお、本件元従業員の地位から、その行為が請求人の行為と同視されるとは認められず、請求人が法人税の課税標準等の計算の基礎となるべき事実を隠蔽したとは認められないこと等から、法人税の青色申告の承認の取消処分、法人税等及び消費税等の更正処分の全部又は一部並びに重加算税等の賦課決定処分を取り消す。

本裁決のポイント解説

1　本裁決において、審判所は、従業員等による横領があった場合の損害賠償請求権の額の益金算入時期について先例が示した解釈と基本的に同様の解釈をした上で、その行為が請求人の行為と同視されるとは認められず、請求人の隠蔽行為及び偽りその他不正の行為が認められないとして、重加算税の賦課決定処分の全部、法定申告期限から5年経過後の事業年度等の更正処分等の全部及び青色申告の承認取消処分等を取り消している。

2　本件は、請求人の従業員であった者が、請求人の仕入れた商品をインターネットオークションで販売して得た収益について、原処分庁が、①当該収益は請求人に帰属する、②本件不法行為による損害賠償請求権は本件取引による落札代金が本件各口座に入金された時点をもって益金に計上すべき、③請求人は当該収益を帳簿書類に記載せず隠蔽していたなどとして、法人税の青色申告の承認の取消処分、法人税等及び消費税等の更正処分並びに重加算税等の賦課決定処分をしたのに対し、請求人が原処分の全部の取消しを求めた事案である。

3　多くの争点のうち、ここでは「本件取引の落札代金は請求人に帰属するか否か」「請求人の本件元従業員に対する損害賠償請求権の額として、本件各事業年度の益金の額に算入すべき金額はいくらか」について本件争点として取り上げる。

4　本件争点に関する主な事実関係は、概要次のとおりである。
　　請求人は、農機具の販売等を目的とする青色申告法人であり、本件元従業員は本件各事業年度を通じ、商品の仕入れ、在庫の管理及び商品の発送等の事務を担当していた。
　　請求人は、もともとインターネットオークションによる商品の販売

を行っておらず、本件元従業員がインターネットオークションサービスである「J」に請求人の仕入れた噴霧器等の農機具を出品して販売する本件取引は、請求人が行ったとみられるような外観を有してはなかった。

　本件元従業員は、一定の業務と権限を任された従業員にすぎず、請求人の経営に関与する地位にもなかった。

　本件取引に係る商品の発送は、基本的に本件元従業員の個人名で反復継続して行われ、領収書の発行も本件元従業員の個人名で行われ、その落札代金は、本件元従業員が管理する本件各口座に入金され、本件元従業員が私的に費消した。

　本件取引に係る売上げは、本件各事業年度の確定申告に反映されていなかったが、本件取引に係る売上原価の額は損金の額に算入されていた。

　請求人代表者及び本件元従業員以外の請求人の関係者が本件取引の存在を知ったのは、平成29年9月のことであり、それ以前には、その存在を知らなかったものと認められる。

　請求人は、本件取引の発覚後、遅滞なく本件元従業員に対して損害賠償請求訴訟を提起した。

5　本件争点のうち「本件取引の落札代金は請求人に帰属するか否か」に関する審判所の判断は、次のとおりである。

　イ　本件取引による落札代金が請求人に帰属するか否かについては、法人税法第11条《実質所得者課税の原則》及び消費税法第13条《資産の譲渡等又は特定仕入れを行った者の実質判定》の規定に鑑み、本件取引の態様と請求人の事業内容との関係、本件取引を行った本件元従業員の地位及び権限、本件取引の相手方である落札者の認識、落札代金の費消状況等を総合的に考慮し、実質的に請求人が本件取引の主体であり、その落札代金を享受していたとみることができるか否かを検討することが相当である。

ロ　そして、本件取引については、①（その態様と請求人の事業内容
との関係について）請求人は、もともとインターネットオークショ
ンによる商品の販売を行っておらず、本件取引に際しても請求人が
関与することをうかがわせる事情のない各アカウントが用いられた
ことからして、本件取引は、請求人が行ったとみられるような外観
を有してはいない、②（本件元従業員の地位及び権限について）本
件元従業員は、一定の業務と権限を任された従業員にすぎず、請求
人の経営に関与する地位にもなく、本件取引は、請求人から与えら
れた権限の範囲外のものである、③（落札者の認識について）本件
取引に係る商品の発送は、基本的に本件元従業員の個人名で行われ
たことなどから、落札者が、取引の相手方が請求人であると認識す
るような事情は見当たらない、④（落札代金の費消状況等につい
て）本件取引による落札代金は、本件元従業員が管理する本件各口
座に入金され、本件元従業員が私的に費消した、等の事情が認めら
れることから、本件取引は、本件元従業員が請求人における地位及
び権限に基づかずに行ったものであり、また、客観的にみても請求
人を主体とする取引とはいえない態様で行われており、その収益
は、本件元従業員が私的に費消し、請求人がこれにより利益を受け
たような事情も認められない。そうすると、本件取引は、本件元従
業員が主体となって、請求人から窃取した商品を販売したものであ
り、その収益は実質的にも本件元従業員が享受したものと認められ
る。

ハ　したがって、本件取引による落札代金は、請求人に帰属しないも
のと認められる。

　　なお、原処分庁は、上記の各事情をおおむね前提としながらも、
内部管理体制の不備により本件取引が誘発されたのであるから、本
件取引による落札代金は請求人に帰属すると主張するが、内部管理
体制の不備は、本件元従業員がその地位や権限を越え又は濫用して
請求人の行為としてした行為があった場合に、請求人がその責任を

負うべきことを基礎付ける事情にはなり得るが、請求人が主体である取引としての外観を有しておらず、取引の相手方も請求人が取引の相手方であるとは認識していない本件取引について、内部管理体制の不備があるからといって、実質的に請求人が主体の取引であると認めるべきであるとはいえないから、原処分庁の主張には理由がない。

6　本件争点のうち「請求人の本件元従業員に対する損害賠償請求権の額として、本件各事業年度の益金の額に算入すべき金額はいくらか」に関する審判所の判断は、次のとおりである。

(1)　本件取引による落札代金は請求人に帰属せず、本件元従業員は、本件各事業年度において、請求人から商品を窃取して本件取引をしたというべきであるから、請求人から商品を窃取したことによる損害賠償請求権の額として、本件各事業年度の益金の額に算入すべき金額について検討する。

(2)　関係法令及び法令解釈等

　　法人税法上、内国法人の各事業年度の所得の金額の計算上、当該事業年度の益金の額に算入すべき金額は、別段の定めがあるものを除き、資本等取引以外の取引に係る収益の額とするものとされ（法人税法第22条第2項）、当該事業年度の収益の額は、一般に公正妥当と認められる会計処理の基準に従って計算すべきものとされている（同条第4項）。したがって、ある収益をどの事業年度に計上すべきかは、一般に公正妥当と認められる会計処理の基準に従うべきであり、これによれば、収益は、その実現があった時、すなわち、その収入すべき権利が確定したときの属する年度の益金に計上すべきものというべきである（最高裁平成5年11月25日第一小法廷判決・平成4年（行ツ）45号（民集47巻9号5278頁）参照）。なお、ここでいう権利の確定とは、権利の発生と同一ではなく、権利発生後一定の事情が加わって権利実現の可能性を客観的に認識すること

ができるようになることを意味するものと解すべきである。

　そして、不法行為による損害賠償請求権については、通常、損失が発生した時には損害賠償請求権も発生及び確定しているから、これらを同時に損金と益金に計上するのが原則であると考えられる。

　もっとも、不法行為による損害賠償請求権については、例えば加害者を知ることが困難であるとか、権利内容を把握することが困難なため、直ちには権利行使を期待することができないような場合があり得るところである。このような場合には、権利が法的には発生しているといえるが、いまだ権利実現の可能性を客観的に認識することができるとはいえないから、当該事業年度の益金に計上すべきであるとはいえない。

　ただし、この判断は、税負担の公平や法的安定性の観点からして客観的にされるべきものであるから、通常人を基準にして、権利（損害賠償請求権）の存在及び内容等を把握し得ず、権利行使が期待できないといえるような客観的状況にあったかどうかという観点から判断するべきである。

(3)　損害賠償請求権の発生額について

　本件元従業員が請求人から商品を窃取したことによる損害賠償請求権の額は、本件元従業員が請求人から窃取した商品の時価と請求人に負担させた送料の合計額となると認められる。

　したがって、請求人の本件元従業員に対する損害賠償請求権の額は、本件元従業員が受領した本件取引に係る落札代金等の額により計算するのが相当である。

　そして、上記損害賠償請求権は、本件元従業員が請求人の仕入れた商品を本件元従業員の支配下に移した時点で発生すると解されるが、本件元従業員は、遅くとも落札代金等が入金された時には、当該落札代金等に係る各商品を直ちに発送できるよう、自らの支配下に移したと認められる。

　したがって、請求人の本件元従業員に対する損害賠償請求権は、

本件取引に係る各落札代金等が本件各口座に入金された時点において順次発生したと解するのが相当であり、本件各事業年度において、本件取引に係る各落札代金等の本件各口座への入金により発生したと認められる。

(4) 権利行使の期待可能性について（損害賠償請求権の額の益金算入時期について）

　　損害賠償請求権につき、通常人を基準にして、権利の存在及び内容等を把握し得ず、権利行使が期待できないような客観的状況があったといえるか否かについて検討すると、本件取引に係る商品の窃取は、本件各事業年度において、反復継続して多数回にわたり行われ、その被害額は、1年当たり1,000万円前後にも上るのであり、その態様は大胆なものであるから、本件各事業年度において仕入れに係る資料と売上げ及び棚卸に係る資料とを照合すれば容易に発覚したものであると認められる。そうすると、通常人を基準とすると、本件各事業年度において、損害賠償請求権につき、その存在及び内容等を把握し得ず、権利行使を期待できないような客観的状況があったとはいえない。

　　したがって、請求人の本件元従業員に対する損害賠償請求権は、本件取引に係る各落札代金等が本件各口座に入金された時点において発生し、確定したものといえる。

本裁決の留意点

　　本件裁決において、審判所は、窃取された商品に係る収益の帰属について、関係法令等として、法人税法第11条及び消費税法第13条第1項の規定を適用するも、その法令解釈としての直接の記載はしていない。しかしながら、争点の判断に関する総論として、「法人税法第11条及び消費税法第13条の規定に鑑み、本件取引の態様と請求人の事業内容との関係、本件取引を行った本件元従業員の地位及び権限、本件取引の相手方である落札者の認識、落札代金の費消状況等を総合的に考慮し、実質的には請求人が本件取引の主体であり、その落札代金を享受していたとみ

ることができるか否かを検討することが相当である。」として、事実上の法令解釈を行っている。

　具体的には、①取引の態様、②請求人の事業内容との関係、③取引を行った者の地位及び権限、④取引の相手方の認識、⑤取引代金の費消状況等を総合的に考慮すべきとして、法令解釈及び当てはめを行うことにより、事実認定を行っており、その点では、本書別掲の事例（平成30年6月28日裁決（裁決事例集№111）、本書15頁）とおおむね同様のものとなっている。

◆関係法令

法人税法第11条、第22条第2項、第4項、法基通2-1-43

◆関係キーワード

収益の帰属、実質所得者課税、損害賠償請求権

◆参考判決・裁決

最高裁平成5年11月25日判決・平成4年（行ツ）45号（民集47巻9号5278頁）

東京高裁平成21年2月18日判決・平成20年（行コ）116号（訟月56巻5号1644頁）

平成21年9月9日裁決（裁決事例集№78-327頁）（『税務重要裁決事例企業編』13頁）

平成30年6月28日裁決（裁決事例集№111-160頁）

（髙田次郎）

不動産売買契約に基づく土地等の譲渡に係る収益が請求人に帰属しないとされた事例

令和2年12月15日裁決　裁決事例集No.121

裁決の要旨

　原処分庁は、請求人又は請求人以外の法人（本件法人）を売主とする土地及び地上権（本件土地等）並びに施設等（本件施設等）の売買契約（本件不動産等売買契約）に係る収益について、①所得の帰属主体は、諸要素を総合的に判断し、実質的に決定すべきであるところ、本件法人が本件不動産等売買契約に係る経費を支払っていないこと及び本件不動産等売買契約に係る代金が請求人名義の預金口座等に入金されていたことなどから、本件不動産等売買契約に係る収益はその全てが請求人に帰属し、また、②本件不動産等売買契約は、本件土地等及び本件施設等の譲渡が一体となった一つの契約であるから、その収益は、これら全てが引き渡された当該事業年度に計上すべきである旨主張する。

　しかしながら、①請求人及び本件法人は、本件不動産等売買契約において、それぞれの意思に従い、それぞれ別の債務を負う内容の契約を締結し、他にも本件法人の従業員が本件土地等の買収に係る業務を行っていたなどの諸事情があることからすれば、本件不動産等売買契約に係る収益の全てが請求人に帰属するわけではなく、また、②本件不動産等売買契約は契約の目的物ごとにそれぞれ別個の契約であると認められるところ、本件不動産等売買契約の目的物のうち請求人が譲渡した土地等は、当該事業年度以前に買主へ移転登記がされ、さらに、当該事業年度中にその代金の相当部分も支払われていたなどからすると、当該移転登記の日をもって「引渡しがあった日」であると判断するのが相当である。したがって、本件不動産等売買契約に係る収益は、当該事業年度には計上されない。

1　本件は、原処分庁が、請求人及び請求人以外の法人の行った土地等の譲渡等に係る収益は、その全てが請求人に帰属し、平成24年4月1日から平成25年3月31日までの事業年度の収益に計上するなどとして、法人税等の更正処分等を行ったのに対し、請求人が、土地等の譲渡等に係る収益は、請求人にその全てが帰属するものではなく、また、請求人に帰属する収益も当該事業年度に計上するものではないなどとして、これらの処分の全部の取消しを求めた事案である。

2　本件の主な事実関係は次のとおりである。
　⑴　請求人は、平成19年4月○日に設立された株式会社であり、代表取締役には、平成24年11月19日からJ1が就任していた。
　⑵　H2社（J2を代表取締役とする株式会社である。）は、平成23年8月1日、太陽光発電事業を行うための太陽光発電設備の設置に必要な土地等を取得するため、H3社に対し、取得費用230,000,000円を支払うとして、L地方裁判所M支部の担保不動産競売事件の対象物件（以下「本件競売対象物件」という。）の競落及びg市h町○−○ほか○○筆の土地等の取得に関する取りまとめを依頼した。
　⑶　請求人は、H4社（J1が遅くとも平成10年9月20日から代表取締役に就任していた株式会社である。）及びH5社（平成23年10月○日に設立されたH2社の代表取締役と同人物であるJ2が代表取締役である株式会社である。）との間で、売主を請求人及びH4社、買主をH5社として平成23年11月24日付の「不動産等売買契約書」（以下「本件不動産等売買契約書」という。）を取り交わし、要旨、以下の①から④までを内容とする契約（以下「本件不動産等売買契約」という。）を締結した。
　　①　売買代金
　　　○○○○円

② 土地及び地上権の譲渡（第2項）

　　請求人は、H5社にg市h町○−○ほか○○筆の土地の所有権及び同所○−○ほか○○筆の土地の地上権（以下、これらを併せて「本件2項土地等」という。）を譲渡する。

③ 物件の譲渡（第3項）

　　請求人は、H5社に合併処理施設等を譲渡する。

　　以下、上記②及び上記の売買を併せて「本件2・3項売買」という。

④ 第三者所有土地の譲渡（第4項）

　　H4社は、g市h町○−○ほか○○筆の土地（以下「本件4項土地」という。）を買収し、H5社に、本件不動産等売買契約締結後6カ月以内に引き渡す。

　　以下、上記の売買を「本件4項売買」という。

(4) 本件2項土地等に係る登記の状況は、次のとおりである。

① 上記(3)②のg市h町○−○ほか○○筆の土地は、平成23年12月1日付で同年11月24日売買を原因として、請求人からH5社へ所有権移転登記がされた。

② 上記(3)②のg市h町○−○ほか○○筆の土地の地上権は、平成23年12月1日付で同年11月24日売買を原因として、請求人からH5社へ地上権移転登記がされた。

(5) H3社の振込入金等の状況は次のとおりである。

　　H3社は、以下のとおり、本件2・3項売買及び本件4項売買に関して、請求人名義等の預金口座等に合計120,490,000円の振込入金等をした。

① H3社は、平成23年9月28日、N信用金庫○○支店の請求人名義の預金口座（口座番号○○○○。以下「本件N信金口座」という。）に10,000,000円の振込入金をした。

② H3社は、平成23年11月22日、額面80,000,000円の小切手を振り出し、請求人が、同月25日、N信用金庫○○支店に取立てを依

頼し、本件Ｎ信金口座に入金をした。

③　Ｈ３社は、平成23年11月25日、本件Ｎ信金口座に490,000円の
振込入金をした。

④　Ｈ３社は、平成23年12月27日、本件Ｎ信金口座に15,000,000円
の振込入金をした。

⑤　Ｈ３社は、平成24年５月15日、本件４項土地の一部を所有して
いたＪ３が名義人のＨ６農業協同組合○○支所の預金口座（口座
番号○○○○）に3,500,000円の振込入金をした。

⑥　Ｈ３社は、平成24年５月21日、本件４項土地の買収に係る業務
に従事していたＪ５に対し、8,000,000円の現金を交付した。

⑦　Ｈ３社は、平成24年８月21日、Ｈ７銀行○○支店の請求人名義
の預金口座（口座番号○○○○）に3,500,000円の振込入金をし
た。

(6)　Ｈ２社の代表取締役であるＪ２は、太陽光発電設備を設置できる
広い土地を探しており、平成22年頃、Ｈ３社の創業者であるＪ７か
ら、ｇ市にリゾート施設の跡地である広い土地があり、当該土地の
一部には地上権設定登記がされているなど権利関係が複雑である
が、当該リゾート施設を経営していたＨ４社の代表取締役であり、
Ｊ７と面識のあるＪ１が当該土地の各地権者とも顔見知りであるか
ら当該各地権者と購入の交渉もできる旨の情報を得た。

　　Ｊ２は、同年夏頃、太陽光発電設備を設置するために必要な上記
の土地を取得しようとしたが、Ｊ１と面識がなかったことから、同
人と面識のあるＪ７に土地等の取得に関する取りまとめの全てを委
託することとし、上記(2)のとおり、Ｈ２社は、Ｊ７が創業者である
Ｈ３社に、土地等の取得に関する取りまとめを依頼した。

(7)　請求人は、Ｈ３社との間で、Ｈ４社を立会人として平成23年９月
15日付の「条件付不動産等売買契約書」を取り交わし、Ｈ２社が平
成23年９月○日の開札期日において本件競売対象物件の最高価買受
申出人に指定されることを条件に、請求人所有の土地の所有権をＨ

２社に移転させる旨の契約を締結した。

(8)　Ｈ２社は、平成23年９月○日、本件競売対象物件の買受代金○○
○○円で、本件競売対象物件の最高価買受申出人となった。

　　　このことにより、上記(7)の条件付不動産等売買契約の条件が成就
したが、Ｈ２社は、ｇ市の土地で太陽光発電事業を運営する目的で
Ｈ５社を設立したことから、同社が、上記(6)の取りまとめの依頼に
係る取得費用230,000,000円から本件競売対象物件の買受代金○○
○○円を差し引いた金額○○○○円を売買代金とする本件不動産等
売買契約を請求人と締結した。

　　　本件不動産等売買契約書には、本件不動産等売買契約書作成当時
の請求人の代表取締役であるＪ８及びＨ４社の代表取締役であるＪ
１のそれぞれ記名押印があった。

(9)　本件４項土地には、平成23年11月25日付で、Ｈ２社に地上権が移
転される以前において、平成５年頃から平成10年頃までの間に設定
されたＨ４社を地上権者とする地上権設定登記が存在していた。

(10)　Ｊ５は、Ｊ１の指示のもと、事実上、Ｈ４社の従業員として、本
件４項土地に係る各地権者との買収交渉を行っていた。

3　審判所は、上記の事実関係に基づき、裁決の要旨のとおり、次のよ
うに判断した。

(1)　本件では、本件不動産等売買契約書上、本件２・３項売買の債務
者（売主）として請求人が記載され、また、本件不動産等売買契約
書には、その作成当時の請求人の代表取締役であるＪ８の記名とそ
の代表取締役印が押印されている。一方、本件４項売買について
は、債務者（売主）として、Ｈ４社が記載され、本件不動産等売買
契約書作成当時のＨ４社の代表取締役であるＪ１の記名とその代表
取締役印が押印されているなど、請求人及びＨ４社は、Ｈ５社との
間で、それぞれその意思に従って、それぞれ別の債務を負う内容の
契約を締結したと認められる。

そうすると、本件4項売買の事業の主体は、H4社であり、その収益もH4社に帰属すると認められる。したがって、本件2・3項売買に係る収益は請求人に帰属するが、本件4項売買に係る収益は、請求人に帰属しない。

(2)　本件不動産等売買契約書には、上記2(3)のとおり、所有権の移転時期や地上権の移転時期に係る内容の記載はなく、本件不動産等売買契約の内容自体から、本件2項土地等及び本件不動産等売買契約書の第3項の合併処理施設等に係る法基通2-1-14にいう「引渡しがあった日」が客観的に明白であるとは認められない。

　　そこで、取引に関する諸事情をみると、本件2項土地等は、それぞれ平成23年12月1日付で、H5社へ移転登記され、代金についてみても、H3社は、請求人に対し、平成23年11月24日の契約日前の同年9月28日から契約日後の同年12月27日までの間に合計105,490,000円を支払っており、これに上記移転登記の事実を併せてみれば、当該105,490,000円の支払は、本件2・3項売買の代金の相当部分であったと認められる。

　　以上の事実から、審判所は、H5社へ本件2項土地等に係る移転登記がされた平成23年12月1日には、本件2項土地等及び上記合併処理施設等の現実の支配がH5社へ移転したというべきであるから、本件2・3項売買については、同日をもって「引渡しがあった日」であると判断するのが相当である。

　　したがって、本件2・3項売買に係る収益については平成24年3月期に計上すべきである旨判断している。

(3)　以上の結論として、本件不動産等売買契約のうち本件4項売買に係る収益は、請求人に帰属せず、本件2・3項売買に係る収益については、請求人に帰属するが、平成24年3月期に計上すべきであって、平成25年3月期に計上すべきではない。

◆関係法令

法人税法第11条、第22条

◆関係キーワード

実質所得者課税の原則、収益の帰属主体、不動産等売買

（矢田公一）

● 収益事業

特定非営利活動法人が行う事業が、その事業に従事する65歳以上の者（特定従事者）の生活の保護に寄与しているものに該当しないとされた事例

令和2年3月5日裁決　裁決事例集№118-61頁

裁決の要旨

1　請求人は、請求人が行う公の施設の管理受託の事業等（本件事業）の一部の業務については、当該事業に従事する者の総数の半数以上が65歳以上の高齢者（特定従事者）であり、同条第2項第2号に規定する「生活の保護に寄与しているもの」か否かは、税引前当期正味財産増減額に特定従事者への給与等支給額のみを加算した金額に占める特定従事者への給与等支給額の割合により、緩やかに判断するのが相当であるから、当該事業は収益事業から除かれる旨主張する。

2　一方、原処分庁は、法人税令第5条第2項第2号の趣旨に照らすと、収益事業の除外事由に該当する事業とは、営利が主たる目的ではなく、従事する特定従事者の生活の保護に寄与することを主たる目的として行われているものであり、具体的には、当該事業に係る収入金額又は利益金額の相当部分を特定従事者に給与等として支給していることが必要であると解されているところ、特定従事者への給与支給額（以下「特定従事者分支給額」という。）を利益金額と比較する場合においては、請求人が作成した本件各活動計算書の、税引前当期正味財産増減額に、当該事業に従事する、特定従事者及びそれ以外の従事する者の人件費支給総額（当該事業に係る人件費支給額の総額）を加算した金額（以下「本件比較利益額」という。）を算出し、これを特定従事者分支給額と比較すべきものである旨主張する。

3　これらの主張に対して、審判所は、「生活の保護に寄与しているもの」か否かについては、事業に係る剰余金等の処分可能な金額の相当部分を特定従事者に給与等として支給しているかどうかにより判定することになるが、剰余金等の処分可能な金額は、本件事業に係る利益の額（税引前当期正味財産増減額）に特定従事者分支給額を含む人件費支給総額を加算した金額（本件比較利益額）とすることが相当であるところ、これにより剰余金等の処分可能な金額に占める特定従事者への給与等支給額の割合を計算すると過半にも満たないから、本件事業は「生活の保護に寄与しているもの」に該当しない、と裁決した。

本裁決のポイント解説

1　請求人は特定非営利活動法人であるが、特定非営利活動法人に係る法人税法その他法人税に関する法令の規定の適用については、法人税法第2条《定義》第6号に規定する公益法人等とみなすこととされているところ（特定非営利活動促進法第70条第1項）、公益法人等については、収益事業を行うなど一定の場合に限り、法人税の納税義務がある（法人税法第4条第1項）。

収益事業とは、販売業、製造業その他の政令で定める事業で、継続して事業場を設けて行われるものをいい（同法第2条第13号）、法人税令第5条第1項には、34の事業が掲げられている。

しかし、収益事業に従事する特定事業者が、その事業に従事する者の総数の半数以上を占め、かつ、その事業が、これらの者の生活の保護に寄与しているものについては、収益事業に含まれない、つまり、法人税の納税義務はないこととされており、特定事業者には、年齢65歳以上の者が含まれている（法人税令第5条第2項第2号）。

2　これらの規定の趣旨は、公益法人等の行う事業が収益事業に該当するものである場合は、他の営利法人との課税の公平を図る目的から、

法人税を課すことを原則とするが、本来収益事業に該当する内容の事業であっても、その事業について、従業員の半数以上の者を特定従事者として雇用し、これらの者の生活の保護に寄与しているものである場合には、その公益性を考慮し、社会政策上法人税を課すことは相当でないとして、これを収益事業から除外したものと解される。

　そして、「その事業が、これらの者の生活の保護に寄与しているもの」とは、本来収益事業に当たるものについて、社会政策上特例的に収益事業から除外している趣旨に照らすと、その事業が、営利を目的として行われるものではなく、従事する特定従事者の生活の保護に寄与することが主たる目的として行われるものであり、具体的には、当該事業に係る収入金額又は利益金額（本裁決では「剰余金等の処分可能な金額」としている。）の相当部分を特定従事者に給与として支給していることが必要であると解される（神戸地裁平成17年5月25日判決）。

　本裁決にも、上記の趣旨が法令解釈において述べられている。

3　本件において、請求人は、上記の「相当部分」といえるかどうかは、剰余金額等の処分可能額について、本件事業に係る利益の額に特定従事者分支給額を加算した金額を使用した上で緩やかに判断すべきであると主張した。

　これに対して、審判所は、本件事業が特定従事者の「生活の保護に寄与しているもの」に該当するかを判断するに当たっては、収益事業から生じた剰余金等の処分可能な金額に占める特定従事者の給与等の割合を基に判定することになるところ、この判定に当たっては、本件各事業年度における本件事業に係る利益の額（本件各活動計算書に記載された「税引前当期正味財産増減額」欄に記載の各金額）は、特定従事者分支給額を含む人件費支給総額を差し引いた金額であることから、収益事業から生じた剰余金等の処分可能な金額は、本件事業に係る利益の額に人件費支給総額を加えた金額（本件比較利益額）とする

ことが相当であると、相当部分を判断するための「利益金額」の具体的な計算方法を示した。

その上で、特定従事者分支給額と本件比較利益額とを比較すると、特定従事者分支給額の本件比較利益額に占める割合は、平成29年3月期は39.57％、平成30年3月期は47.56％となるところ、当該割合は過半にも満たず、本件各事業年度において、請求人が、本件事業に係る剰余金等の処分可能な金額の相当部分を特定従事者に給与等として支給しているとは認められないと、判断している。

また、上記の請求人の主張に対しては、「特定従事者支給額のみを加算することに合理的な根拠はない」として排斥している。

本裁決は、法人税令第5条第2項第2号に規定する特定従事者の「生活の保護に寄与しているもの」の一つの判断基準を示した先例的な裁決といえる。

本裁決の留意点

公益法人が政令に特掲された収益事業を行う場合であっても、①収益事業に従事する特定従事者が、その事業に従事する者の総数の半数以上を占め、②その事業が、これらの者の生活の保護に寄与しているものである場合は、収益事業に含まれない（法人税令第5条第2項第2号）。

本件は、上記②の要件が争われた事案である。

②の規定には明確な判断基準があるわけではないが、請求人は、過去の裁判例（神戸地裁平成17年5月25日判決・平成16年（行ウ）24号（税資255号順号10039））に示された「当該事業に係る収入金額又は利益金額の相当部分を特定従事者に給与等として支給しているか否か」により判断することに同意しつつも、その「相当部分」といえるかどうかは、税引前当期正味財産増減額の金額に特定従事者の給与等の金額のみを加算した金額により判断するのが相当であると主張した。

しかし、例えば、理事を含む特定従事者以外の役員が2名、特定従事者が5名の公益法人において、営む収益事業に係る利益200万円に総人

件費を加えた金額が5,000万円であったとして、その総人件費の内訳が理事等への報酬が4,000万円、特定従事者への給与が800万円だったとした場合に、利益に特定従事者の給与を加算した1,000万円のうち80%は特定従事者の給与として支給しているから、収益金額又は利益金額の相当部分を特定従事者に還元したというのは不合理といわざるを得ない。

そこで、審判所は、利益の金額に総人件費を加算した金額をもって「相当部分」を判断するための「利益金額」とする旨を説示している。

確かに、そのような比較によれば、一定の合理性がある判断となると考えられる。

ただ、過半が特定従事者であっても、特定従事者とこれを支援する一般の従業員では、仕事の効率等を考慮すると一人当たり生産性も異なるために、一人当たりの人件費も多少差異が生じることもあり、そのために審判所の示した比較方法による場合に、特定従事者支給額の利益金額に対する割合が50%を切ってしまう場合もあるかもしれない。その場合に、その比較だけをもって「生活の保護に寄与しているもの」の要件を判断するのは不合理な場面もあり、一人当たりの給与支給額や一般の従業員の給与水準等も踏まえて総合的に判断すべき場面もあるのではないかと考える。

◆関係法令

法人税法第2条第13号、第4条第1項、第7条、法人税令第5条第1項、第2項第2号、法基通15−1−6、特定非営利活動促進法第70条第1項

◆関係キーワード

収益事業、特定従事者、生活の保護に寄与しているもの

（奥田芳彦）

● 収益の処理

不動産に係る賃借物件の賃料として損金の額に算入される金額及び転貸物件の賃料として益金の額に算入される金額は、賃借契約及び転貸契約による減額後の月額賃料に基づいて算出された金額であって、当該各契約の全期間の月額賃料の合計額を当該全期間で均等あん分した月額賃料相当額に基づいて算出した金額ではないとされた事例

平成30年6月15日裁決　裁決事例集№111-253頁

裁決の要旨

　請求人は、不動産に係る賃借契約で、当該契約が中途解約不能で、中途解約した場合に残りの賃借期間の賃料を支払うことになっている長期の賃料減額期間のあるもの（本件賃借契約）の場合には、その契約時において契約期間全体にわたる賃料総額の支払をすべき債務が確定していると解すべきであり、契約期間における賃料総額を当該契約期間で均等にあん分した月額賃料相当額に基づいて算出した金額は、合理的に算定された金額であり、その金額が損金の額に算入できる旨主張する。

　しかしながら、本件賃借契約における契約当事者間では、賃借物件に係る賃料減額期間の賃料の減額という法律効果が本件賃借契約（法律行為）に基づき成立し、当該法律効果を変更又は消滅させる他の法律行為があるとする証拠も認められないことからすれば、本件賃借契約における契約当事者の合意事項は、賃料減額期間における賃料の減額であり、当該賃借物件に係る賃料として事業年度終了の日までに債務が確定した金額は、本件賃借契約の特約条項により減額された月額賃料に基づいて算出された金額であって、当該金額が損金の額に算入される。

本裁決のポイント解説

1　本件は、請求人が、建物の特定階の賃借契約を締結し、さらにその
　一部について転貸契約を締結したとの事実関係のもと、各契約の契約
　当初6カ月間の賃借に係る支払賃料及びその一部の転貸に係る受取賃
　料の額について、賃貸借契約又は転貸借契約の定めにより、それぞれ
　の契約期間において支払い又は受け取ることとなる賃料の総額を、当
　該各契約期間の月数であん分した額を各月額賃料として、法人税等の
　申告をしたところ、原処分庁が、損金の額又は益金の額に算入される
　金額はこれらの契約で定められた各月の賃料の額であるなどとして、
　法人税等の更正処分等をした事案である。

2　本件の事実関係は次のとおりである。
　⑴　請求人は、平成27年4月30日付「定期貸室賃貸借契約書」（以下
　　「本件賃借契約書」という。）を、G社との間で取り交わし、G社を
　　賃貸人、請求人を賃借人とする、建物（○○○○）の9階4,733.69
　　㎡（以下「本件賃借物件」という。）に係る定期建物賃貸借契約
　　（以下「本件賃借契約」という。）を締結した。
　⑵　本件賃借契約書には、要旨次のとおりの記載がある。
　　①　本件賃借契約の賃貸借期間は、平成27年10月1日から平成32年
　　　9月30日までとする。
　　②　請求人及びG社は、上記①の賃貸借期間内において本件賃借契
　　　約を解約することができない。
　　③　請求人が賃貸借開始後、賃貸借期間満了日までの期間に、本件
　　　賃借契約を解約したときは、請求人はG社に対し、残存賃貸借期
　　　間の賃料全額相当額を違約金として支払わなければならない。
　　④　本件賃借物件の賃料は、月額41,526,200円（消費税等は除
　　　く。）とする。
　　⑤　上記④の定めにかかわらず、上記①の賃貸借期間のうち、平成

27年10月１日から平成28年３月31日までの賃料については、月額5,727,700円とする。

⑥　G社は、平成27年10月１日から平成28年３月31日までの期間（以下、この期間を「本件当初６カ月間」という。）の本件賃借物件に係る各月分の賃料等について、請求人宛の「請求書」を各月発行し、請求人は、毎月25日頃、本件賃借物件に係る賃料として当該各請求書に記載された、翌月分の賃料5,727,700円とこれに係る消費税及び地方消費税（以下「消費税等」という。）相当額458,216円との合計6,185,916円を支払った。

　　なお、以下、本件賃借物件に係る本件当初６カ月間の賃料の額34,366,200円（月額賃料5,727,700円の６カ月分）を「本件支払賃料額」といい、本件支払賃料額とこれに係る消費税等相当額2,749,296円（458,216円の６カ月分）との合計額37,115,496円を「本件支払賃料税込額」という。

⑦　請求人は、本件当初６カ月間において本件賃借物件を賃借し、これに係る費用として227,678,100円（消費税等抜き）を平成27年４月１日から平成28年３月31日までの事業年度（以下「本件事業年度」という。）の損金の額に算入した（以下、この損金の額に算入した額を「本件支払賃料計上額」という。）。また、請求人は、本件支払賃料計上額とこれに係る消費税等相当額18,214,248円との合計245,892,348円を平成27年４月１日から平成28年３月31日までの課税期間（以下「本件課税期間」という。）の課税仕入れに係る支払対価の額に算入した（以下、この支払対価の額に算入した額を「本件支払賃料税込計上額」という。）。

　　本件支払賃料計上額は、上記①の本件賃借契約の賃貸借期間（60カ月）に係る賃料として請求人が支払うものとされる各月額賃料の合計額（月額5,727,700円（上記⑤）の期間が６カ月と月額41,526,200円（上記④）の期間が54カ月の合計額2,276,781,000円）を賃貸借期間（60カ月）で均等あん分した37,946,350円をも

44

とに、本件賃借物件に係る本件当初 6 カ月間の賃料の額として、請求人が算出した額（37,946,350円の 6 カ月分の227,678,100円）である。

(3) 請求人は、平成27年 7 月30日付「転貸借契約書」（以下「本件転貸契約書」という。）を、 J 社との間で取り交わし、本件賃借物件の一部（1,371.49㎡）につき、請求人を転貸人、 J 社を転借人とする転貸借契約（以下「本件転貸契約」といい、本件転貸契約の対象となる転貸物件を「本件転貸物件」という。）を締結した。

(4) 本件転貸契約書には、要旨次のとおりの記載がある。

① 転貸借期間は、平成27年10月 1 日から平成32年 9 月30日までとする。

② 賃料は、月額12,031,200円（消費税等別途）とし、 J 社は毎月25日までに翌月分の賃料を請求人に支払うものとする。

③ 上記②の定めにかかわらず、本件転貸契約第 2 条の期間のうち、本件当初 6 カ月間の賃料については、月額1,659,400円（消費税等別途）とする。

(5) 請求人は、本件当初 6 カ月間において本件転貸物件を転貸し、本件当初 6 カ月間の賃料の額9,956,400円（上記(4)③の月額賃料1,659,400円の 6 カ月分で、以下「本件受取賃料額」という。）とこれに係る消費税等相当額796,512円の合計額10,752,912円を受け取った。また、請求人は、本件当初 6 カ月間の本件転貸物件の転貸に係る収入として65,964,120円（以下「本件受取賃料計上額」という。）を本件事業年度の益金の額に算入した。

　本件受取賃料計上額は、上記(4)①の本件転貸契約の転貸借期間（60カ月）に係る賃料として請求人が受け取るものとされる各月額賃料の合計額（月額1,659,400円（上記(4)③）の期間が 6 カ月と月額12,031,200円（上記(4)②）の期間が54カ月の合計額659,641,200円）を転貸借期間（60カ月）で均等あん分した10,994,020円をもとに、本件転貸物件に係る本件当初 6 カ月間の賃料の額として、請求

人が算出した額（10,994,020円の6カ月分の65,964,120円）である（以下、この本件受取賃料計上額の算出方式及び上記(2)⑦の本件支払賃料計上額の算出方式を「本件あん分計算方式」という。）。

3　審判所は、以上の事実関係に加え、①本件賃借契約書では、本件賃借物件に係る賃料は、月額賃料が定められているが、特約条項により本件当初6カ月間の賃料は減額されているところ、②本件賃借契約（法律行為）による本件当初6カ月間についての賃料減額の法律効果を変更又は消滅させる他の法律行為があるとする証拠はないから、③本件賃借契約における契約当事者の合意事項は、本件賃借物件に係る本件当初6カ月間における賃料の減額である旨の事実認定をした上で、裁決の概要のとおり判断を示している。

　　審判所の裁決のポイントを若干整理すれば、次のとおりである（紙幅の都合上、受取賃料に係る部分については割愛する。）。

(1)　法人税法第22条第3項第2号は、内国法人の各事業年度の所得の金額の計算上当該事業年度の損金の額に算入すべき金額は、別段の定めがあるものを除き、当該事業年度の販売費、一般管理費その他の費用（償却費以外の費用で当該事業年度終了の日までに債務の確定しないものを除く。）の額とする旨規定し、償却費以外の費用の損金算入について債務確定基準が作用することを明らかにしている。

　　そして、法基通2-2-12≪債務の確定の判定≫は、償却費以外の費用で当該事業年度終了の日までに債務が確定しているものとは、①当該事業年度終了の日までに当該費用に係る債務が成立していること、②当該事業年度終了の日までに当該債務に基づいて具体的な給付をすべき原因となる事実が発生していること、③当該事業年度終了の日までにその金額を合理的に算定することができるものであることの要件の全てに該当するものとする旨定めている。

(2)　本件において請求人は、本件賃貸契約が定期建物賃貸借契約であ

る上、中途解約が禁じられ、中途解約した場合には残存賃貸期間の賃料全額相当額を支払わなければならないこととされていることから、①本件賃借物件に係る全賃借期間の賃料債務が成立していること、②事業年度終了の日までに当該債務に基づいて具体的な給付をすべき原因となる事実が発生し、③本件あん分計算方式によりその金額を合理的に算定することができるから、本件支払賃料計上額は債務確定基準を満たしている旨主張した。

　この点に関する審判所の判断は上記の裁決の要旨のとおりであり、また、請求人の主張に対しては、本件賃借契約の契約当事者間では、本件賃借物件に係る本件当初6カ月間の賃料の減額という法律効果が本件賃借契約（法律行為）に基づき成立し、当該法律効果を変更又は消滅させる他の法律行為があるとする証拠も認められないことからすれば、当事者間の合理的な意思として、単に支払時期を遅らせているにすぎないなどの請求人が主張する事実は認められないのであって、本件賃借物件に係る賃料として本件事業年度終了の日までに債務が確定した金額は、本件賃借契約の特約条項により減額された月額賃料に基づいて算出された本件支払賃料額であるから、本件あん分計算方式によって平準化された月額賃料相当額に基づいて請求人が算出した金額（本件支払賃料計上額）は、一種の見積費用であり、本件支払賃料額を超える金額については、本件賃借物件に係る賃料として本件事業年度終了の日までに債務が確定した金額とは認められないとして、請求人の主張を排斥しているのである。

本裁決の留意点

　本件では、本件賃借契約が定期建物賃貸借契約（定期借家契約）であることから、請求人は、「本裁決のポイント解説」3(2)のような主張をしたものと考えられる。契約の詳細については裁決で明らかにされた以上は知り得るものではないが、不動産の賃借料は、一般に時の経過（賃

借期間の経過）に応じて約定の賃借料が損金算入されていくことからすると、本件でも、契約の当事者間において別段の合意があれば格別、そうでなければ、通常のとおり損金算入されていくべきものであろう。定期借家契約であってもそのことは何ら変わることがないのである。

　ただ、中途解約が禁止されている定期借家契約におけるフリーレント期間（家賃が無償又は減額されている期間）の家賃の収益又は費用の計上時期と金額については、議論がある。

◆**関係法令**

法人税法第22条第3項、第4項、法基通2-2-12

◆**関係キーワード**

債務確定基準、定期借家契約、法律効果

（矢田公一）

請求人が裁判上の和解に基づいて受領した解決金は、株式の公開買付けの対象となった法人の不適切な会計処理に起因し、当該公開買付け等により請求人に生じた損害を当該法人の役員らが連帯して支払った損害賠償金と認められ、益金の額に算入されるとされた事例

平成30年9月12日裁決　裁決事例集№112-59頁

裁決の要旨

　請求人は、法人（本件法人）の株式を公開買付け等（本件公開買付け等）により取得した際に算定した株式の価額について、本件法人において不適切な会計処理があったことからこれを過大に算定していたとして、本件法人の代表取締役ら（本件役員ら）を相手に訴訟（本件訴訟）を提起した後、裁判上の和解（本件和解）により本件役員らから受け取った解決金（本件解決金）は、本件公開買付け等により取得した株式（本件株式）の売買代金の減額調整金として本件法人の代表取締役から支払われたものであり、このことは本件和解の和解条項にも本件解決金の支払は「株式の取得価額が過大であったことを理由とするものであることを確認する」と明記されていることからも明らかであるから、収益ではなく、株式の取得価額を減額すべきものである旨主張する。

　しかしながら、本件和解の和解調書の条項の文言は、本件解決金を支払うことになった理由を示したものであり、本件解決金が本件株式の売買代金の返還であるとの記載ではなく、また、本件和解の協議においても、本件解決金が本件株式の売買代金の返還である旨の合意はなされていない。本件和解に至る経過等を検討すると、①本件訴訟の請求はいずれも損害賠償請求であり、そして、②本件法人の代表取締役以外の株主からも取得した全ての株式の取得対価の過大支払額を損害額として請求していた上、株式の取得対価とは異なる損害額（調査委員会費用、追加

49

監査費用及び課徴金の損害額）についても請求し、③本件解決金の支払義務を負う者として本件法人の代表取締役のほか本件法人の役員が含まれ、実際に本件法人の役員も本件解決金の一部を支払っていることが認められる。そうすると、本件解決金は、本件法人の不適切な会計処理に起因し、本件公開買付け等により請求人に生じた損害を本件役員らが連帯して支払った損害賠償金と認められることから、本件解決金の額は、益金の額に算入される。

本裁決のポイント解説

1　本件は、請求人が、裁判上の和解に基づいて支払われた解決金の額を益金の額に算入するとともに同額を株式の評価損として損金の額に算入して法人税の申告をしたところ、原処分庁が、株式の評価損が計上できる事実は生じていないなどとして更正処分等をしたのに対し、請求人が、申告において当該解決金を益金の額に算入していた処理は誤りであり、当該解決金は取得した株式の売買代金の返還として支払われたもので、当該解決金相当額は益金の額に算入されず、株式の取得価額を減額すべきであったとして、原処分の全部の取消しを求めた事案である。

2　本件の事実関係は、次のとおりである。

⑴　請求人は、Ｊ社の株式について、買付価格を１株につき○○○○円として、平成○年○月○日から同年○月○日まで公開買付け（以下「本件公開買付け」という。）を実施した。

⑵　本件公開買付け当時のＪ社の代表取締役等は次のとおりであった。

①　Ｍ（以下「Ｍ氏」という。）は、平成14年12月○日から平成21年４月○日までＪ社の代表取締役であって、本件公開買付けの前日においてＪ社の筆頭株主であった。

② N（以下「N氏」といい、M氏と併せて「M氏ら」という。）
は、平成19年5月○日からJ社の代表取締役であった。

③ P（以下「P氏」という。）は、平成17年7月○日にJ社の取
締役に就任し、平成21年9月○日に取締役を辞任した。

(3) 請求人は、本件公開買付けに先立ち、M氏との間で、平成○年○
月○日付「公開買付に関する契約書」（以下「本件契約書」とい
う。）を作成し、公開買付けに関する契約（以下「本件契約」とい
う。）を締結した。本件契約書には、要旨次のとおり記載されてい
る。

① 株式（以下「本件株式」という。）とは、M氏が直接所有する
J社の株式○○○○株を意味する。

② M氏は、請求人に対して、本件契約の締結日及び公開買付けに
係る決済がされる日現在において、M氏が請求人に開示したJ社
及びその子会社の直近事業年度の計算書類及び連結計算書類は、
J社及びその子会社の財務状況を正確に表示していることについ
て、真実かつ正確であることを表明し、保証する。

③ 請求人又はM氏は、他の当事者に対し、請求人又はM氏が本件
契約に含まれている義務若しくは誓約に違反したこと、又は上記
②の表明及び保証に違反（以下「表明保証違反」という。）が
あったことに起因して他の当事者に生じた損害を補償する。

(4) 請求人は、本件公開買付けにおいて、本件株式（○○○○株）を
含むJ社の株式○○○○株を取得し、本件公開買付けの後、同社の
株式5,818株を取得して平成○年○月○日に同社を完全子会社とし
た（以下、本件公開買付け及びその後の株式の取得を併せて「本件
公開買付け等」という。）。

(5) 請求人は、平成22年3月、J社が不適切な会計処理を行っている
旨内部通報を受けたため調査委員会を立ち上げ、同委員会による調
査を実施したところ、J社において、売上高の前倒し計上等の不適
切な会計処理が行われていたことが判明した。

(6)　請求人及びＪ社は、本件公開買付け当時、Ｊ社の代表取締役で
　　あったＭ氏らに対し、本件公開買付けに当たってＪ社の株式取得の
　　ために過大な支払をしたことによる損害が生じたなどとして、平成
　　22年８月12日付で訴訟（以下「本件訴訟」という。）を提起した。
　　本件訴訟における請求人の請求は要旨次のとおりである。
　①　Ｍ氏に対する請求は、本件契約に係る表明・保証、取締役の第
　　三者に対する責任、不法行為責任及び金融商品取引法の規定に基
　　づく損害賠償請求である。
　②　Ｎ氏に対する請求は、取締役の第三者に対する責任、不法行為
　　責任及び金融商品取引法の規定に基づく損害賠償請求である。
　③　本件訴訟において請求人が請求した損害額は〇〇〇〇円であ
　　り、その内訳は次のとおりである。
　　イ　株式対価の過大支払額
　　　㈠　本件公開買付け時　〇〇〇〇円
　　　　　適正価格を１株45,110円として過大支払額を算出した
　　　　（（〇〇〇〇円－45,110円）×〇〇〇〇株＝〇〇〇〇円）。
　　　㈡　完全子会社化時　〇〇〇〇円
　　　　　適正価格を１株45,110円として過大支払額を算出した
　　　　（（〇〇〇〇円－45,110円）×5,818株＝〇〇〇〇円）。
　　ロ　調査委員会費用　10,541,895円
　　ハ　追加監査費用　945,000円
　　ニ　課徴金　3,600,000円
(7)　Ｎ氏は、本件訴訟係属中にＰ氏に対して訴訟告知をし、これに対
　　して、Ｐ氏は、平成24年４月に本件訴訟に補助参加した。また、Ｍ
　　氏は、Ｑ弁護士を本件訴訟における訴訟代理人に選任した。
(8)　本件訴訟は、平成27年12月〇日に裁判上の和解（以下「本件和
　　解」という。）が成立し、平成27年12月〇日付和解調書（以下「本
　　件和解調書」といい、本件和解調書で定めた和解条項を「本件和解
　　条項」という。）が作成された。本件和解調書の本件和解条項には

要旨次のとおり記載されている。

① M氏ら及びP氏は、請求人に対し、本件訴訟の解決金（以下「本件解決金」という。）として連帯して○○○○円の支払義務があることを認め、これを平成27年12月30日限り、請求人名義の銀行預金口座に振り込む方法により支払う。

② 請求人及びJ社とM氏ら及びP氏は、本件解決金の支払は、請求人によるJ社の株式の取得対価が過大であったことを理由とするものであることを確認する。

③ 請求人は、M氏らに対するその余の請求を放棄する。

④ 請求人及びJ社とM氏ら及びP氏は、本件に関し、請求人とM氏ら及びP氏との各間、J社とM氏ら及びP氏との各間には、本件和解条項に定めるもののほか、何らの債権債務がないことを相互に確認する。

(9) 請求人は、平成27年12月25日に、本件和解に基づいてM氏から○○○○円、N氏及びP氏から各○○○○円の合計○○○○円を本件解決金として受領した。

3 審判所は、上記2の各事実のほか、和解調書の文言解釈や本件和解協議の経過を踏まえた上で、裁決の要旨のとおり判断を示している。

まず、本件解決金は本件和解の成立により請求人に支払われたことから、本件解決金の性質の検討に当たっては、まず本件和解調書に記載された条項の文言解釈が中心となることはもちろんであるが、一般法律の解釈と同様、文言とともにその解釈に資するべき他の事情、特に裁判上の和解であるからこそ、本件訴訟の経過等をも十分に参酌して、当事者の真意を探求してなされるべきであるとの解釈の指針を示し、本件和解条項の第2項（上記2(8)②）の文言は、本件解決金を支払うことになった理由であり、請求人によるJ社の株式の取得対価が過大であった旨記載されているとおり、本件解決金が本件株式の売買代金の返還であるとの記載ではないと判断を下している。

その上で、上記の「裁決の要旨」の①から③までに掲げた事実をもとに、本件解決金は本件株式の売買代金の返還であるとは認められないとの結論に至っている。

　また、請求人の主張に対しては、本件和解協議の経過からは、Q弁護士、M氏ら及びP氏の代理人弁護士らは、請求人側で作成した和解条項案の第2項（上記2⑻②）について、削除するよう申し入れたものの、本件解決金への課税問題を懸念した請求人及びJ社側から、同項を入れる案でまとめてもらいたいとの要請があったことから、M氏ら及びP氏はこれを受け入れたものであり、本件和解の協議において、本件解決金が本件株式の売買代金の返還である旨の合意はなされていないとの事実認定をし、排斥している。

本裁決の留意点

　本件において請求人は、「裁判上の和解は、裁判官の関与の下に成立するものであることから、その内容は、原則として、和解条項の文言に即して判断すべきであ」るとし、「請求人は、原処分庁が単純な損害賠償請求権であると誤解する可能性もあった」ことから、そのような誤解を避けるために、和解の対象が表明保証違反による補償請求であり、しかもそこでいう補償請求とは過大となった対価の減額調整を行うもので、本件解決金の法的性質は売買代金の減額調整金であることを明確にするために、本件和解条項の第2項でこの旨を明記することを裁判所に求め、これが本件和解条項とされたのであるから、本件解決金が売買代金の減額調整金である旨主張した。

　これに対し、審判所は、「本裁決のポイント解説」3のとおり、和解調書の解釈についての一般論を述べつつ、（本裁決のポイント解説では割愛しているが、）本件和解条項の第2項の文言は、本件解決金を支払うことになった理由が示されたものにすぎず、本件和解に至る協議において、本件解決金が本件株式の売買代金の返還である旨の合意があったと認めることはできないとして請求人の主張を排斥している。

　本裁決は、このような裁判上の和解における和解調書の一般的な解釈を基礎として展開されたものである。

◆**関係法令**

法人税法第22条

◆**関係キーワード**

株式公開買付け、裁判上の和解、和解調書の文言解釈

（矢田公一）

● 収益の計上時期

都市再開発法に基づいて収受した土地に係る補償金及び土地の明渡し等に伴う損失の補償金等は、本件係争事業年度の収益の額に算入されないとされた事例

平成24年10月 5 日裁決　裁決事例集№89-153頁

裁決の要旨

1　本件は、措置法第65条の 8 《特定の資産の譲渡に伴い特別勘定を設けた場合の課税の特例》の規定の適用に当たり、請求人が本件係争事業年度（平成20年11月期）の確定申告書（本件確定申告書）に添付した書類が買換特例の適用が受けられる要件を満たしているといえるか否かが争点となった事案である。

　　そして、請求人が都市再開発法の規定に基づいて設立された市街地再開発組合から受領した権利変換処分に基づく土地補償金（本件土地補償金）及び移転補償金等（本件移転補償金等）を、本件係争事業年度の益金の額に算入したことについては、原処分庁も是認するところであり、当事者間に争いはない。

2　しかしながら、審判所は、本案前の問題として、本件土地補償金及び本件移転補償金等の収益計上時期を検討対象とした。

　　審判所は、都市再開発法第87条《権利変換期日における権利の変換》第 1 項、第91条《補償金等》第 1 項、第96条《土地の明渡し》第 1 項、同条第 3 項、第97条《土地の明渡しに伴う損失補償》第 1 項及び同条第 3 項の各規定によれば、同法に定める権利変換処分（権利変換期日において権利を失い、かつ、当該権利に対応して、施設建築敷地等が与えられないものに限る。）が行われた場合には、施行者は、権利変換期日までに施行地区内の土地を有する者に対して補償金を支

払う義務を負い、また、施行者が定めた明渡しの期限までに当該土地及び当該土地にある物件に関し権利を有する者に対して移転補償金等を支払う義務を負う一方で、当該土地は権利変換期日において新たに所有者となるべき者に帰属するとともに、当該土地又は当該土地にある物件を占有している者は、施行者が定めた明渡しの期限までに施行者に土地若しくは物件を引渡し又は物件を移転する義務を負うことになるから、権利変換処分を受けた施行地区内の土地及び当該土地にある物件を有する者においては、土地に対する補償金については権利変換期日に、移転補償金等については土地及び当該土地にある物件の明渡しの期限（明渡しの義務が生じることとなる日）に、それぞれ収入すべき権利が確定したものと解するのが相当である。

　そうすると、本件における権利変換処分に係る権利変換期日並びに土地及び建物の明渡しの期限はいずれも本件係争事業年度の前事業年度（平成19年11月期）に属するから、本件土地補償金及び本件移転補償金等はいずれも平成19年11月期の益金の額に算入すべきであると判断した。

　この結果、本件土地補償金及び本件移転補償金等は、本件係争事業年度の益金の額に算入すべきものではないから、請求人が損金の額に算入した特別勘定繰入額○○○○円は、買換特例の適用要件を判断するまでもなく、本件係争事業年度の損金の額に算入されないなどとして、原処分はその全部が取り消された。

本裁決のポイント解説

1　事案の概要

　本件は、請求人が、措置法（平成21年法律第13号による改正前のもの）第65条の8第1項の規定による買換特例を適用し、特別勘定への繰入額として経理した金額を損金の額に算入したところ、原処分庁が、本件確定申告書には買換特例の適用要件である財務省令で定める書類の添付がないことから、買換特例の適用はないとして原処分を

行ったのに対し、請求人が、記載内容に不備はあるものの、本件確定申告書に「特定の資産の譲渡に伴う特別勘定を設けた場合の取得予定資産の明細書」を添付しているから、買換特例の適用がないとして行われた原処分は違法であるとして、原処分の一部の取消しを求めた事案である。

2　事実関係の概要

　　審判所は、本件の争点とは異なり、都市開発法に定める権利変換処分が行われた場合の土地補償金及び移転補償金等の収益計上時期を問題としたことから、その点に関する事実関係の概要を記載することとする。

(1)　都市再開発法第11条《認可》第1項の規定に基づき設立された e 地区市街地再開発組合（本件再開発組合）が施行する第一種市街地再開発事業の施行地区の区域には、本件土地の所在地が含まれており、本件土地の所有者である請求人は、本件再開発組合の設立に先立ち、本件再開発組合の設立に同意する旨を記載した同意書を e 地区市街地再開発準備組合事務局に提出していた。

　　　また、請求人は、当該同意書を提出するに当たり、同事務局から、本件再開発組合設立認可後、本件再開発組合は、権利変換期日までの間に、請求人の営業継続のため、D 社所有の土地（a 県 b 市 c 町○-○）を確保するよう最大限の努力を行うなどの確認事項が記載された平成17年○月○日付の「念書」と題する書面の交付を受けていた。

(2)　請求人は、本件再開発組合が施行する e 地区第一種市街地再開発事業の事業計画において権利変換の対象とされた本件土地及び本件建物について、都市再開発法第71条《権利変換を希望しない旨の申出等》第1項の規定に基づき、権利の変換を希望せず、本件土地については金銭の給付を希望する旨、本件建物については移転を希望する旨を申し出ることを内容とする平成18年6月27日付の「金銭給

付等希望申請書」を本件再開発組合に提出した。

(3) 本件再開発組合は、e地区第一種市街地再開発事業の権利変換計画について、平成19年3月○日にa県知事の認可を受け、同年4月3日に、請求人に対し、本件土地については権利変換期日に権利を失う旨、権利変換期日は平成19年4月○日である旨、本件土地については建築施設の部分（市街地再開発事業によって建築される建築物の一部及び当該建築物の存する敷地の共有持分をいう。）は与えられない旨及び失われる本件土地の価額は○○○○円である旨の権利変換処分（本件権利変換処分）に係る通知をした。

(4) 本件再開発組合は、都市再開発法第91条《補償金等》第1項の規定に基づき、本件土地に係る補償金○○○○円（本件土地補償金）を請求人に対し支払わなければならないところ、本件土地に根抵当権が設定されていたことから、同法第92条《補償金等の供託》第4項の規定に基づき、請求人に対する支払に代えて、平成19年4月○日に、請求人を被供託者として当該補償金の額に相当する金額をE法務局へ供託した。

(5) 本件再開発組合は、都市再開発法第96条《土地の明渡し》第1項の規定に基づき、請求人に対して、平成19年4月25日付で、明渡しの期限を平成19年5月31日として、本件土地及び本件建物の明渡しを求める明渡処分（本件明渡処分）に係る通知をした。

(6) 本件再開発組合は、請求人に支払うべき都市再開発法第97条《土地の明渡しに伴う損失補償》第1項に規定する土地の明渡し等に伴う損失の補償の額（移転補償金等）について、同条第2項の規定に従い、請求人と協議を進めたが、その協議が整わなかったことから、同条第3項の規定に基づき、移転補償金等を建物移転に係る金額などの合計額○○○○円（本件移転補償金等）とすることを定め、平成19年6月21日付で、請求人に対し、本件移転補償金等を支払う旨通知するとともに、本件移転補償金等の受領方法について同年6月30日を期限として回答を求め、同日までに連絡がない場合に

は、受領を拒否したものとしてＥ法務局に供託する旨を併せて通知した。

(7)　本件再開発組合は、上記(6)の期限を経過しても、請求人から受領方法についての回答がなかったことから、平成19年8月2日に、都市再開発法第97条第5項により準用される同法第92条の規定により、請求人を被供託者として、本件移転補償金等に相当する金額○○○○円をＥ法務局へ供託した。

(8)　請求人は、平成19年5月29日に、ａ県知事に対し、上記(1)の「念書」と題する書面に記載された確認事項の内容を本件再開発組合が履行していないとして、本件再開発組合が行った本件権利変換処分及び本件明渡処分の取消しを求める各審査請求をしたが、ａ県知事は棄却の裁決をした。

(9)　その後、平成20年1月28日に、請求人ら（請求人及び本件建物の賃借人等）と本件再開発組合との間で和解が成立し、請求人は、本件係争事業年度中に本件土地補償金、本件移転補償金等及び請求人が受けるべき和解金を収受するとともに、本件建物を収去せずに、本件土地を本件再開発組合に明け渡した。

3　審判所の判断

　　審判所は、上記裁決の要旨に示したとおり、都市再開発法に基づく第一種市街地再開発事業（権利変換方式）により収受した土地に係る補償金については権利変換期日に、土地の明渡し等に伴う損失の補償金等については土地及び当該土地にある物件の明渡しの期限（明渡しの義務が生じることとなる日）に、それぞれ収入すべき権利が確定したものと解するのが相当であるとの法令解釈を示した上で、次のとおり判断した。

　　本件土地補償金及び本件移転補償金等は、本件再開発組合が行った都市再開発法に定める権利変換処分に伴って本件再開発組合から支払われたものであるところ、上記2(3)のとおり、本件権利変換処分に係

る権利変換期日は平成19年4月○日であるから、同日に本件土地補償
金について収入すべき権利が確定したというべきであり、また、上記
2⑸のとおり、本件土地及び本件建物の明渡しの期限は平成19年5月
31日とされていたものの、同⑺のとおり、同日までに本件再開発組合
から本件移転補償金等が支払われず、平成19年8月2日に本件再開発
組合によって供託の方法により支払われていることから、都市再開発
法第96条第3項ただし書の規定により、同日に請求人に本件土地及び
本件建物の明渡しの義務が生じることとなるので、同日に本件移転補
償金等について収入すべき権利が確定したというべきである。

　そうすると、本件土地補償金及び本件移転補償金等は、いずれも平
成19年11月期において、収入すべき権利が確定したものであるから、
平成19年11月期の益金の額に算入すべきである。

4　権利変換処分等について当事者間に争いがある場合の収益計上時期
　について

　原処分庁は、審判所に対し、本件については次の事実があることか
ら、本件土地補償金及び本件移転補償金等は、本件係争事業年度の益
金の額に算入される旨回答した。

⑴　請求人と本件再開発組合との間に本件権利変換処分及び本件明渡
　処分に関して争いがあり、その後の和解において本件土地の明渡し
　が平成20年3月31日まで猶予されていること。

⑵　請求人が本件土地補償金及び本件移転補償金等の支払を現実に受
　けた日は本件係争事業年度であること。

⑶　本件土地及び本件建物の支配が本件再開発組合に現実に移転した
　日は本件係争事業年度であること。

　これに対し審判所は、本件権利変換処分は、権限ある機関によって
取り消されるまでは効力を有するものであり、請求人がa県知事に対
する審査請求及び再審査請求により本件権利変換処分の取消しを求
め、又は請求人と本件再開発組合との和解により、本件土地の明渡し

の日が平成20年3月31日まで猶予されたとしても、それによって本件権利変換処分の効果に変動が生じるものではないから、上記3の収入すべき権利が確定した日が変わるものではない。

　また、請求人が本件土地補償金及び本件移転補償金等の金銭を実際に収受したのは供託金の還付を受けた本件係争事業年度であるが、上記3のとおり、本件土地補償金の収入すべき権利は権利変換期日に確定したこと、及び本件移転補償金等の収入すべき権利は、本件再開発組合によって本件移転補償金等が支払われた日（本件土地及び本件建物の明渡しの義務が生じた日）に確定しており、このことは、本件移転補償金等が供託されている場合においても変わりはないことからすれば、いずれも平成19年11月期に収入すべき権利が確定したというべきであり、法人税法はその収入すべき権利が確定したときの属する事業年度の益金の額に算入する旨規定しているのであるから、供託金の還付の手続を行った日（実際の金銭の収受日）が収益計上時期となるものではないとした。

本裁決の留意点

　土地及び建物の譲渡に係る収益の額は、その引渡しがあった日の属する事業年度の益金の額に算入することとされているところ、その引渡しの日がいつであるかが明らかでない場合は、次に掲げる日のうちいずれか早い日にその引渡しがあったものとすることができることとされている（法人税法第22条の2第1項、法基通2-1-2、2-1-14）。
　(1)　代金の相当部分（おおむね50%以上）を収受するに至った日
　(2)　所有権移転登記の申請（その登記の申請に必要な書類の相手方への交付を含む。）をした日
　ところで、本件土地補償金及び本件移転補償金等の収益計上時期については、請求人と原処分庁との間に争いはなく、また、上記「本裁決のポイント解説」4の原処分庁の審判所への回答からすれば、請求人も、上記通達の取扱いを踏まえて本件土地補償金及び本件移転補償金等を本

件係争事業年度の収益に計上したことがうかがえる。

　そうだとすると、第一種市街地開発事業の施行に当たり、何らトラブルがない場合はよいが、本件のように土地の所有者と施行者である市街地再開発組合との間に何らかの争いがあったときは、本件と同様に補償金について権利変換期日の属する事業年度ではなく、現実にそれを収受した日の属する事業年度の収益として法人税の確定申告をすることが想定される。

　仮に、納税者が、権利変換期日には補償金を収受していないことから上記通達の取扱いにより、和解等により問題が解決して現実に補償金を収受した日の属する事業年度に土地の引渡しがあったものとして収益計上するとともに、圧縮記帳の適用を受けるための確定申告をしたとしても、本裁決の考え方に従えば、調査があった場合には、収益計上時期が違うとして補償金の収益計上については認容され、圧縮損（圧縮特別勘定も含む。）は否認されることになる。

　そうすると、是正の方法としては、補償金については権利変換期日の属する事業年度で収益計上する修正申告をすることになるが、圧縮記帳の適用については、損金経理要件等を満たさないことからその適用はできないこととなり、課税関係に重大な影響を及ぼすことが懸念される。

　したがって、第一種市街地再開発事業による権利変換処分に基づき収受した補償金の額は一般的には、相当程度の額であることも考え合わせると、その収益計上時期の判定に当たっては、事実関係及び都市再開発法の規定等を十分に検討した上で判断する必要があるものと考える。

　換地処分により土地を譲渡した場合には、土地区画整理法第104条第1項及び同条第8項の規定により、その換地公告があった日の翌日に、その土地に関する権利を取得したことになるから、換地処分による土地の譲渡益の計上時期は、清算金の交付等の日ではなく、換地処分の公告があった日の翌日であると考えられるので、第一種市街地再開発事業の権利変換処分の場合と同様、注意する必要がある。

　なお、本件補償金の益金算入時期については、請求人と原処分庁との間に争いがないにもかかわらず、審判所がこの点を取り上げて裁決をす

ることの当否に関しては議論があろう。

　この点、審判所は、当事者間の争点のみを審理する争点主義的運営に
も配慮しながら、納税者の税負担の公正を担保するため、納税すべき税
額の総額を審理する総額主義による運営を行っている。本件裁決は、そ
の総額主義の典型例であろう。

◆関係法令

法人税法第22条第2項、第4項、第22条の2第1項

法基通2-1-2、2-1-14

都市再開発法第87条第1項、第91条第1項、第96条、第97条

土地区画整理法第104条第1項、第8項

◆関係キーワード

第一種市街地再開発事業、権利変換期日、物件の明渡しの期限、換地公
告、総額主義、争点主義的運営

（糸賀定雄）

請負による収益の額は、約した役務の全部を完了した日の属する事業年度の益金の額に算入するとされた事例

平成30年4月13日裁決　裁決事例集№111-184頁

裁決の要旨

1　請求人が元請先から請け負った各工事（本件各工事）の代金について、請求人は、本件各工事に係る検査合格日の属する事業年度に益金の額に算入される旨主張する。

2　一方、原処分庁は、本件各工事に係る注文書及び注文請書には、請負代金の支払条件として、元請先の検収に基づく出来高払いによることとされていることから、旧法基通2−1−9《部分完成基準による収益の帰属時期の特例》が定める特約又は慣習があり、出来高に応じた請求金額（本件各出来高請求金額）を出来高が検収された日の属する事業年度の益金の額に算入すべきである旨主張する。

3　これらの主張に対して、審判所は、①本件各出来高請求金額は、本件各工事の工事監督者が本件各工事の出来高を査定したもので、本件各工事の出来高の請求書ではこの査定を「検収」と記載しているが、これは出来高の金額を確認する、あるいは出来高の金額の支払を認めるという意味で使用しているものであり、元請先が本件各出来高請求金額に相当する部分の完成を確認したものではないこと、そして、②元請先との契約においては、工事の竣工検査における合格日（検査合格日）を検収日（引渡日）としていることから、本件各工事はその検査合格日に請求人の役務の提供が完了したと認められるので、本件各工事に係る収益は、旧法基通2−1−5《請負による収益の帰属の時期》に定めるいわゆる工事完成基準により、本件各工事の請負代金の全額を本件各工事の検査合格日の属する事業年度の益金の額に算入す

べきものである、と裁決した。

1   法人税法第22条第2項は、内国法人の各事業年度の所得の金額の計算上当該事業年度の益金の額に算入すべき金額は、別段の定めがあるものを除き、資本等取引以外の取引に係る当該事業年度の収益の額とする旨規定し、同条第4項は、当該事業年度の収益の額は、一般に公正妥当と認められる会計処理の基準に従って計算されるものとする旨規定している。つまり、ある収益をどの事業年度に計上すべきかは、一般に公正妥当と認められる会計処理の基準に従うべきであり、一般的には、収益は、その実現があった時、すなわち、その収入すべき権利が確定したときの属する事業年度の益金に計上すべきものであると解されている。

　　また、収益の帰属の時期についての伝統的な実現主義の考え方では、例えば、民法における請負については、報酬を請求できる時期である物の引渡し、又は物の引渡しを要しない場合には、役務の提供の終了の時（民法第633条）をもって収益を認識することが一般的と考えられる。

　　そこで、本裁決において審判所は、請負による収益の額は、物の引渡しを要する請負契約にあってはその目的物の全部を完成して相手方に引き渡した日に、物の引渡しを要しない請負契約にあってはその約した役務の全部を完了した日に請負代金を請求することができ、収入すべき権利が実現又は確定したといえるから、その日の属する事業年度の益金の額に算入するものと解するのが相当であるという解釈を示した。

　　平成30年改正前の旧法基通2-1-5は、上記の趣旨を踏まえ、請負による収益の額は、別に定めるものを除き、物の引渡しを要する請負

66

契約にあってはその目的物の全部を完成して相手方に引き渡した日、物の引渡しを要しない請負契約にあってはその約した役務の全部を完了した日の属する事業年度の益金の額に算入する旨定めていた。

　他方、平成30年改正前の旧法基通2-1-9《部分完成基準による収益の帰属時期の特例》では、法人が請け負った建設工事等について次に掲げるような事実がある場合には、その建設工事等の全部が完成しないときにおいても、その事業年度において引き渡した建設工事等の量又は完成した部分に対応する工事収入をその事業年度の益金の額に算入する旨定めていた。

(1)　一の契約により同種の建設工事等を多量に請け負ったような場合で、その引渡量に従い工事代金を収入する旨の特約又は慣習がある場合

(2)　1個の建設工事等であっても、その建設工事等の一部が完成し、その完成した部分を引き渡した都度その割合に応じて工事代金を収入する旨の特約又は慣習がある場合

　この取扱いは、包括的な請負契約にあっては、これを構成する個々の工事ごとに完成引渡基準を適用すべきと考えられるので、それぞれ独立した工事とみられる部分の完成引渡しがあった都度その部分について完成引渡基準を適用して収益計上すべき旨を定めたものである。

2　本件では、上記の旧法基通2-1-9の適用の可否が争われた。

　この点について原処分庁は、本件各工事に係る請負契約は、請負契約に係る建築工事等につき、部分的に引渡しが行われ、それに応じて工事代金を収入する旨の旧法基通2-1-9が定める特約又は慣習があり、当該出来高部分について報酬債権が現実化しているから、本件各出来高請求金額は本件各事業年度の益金の額に算入することとなる旨を主張した。

　これに対して審判所は、契約内容や工事の実態等からみて、元請は、検査合格日を検収日（引渡日）としているところ、本件各工事の

検収日は、各工事の「竣工日」であるから、その日に請求人の役務の提供は完了したと認められると判断した。

　また、原処分庁の主張に対しては、請負代金の出来高請求金額は、工事監督者が、本件各工事の工期や工程に照らして工事の進捗状況を確認した上で、本件各工事の出来高として査定したものであって、本件各注文書及び本件各注文請書に記載された「検収」の文言は、本件各工事の竣工検査を終了したという意味で用いられたものではないから、本件各注文書及び本件各注文請書に「検収したもの」との文言が記載されていることをもって、旧法基通2−1−9に定める「特約又は慣習」があったとみることはできないと説示した。

　注文書や注文請書の文言だけにとらわれることなく、関係者の答述等から適切に工事内容に関する事実関係を認定して、その事実認定に基づき判断した事案であると考える。

本裁決の留意点

　折しも本裁決があった平成30年において、企業会計基準委員会から「収益認識基準に関する会計基準」（平成30年3月30日付企業会計基準第29号）が公表されている。その会計上の収益認識基準においては、企業が約束した財又はサービス（資産）を顧客に移転することにより履行義務を充足した時に又は充足するにつれて、収益を認識することとされ、また、資産が移転するのは、顧客が当該資産に対する支配を獲得した時又は獲得するにつれてであることとされている（収益認識基準35）。

　この収益認識基準の導入を契機として、法人税関係法令において、収益の帰属時期に関する通則的な規定が設けられた。すなわち、平成30年度の税制改正前の法人税法においては、収益の帰属の時期について明文の規定はなく、法人税法第22条第4項に基づき「一般に公正妥当と認められる会計処理の基準」に従って計算するものとされていたが、同税制改正において、法人の資産の販売等に係る収益の額は、別段の定めがあるものを除き、その資産の販売等に係る目的物の引渡し又は役務の提供

の日の属する事業年度に益金の額に算入する、という明文の規定が設けられ、従来と同様の考え方が踏襲された（法人税法第22条の2第1項）。

　この規定を根拠として請負による収益については、従前の実現主義による会計慣行に従い、原則として、物の引渡しを要する取引にあってはその目的物の全部を相手方に引き渡した日とし、物の引渡しを要しない取引にあってはその約した役務の全部を完了した日に益金算入する、つまり、従前の法基通2-1-5の取扱いによることが、改正後の法人税基本通達においても明らかにされている（法基通2-1-21の7）。

　また、従前の部分完成基準による収益の帰属時期の取扱いについても、一つの包括的な請負契約についてはこれを構成する個々の工事を一単位として完成引渡基準を適用すべきとする考え方を踏襲して、従前の法基通2-1-9と同様の取扱いが定められている（同通達2-1-1の4）。

　上記のとおり、新たな会計基準が創設された後においても、税務上の請負による収益の計上時期については、従前の取扱いを踏襲しているので、本裁決での判断は今後の同様の事例について参考になるものと考えられる。

　なお、本事案では、取引当事者間で取り交わした注文書や注文請書、出来高調書及び出来高請求書において、進行度合いを確認する査定を「検収」という文言で記載していることが、原処分庁側の主張の根拠とされている。納税者側としては、このような紛らわしい言葉を注文書等の文書に使用しないよう留意する必要があると考える。

◆関係法令
法人税法第22条第2項、第4項、旧法基通2-1-5、2-1-9

◆関係キーワード
収益の帰属、請負、出来高払い

（奥田芳彦）

収益は、その収入すべき権利が確定したときの属する事業年度の益金に計上すべきものとされた事例

平成30年11月14日裁決　裁決事例集№113-113頁

裁決の要旨

　請求人は、原処分庁が請求人の売上げに計上漏れがあったとする事件業務に係る請求金額の一部について、①請求した金額ではなく調停により減額決定した金額を売上金額とすべきこと、②着手金の支払がなく委任契約が途中解約されたことから売上げは０円であること及び③日当旅費は、委任契約上免除する旨の合意がありその支払もなかったことから売上げは０円であることなどから益金の額が過大である旨主張し、原処分庁は、当該事件業務の売上高は、請求人が保管していた顧客との委任契約書及び請求書をもとに算出したもので、当該事件業務に係る契約が発生していない又は解除された等の事実は認められない旨主張する。

　しかしながら、収益はその収入すべき権利が確定したときの属する事業年度の益金に計上すべきところ、①及び②については、請求人は報酬金を依頼人に請求していることから、この時点で当該報酬金の支払請求権が確定したものと認められ、当該請求金額は請求した事業年度の益金の額に算入されることとなり、③については、依頼人との委任契約書において、日当を免除する旨定められていることから、請求人は、当該依頼人に対して日当を請求する権利を有していたとは認められず、請求書に記載されている日当の額は益金の額には算入されない。なお、①の減額金額については、請求した事業年度の益金の額に算入されるものの翌事業年度に減額が確定しており、当該減額金額は当該翌事業年度の損金の額に算入される。

本裁決のポイント解説

1 本件は、原処分庁が、弁護士法人である請求人に売上げの計上漏れがあったなどとして、法人税等の各更正処分等をしたのに対し、請求人が、売上計上漏れとされたものには調停により減額されているものや途中解約されたものがあり、原処分庁が売上計上漏れとした金額には誤りがあるなどとして、当該各更正処分等の全部の取消しを求めた事案である。

2 原処分庁は、請求人に対して税務調査を実施し、調査の結果、請求人の売上げに計上漏れがある旨指摘し、法人税の更正処分等を行っているところ、請求人は、①委任契約を締結していたMに対して請求した報酬（以下「本件報酬1」という。）は、その後、調停により減額されたものである、②事件等の処理に関する委任契約を締結していたN社については、その後、委任契約を解除し、また、裁判所に対しても辞任届を提出しているから、その報酬（以下「本件報酬2」という。）の額は0円である、③離婚等請求訴訟等に係る委任契約を締結したPに対して請求した報酬（以下「本件報酬3」という。）の日当については当該契約上免除する旨定めているので、その額は0円であるなどと主張した。

3 本件の事実関係は、次のとおりである。
 (1) 請求人は、平成○年○月○日に設立され、F弁護士を唯一の社員とする○○であり、消費者金融業者等に対するいわゆる過払金の返還請求及び債務整理等に関する事業（以下「債務整理事業」という。）並びに債務整理事業以外の事件に係る弁護士業務（以下「一般事件業務」という。）を行っている。
 (2) 本件報酬1について
  ① 請求人は、平成23年8月10日、Mに対して、同年2月16日付委

任契約書に係る委任契約（以下「本件M委任契約」という。）に基づく事務が終了したとして本件M委任契約に基づく報酬金7,290,000円を請求した。

② 上記①について、請求人及びMは、平成24年2月9日、○○において、本件M委任契約に基づく報酬金の額を3,150,000円とする旨の紛議調停を成立させた。

(3) 本件報酬2について

請求人は、N社との間で、平成25年8月9日、着手金（以下「本件N社着手金」という。）の額を500,000円として、事件等の処理に関する委任契約を締結した。

(4) 本件報酬3について

① 請求人は、Pとの間で、平成22年11月23日に、PのTに対する離婚等請求訴訟等に係る委任契約を締結しており、当該委任契約に係る委任契約書には要旨次の記載がある。

イ 報酬金は事件等の処理が終了したときに成功の程度に応じて支払う。

ロ 日当は免除する。

② 請求人は、平成25年9月19日、Pに対して、離婚等請求訴訟等について、次のとおり、合計1,040,000円を請求する旨の請求書を送付した。

イ 着手金 200,000円（上告審について）

ロ 報酬金 300,000円（婚姻費用請求事件について）

ハ 日 当 540,000円（U地方裁判所について）

(5) Pは、平成25年9月24日、被上告人をTとして、上告状兼上告受理申立書をV高等裁判所に提出しており、当該申立書には、Pの代理人としてF弁護士の記載がある。

(6) F弁護士は、平成25年11月19日、V高等裁判所に対して、上記ハの事件について、Pの代理人を辞任する旨の記載がある辞任届を提出した。

4 審判所は、上記の事実関係に基づき、裁決の要旨のとおり判断した。

　判断のポイントを挙げれば、次のとおりである。

⑴　審判所は、本件の判断のための規範（法令解釈）を大竹貿易事件最高裁判決（最高裁平成5年11月25日第一小法廷判決・平成4年（行ツ）45号（民集47巻9号5278頁））に求めている。

　すなわち、「法人税法上、内国法人の各事業年度の所得の金額の計算上当該事業年度の益金の額に算入すべき金額は、別段の定めがあるものを除き、資本等取引以外の取引に係る収益の額とするものとされ（法人税法第22条第2項）、当該事業年度の収益の額は、一般に公正妥当と認められる会計処理の基準に従って計算すべきものとされている（同条第4項）。したがって、ある収益をどの事業年度に計上すべきかは、一般に公正妥当と認められる会計処理の基準に従うべきであり、これによれば、収益は、その実現があった時、すなわち、その収入すべき権利が確定したときの属する年度の益金に計上すべきものと解される」としている。

　通説、判例に従った法令解釈を定立したものといえよう。

⑵　次いで、審判所は、上記3の事実関係を上記⑴の法令解釈に当てはめ、順次判断を下している。

　まず、本件報酬1については、上記3⑵①のとおり、委任契約に基づき報酬を請求しているのであるから、請求人の平成23年1月1日から同年12月31日までの事業年度（以下「平成23年12月期」という。）において、当該報酬について収入すべき権利が確定しているとして同事業年度の益金の額に算入することとなるとした。他方で、請求人は、同②のとおり、平成24年1月1日から同年12月31日までの事業年度（以下「平成24年12月期」という。）中にMとの間で紛議調停が成立し、すでに請求した本件報酬1の金額について減額をされたというのであるから、当該減額をされた金額は平成24年12月期の損金の額に算入されるとした。

(3)　次に、本件報酬2について、請求人は、上記3(3)のとおり、N社との間で、事件等の処理に関する委任契約を締結し、当該契約において着手金の額を500,000円としていたというのであるところ、着手金は、委任の事務処理の成否にかかわらず受任時に支払を受ける対価であるから、当該契約の締結時に報酬の請求権が確定しているものといえる。したがって、審判所は、その収入をすべき権利が確定した平成23年12月期の益金の額に算入されるとした。

(4)　本件報酬3については、請求人は、上記3(4)②のとおり、平成25年1月1日から同年12月31日までの事業年度（以下「平成25年12月期」という。）中に、Pに対して日当を含む報酬等の請求を行っている事実が認められる。しかしながら、同①のとおり、そもそも、請求人とPとの間の委任契約には日当を免除する旨の定めがあったというのであるから、たとえ請求人がPに対して日当の支払を請求したとしても、請求人に支払請求権はないから、当該日当に係る請求額が益金の額に算入されることはないのである。

(5)　以上の結果、本件報酬1については、平成24年12月期において減額した報酬金額が損金の額に算入され、本件報酬3については、平成25年12月期の益金の額に算入されないことになるから、原処分のうちそれらの部分を取り消した。

本裁決の留意点

　平成30年度税制改正において創設された法人税法第22条の2の規定が適用される前においては、同法上、益金の額に算入すべき収益の計上時期を定めた明文の規定は存しなかったが、通説、判例は、税法上、収益の計上については、一般に、広義の発生主義のうち権利確定主義を採用していると解されている（金子宏『租税法〈第24版〉』弘文堂（2017年）317頁、365頁参照）。具体的には、権利確定主義とは、収入の原因たる権利が確定した時点で所得の実現があったものとして、その権利が確定したときの属する年度の課税所得を計算するというものである。権利確

定主義の淵源は、旧所得税法第9条（収入金額、必要経費等の計算）の規定に係る旧通達194（収入金額の意義）に、「収入金額とは、収入すべき金額をいい、収入すべき金額とは、収入する権利の確定した金額をいうものとする。」とある。

権利確定主義を明示した判例としては、最高裁昭和49年3月8日第二小法廷判決・昭和43年（オ）314号（民集28巻2号186頁）は、（旧所得税法は、）「現実の収入がなくても、その収入の原因たる権利が確定的に発生した場合には、その時点で所得の実現があったものとして、右権利発生の時期の属する年度の課税所得を計算するという建前（いわゆる権利確定主義）を採用しているものと解される。」とし、本件でも、裁決における法令解釈で示された最高裁平成5年11月25日第一小法廷判決・平成4年（行ツ）45号（民集47巻9号5278頁）も「ある収益をどの事業年度に計上すべきかは、一般に公正妥当と認められる会計処理の基準に従うべきであり、これによれば、収益は、その実現があった時、すなわち、その収入すべき権利が確定したときの属する年度の益金に計上すべきものと解される。」とする。

本裁決は、上記の権利確定主義の考え方に従って、通説・判例に沿った判断がなされたものといえよう。

◆関係法令

法人税法第22条第2項～第4項

◆関係キーワード

権利確定主義、横領、貸倒損失

◆参考判決・裁決

最高裁昭和49年3月8日判決・昭和43年（オ）314号（民集28巻2号186頁）
最高裁平成5年11月25日判決・平成4年（行ツ）45号（民集47巻9号5278頁）

（矢田公一）

不動産開発に係る開発権の譲渡について、収益計上時期を繰り延べた事実はないとされた事例

平成31年3月14日裁決　裁決事例集№114-125頁

裁決の要旨

　　原処分庁は、請求人が譲渡した開発権（本件開発権）の譲渡代金（本件譲渡代金）の収益計上時期について、本件開発権の譲渡契約に係る契約書（本件契約書）等には、本件開発権が決済日前に適法かつ有効に当該契約の相手方に移転し取得され承継手続が全て完了している旨記載されており、また、当該相手方が地方公共団体から開発許可に基づく地位の承継承認通知書（本件通知書）の交付を受けた日が、当該相手方において本件開発権を使用収益できることとなった日であると認められることから、本件開発権は当該相手方が本件通知書の交付を受けた日に譲渡された旨主張する。しかしながら、本件開発権の譲渡に係る収入すべき権利が確定する時期は、請求人が本件契約書に定められた物又は権利の全てを引き渡し、当該取引先に移転又は取得させた時と認められるところ、請求人と当該相手方との間で清算合意書の締結時までその全てが引き渡されておらず、請求人と当該相手方とは当該清算合意書の締結をもって本件契約書に定める取引条件が成就したものとみなす旨合意しているのであるから、当該清算合意書が締結された日に収入すべき権利が確定したと認められる。

本裁決のポイント解説

1　本件は、請求人が、法人税の所得の金額の計算上、益金の額に算入した不動産開発に関する開発権の譲渡代金について、原処分庁が、請

求人が事実を仮装してその計上時期を繰り延べたとして、法人税の青色申告の承認の取消処分及び法人税等の更正処分等をしたのに対し、請求人が、処分の全部の取消しを求めた事案である。

2　本件の事実関係は次のとおりである。

(1)　請求人は、J市長に対し、関連会社等が所有するa市d町の土地に○○を開発する事業（以下「本件開発事業」という。）に係る開発行為許可申請書を、平成○年○月○日付で提出し、同年○月○日付で当該申請に係る開発行為許可通知書を受領した。

(2)　請求人とK社は、平成27年8月21日付で本件開発事業に係る開発権を譲渡する開発権譲渡契約書（以下「本件契約書」といい、本件契約書に係る契約を「本件契約」という。）を作成した。

　　本件契約書の概要は、次のとおりである。

①　第2条（権利内容）第1項

　　本件契約における開発権とは、本件契約書の「本件開発権のリスト」に記載のある(イ)都市計画法及び森林法等に基づく許認可（以下「本件許認可」という。）、(ロ)本件開発事業のために発注した設計業務等の関連契約（以下「本件開発関連契約」という。）上の権利義務及び地位、(ハ)地価、環境、○○等に関するレポート（以下「本件レポート」という。）及び(ニ)本件開発関連契約に基づいて作成された図面その他の図書（以下「本件開発関連図書」という。）並びにこれに係る権利利益の総称を意味する（以下「本件開発権」という。）。

②　第2条第2項

　　請求人は、本件開発権をK社に移転し又はK社がこれを取得するために必要な手続を開始し、可及的速やかに完了するよう最大限努力し、開始後逐次手続進捗状況をK社に対して書面で報告する。

　　なお、本件開発関連契約の移転については、K社の満足する内

容の引継契約が締結されること、本件レポート及び本件開発関連
図書については、請求人が表明する保証内容が正しいことを確認
するため第三者の承諾書を得ることを要する。

③　第2条第3項

　　請求人は、前項の手続の完了のみを停止条件として、本件開発
権の全てをK社に対して有効かつ何らの瑕疵、違反、取消事由、
無効事由、解除事由、負担のない状態で移転し、又は取得させな
ければならない。

④　第5条（書面等の引渡し）

　　請求人は、本件契約書の「引渡し書類等のリスト」に記載のあ
る書面等（以下「本件書面等」という。）をK社に引き渡し、こ
れらに関する請求人の権利を全てK社に移転する。

⑤　第6条（譲渡金の支払）

　　K社は、本件開発権の譲渡及び本件契約に定める本件開発権に
係るその後の義務の履行の対価として、本件許認可、本件レポー
ト、本件開発関連図書、本件開発関連契約上の地位、その他本件
契約に定める関連書面及び物の全てが有効にK社に移転し、又は
有効にK社により取得され、名義変更その他の承継手続が全て完
了していることなどの本件契約書の「本取引条件」記載の条件
（以下「本件取引条件」という。）が成就したことをK社が請求人
に対して確認する通知書に記載する決済予定日又は請求人とK社
が別途合意する日に、請求人に対して、譲渡金〇〇〇〇円並びに
消費税及び地方消費税（以下「消費税等」という。）〇〇〇〇円
の合計〇〇〇〇円（以下「本件譲渡代金」という。）を支払う。

　　なお、本件譲渡代金の一部は、K社の関連会社であるL社の増
資に伴う新株によって支払う。

　　本件取引条件は、要旨次のとおりである。

a　　L社の資本金が46億円以上に増資されること。

b　　L社の普通株式が請求人に対して発行されること。

　　　　ｃ　請求人が、決済日までに、本件契約における一切の履行義務
　　　　　又は遵守義務を履行し、遵守していること。

　　　　ｄ　本件許認可、本件レポート、本件開発関連図書、本件開発関
　　　　　連契約上の地位、その他本件契約に定める関連書面及び物の全
　　　　　てが有効にＫ社に移転し、又は有効にＫ社により取得され、名
　　　　　義変更その他の承継手続が全て完了していること。

(3)　請求人、Ｋ社及びＬ社は、平成27年８月24日付で本件取引条件に
　ついてＬ社の株式発行に関する基本合意書（以下「本件基本合意
　書」という。）を作成した。本件基本合意書は、Ｌ社の普通株式の
　発行の前提となる条件として、要旨次のとおり定めている。

　①　本件契約を含む本件開発事業に関連する契約が締結され、その
　　全てが履行されていること。

　②　本件契約について、上記(2)⑤ａ、ｃ及びｄの条件が全て成就し
　　ていること。

(4)　Ｋ社は、本件開発事業に係る開発許可に基づく地位を請求人から
　平成27年８月21日に承継したとして、平成○年○月○日付で開発許
　可に基づく地位の承継承認申請書をＪ市長に提出しており、当該申
　請書には本件契約書の写しが添付されている。その後、Ｋ社は、Ｊ
　市長から平成○年○月○日付で開発許可に基づく地位の承継承認通
　知書を受領した。

(5)　請求人とＫ社は、平成27年10月27日付で開発権譲渡契約変更覚書
　（以下「本件覚書」という。）を作成した。本件覚書の概要は、次の
　とおりである。

　①　請求人及びＫ社は、本件譲渡代金の支払条件を変更し、本件譲
　　渡代金のうち66,000,000円を、平成27年11月２日に、Ｋ社が請求
　　人の指定する銀行口座に振り込むことに合意した。

　②　請求人及びＫ社は、本件契約上の義務の履行その他の本件取引
　　条件が満たされていないことを確認の上、これらについては今後
　　請求人及びＫ社が協議する。

(6)　請求人とK社は、本件開発関連契約の移転手続が進まず手続完了
のめどが立たなかったため、協議を重ねた結果、本件開発関連契約
の移転手続の完了を待たずに清算することとし、本件開発権の譲渡
対価の残金の支払方法を、L社の増資に伴う新株の発行によらず、
振込みによることで合意した。

　　　当該合意を受けて平成28年7月6日付で作成した清算合意書（以
下「本件清算合意書」といい、本件契約書、本件基本合意書及び本
件覚書と併せて「本件各契約書等」という。）には、請求人及びK
社は、請求人からK社に対して、本件開発関連契約に係る契約上の
地位及びこれに基づく権利義務が承継されておらず、本件取引条件
が実際には成就していないことを確認するが、本件清算合意書の締
結をもって本件取引条件が成就したものとみなし、K社は、請求人
に対し、本件譲渡代金の○○○○円から平成27年11月2日に支払わ
れた66,000,000円を控除した金額である○○○○円の支払義務があ
ることを認める旨記載がある。

　　　なお、当該金員は、平成28年7月13日に、K社から請求人名義の
銀行口座に振り込まれた。

(7)　本件契約書の第2条第2項（上記(2)②）に定める本件開発関連契
約は、本件開発事業のために発注した設計業務等の複数の契約であ
るところ、その契約上の権利義務及び地位の移転については、一部
の契約を除き、本件清算合意書の締結時までに引継契約が締結され
ていなかった。

　　　また、本件各契約書等には、本件開発関連契約について、K社に
対し、その契約上の権利義務及び地位が移転又は取得されているこ
とを示す記載はなかった。

3　審判所は、上記の事実認定に基づいて、裁決要旨のとおり判断し
た。審判所の判断のポイントを探れば次のとおりであろう。

(1)　平成30年度税制改正において創設された法人税法第22条の2の規

定が適用される前においては、同法上、益金の算入時期を定めた明
文の規定は存しなかったが、通説、判例は、いわゆる権利確定主義
によるべきものとしていた。本裁決でも、大竹貿易事件の最高裁判
決（最高裁平成5年11月25日第一小法廷判決・平成4年（行ツ）45
号（民集47巻9号5278頁））を引用し、ある収益をどの事業年度に
計上すべきかは、一般に公正妥当と認められる会計処理の基準に従
うべきであり、これによれば、収益は、その実現があった時、すな
わち、その収入すべき権利が確定したときの属する年度の益金に計
上すべきものと解されるとの法令解釈を示している。

　そして、当てはめの部分ではあるが、本件においては、この権利
確定主義に照らして、本件譲渡代金の収益は、その収入すべき権利
が確定したときの属する年度の益金に計上すべきものと解されると
ころ、その権利が確定する時期は、請求人が本件開発権について契
約に定められた物又は権利の全てを引き渡し、移転又は取得させた
時と認められる旨の規範を定立している。

(2)　これに対する審判所の当てはめの判断はきわめてシンプルであ
る。本件契約書の譲渡の目的物である開発権には、本件開発事業の
ために発注した設計業務等の契約（本件開発関連契約）が含まれて
いるところ、本件開発関連契約の移転（譲渡）のためには引継契約
が締結されることが条件とされていた（上記2(2)②なお書き）。審
判所は、本件開発関連契約は、本件開発事業のために発注した設計
業務等の複数の契約であるところ、その契約上の権利義務及び地位
の移転については、一部の契約を除き、本件清算合意書の締結時ま
でに引継契約が締結されていなかったと事実認定している。

　そうすると、たとえ地方公共団体から開発許可に基づく地位の承
継承認通知書を受領していた後であっても、本件契約の目的物であ
る開発権の権利内容には、上記2(2)①のとおり、複数の権利利益等
があることから、これらの引渡し、移転又は取得がなされていない
のであれば、収入すべき権利が確定したこととならないと判断した

のである。

本裁決の留意点

　本件において原処分庁は、本件契約書には、本件許認可、本件開発関連契約、本件レポート及び本件開発関連図書は、決済日前に適法かつ有効にＫ社に移転し取得されている旨記載され、本件基本合意書にも、Ｋ社に移転又は取得され承継手続が全て完了している旨記載されているから、収益に計上すべしと主張していた。

　これに対し審判所は、上記の原処分庁の主張については、これらの記載事項は本件開発権の譲渡又は本件契約に定める本件開発権に係るその後の義務の履行の対価を支払う条件及びＬ社の普通株式の発行の前提となる条件を定めているのであって、それらの条件が成就されているとの趣旨ではないとし、いわば契約の文言の解釈の誤りであるとして排斥している。

　契約の文言解釈などで実務上判断に迷う場面も少なくないが、全体のやり取りや経緯をみて判断することも重要であり、単に部分的な文言のみを切り取って判断するかのような方法は採るべきではないという点で参考となる裁決である。

◆**関係法令**

法人税法第22条第2項

◆**関係キーワード**

開発権の譲渡、権利確定主義、契約の文言解釈

◆**参考判決・裁決**

最高裁平成5年11月25日判決・平成4年(行ツ)45号(民集47巻9号5278頁)

(矢田公一)

● 受取配当

外国法人が株式会社である場合、外国子会社配当益金不算入制度の対象となる外国子会社に該当するかどうかは、「株式の数」により判断すべきとされた事例

平成30年12月14日裁決　裁決事例集№113-135頁

裁決の要旨

1　請求人が海外に所在する会社（本件法人）から受けた剰余金の配当の額の一部について、原処分庁は、本件法人は法人税令第22条の4第1項《外国子会社の要件等》所定の外国子会社の要件を満たさないことから、請求人の外国子会社に該当しないので外国子会社配当益金不算入制度の適用はない旨主張する。

2　一方、請求人は、本件法人が法人税令第22条の4第1項第2号に規定する要件を満たす外国子会社に該当するか否かは、「議決権のある株式の金額」等を判断基準とするものと解され、これによれば同号に規定する割合は100分の25以上となるから、当該配当を行った日において本件法人は外国子会社に該当する旨主張する。

3　これらの主張に対して、審判所は、外国法人が株式会社である場合、外国子会社の判断基準は「株式の数」であると解するのが相当であるところ、これによれば本件法人の同項各号に規定する割合は、当該配当を行った日においていずれも100分の25未満であると認められるのであるから、本件法人は外国子会社には該当しない、と裁決した。

1　法人税法上、内国法人が外国子会社から受ける剰余金の配当等の額がある場合には、当該剰余金の配当等の額から当該剰余金の配当等の額に係る費用の額に相当するものとして計算した所定の金額を控除した金額は、所得の金額の計算上、益金の額に算入しないこととされている（法人税法第23条の2第1項）。

　　上記の外国子会社とは、当該内国法人が保有しているその株式又は出資の数又は金額がその発行済株式又は出資（その有する自己の株式又は出資を除く。）の総数又は総額の100分の25以上に相当する数又は金額となっていることその他の政令で定める要件を備えている外国法人をいう。

　　その政令に定める要件は、次に掲げる割合のいずれかが100分の25以上であり、かつ、その状態が同項の内国法人が外国法人から受ける剰余金の配当等の額の支払義務が確定する日以前6カ月以上（当該外国法人が当該確定する日以前6カ月以内に設立された法人である場合には、その設立の日から当該確定する日まで）継続していることとされている（法人税令第22条の4第1項）。

⑴　当該外国法人の発行済株式又は出資（その有する自己の株式又は出資を除く。）の総数又は総額（以下「発行済株式等」という。）のうちに当該内国法人が保有しているその株式又は出資の数又は金額の占める割合

⑵　当該外国法人の発行済株式等のうちの議決権のある株式又は出資の数又は金額のうちに当該内国法人が保有している当該株式又は出資の数又は金額の占める割合

2　本件の争点は、本件法人が、その配当日において本件請求人の外国子会社に該当するか否かである。

　　請求人は、コンサルティング業などを営む法人であり、本件法人

は、旧Ｅ社と請求人が株主であったＦ社が新設合併して設立された。
合併前に請求人は62,100Ｊ国ドルを払い込んでＦ社の普通株式１株の
割当てを受けていたが、本件の合併により本件法人の株式１株を割り
当てられることとなった。

　請求人は、上記１(2)の要件は、法令の文言からして「議決権のある
株式の数」、「議決権のある株式の価額」、「議決権のある出資の数」及
び「議決権のある出資の金額」を外国子会社の判断基準とするもので
あることを前提に、外国法人への議決権のある株式に係る払込金額を
「議決権のある株式の金額」として、判断すべきであると主張した。
この判断基準であれば、議決権のある株式の総額（65,210Ｊ国ドル）
のうちに請求人の保有する議決権のある株式の金額（62,100Ｊ国ド
ル）の占める割合は100分の25以上となる。

　問題となる法人税令第22条の４第１項第２号は、外国子会社の要件
として、「当該外国法人の発行済株式等のうちの議決権のある株式又
は出資の数又は金額のうちに当該内国法人が保有している当該株式又
は出資の数又は金額の占める割合」が100分の25以上であることと規
定している。

　審判所は、同項第１号の解釈について、文理及び趣旨に基づき次の
とおり判断し、同項第２号の解釈も同様である旨を示した。

　すなわち、一般に、法令上の文言が、「又は」という接続詞を用い
て結合された文言を複数組み合わせて規定している場合、全ての組合
せを意味することもあれば、ある特定の組合せを意味することもあ
り、いずれであるかは解釈により決定される。

　法人税法第23条の２第１項の益金不算入制度の趣旨は、内国法人が
企業グループとしての経営判断に基づき、外国子会社の利益について
必要な時期に必要な金額を日本に戻すに当たっての税制上の障害を取
り除くことにあるから、同項の「外国子会社」とは、その利益を日本
に戻す時期や金額について、当該内国法人が経営判断に基づき決定す
ることができる外国法人であることを前提としていると解されること

から、法人税法第23条の2第1項を前提とする法人税令第22条の4第1項第1号の「外国子会社」に該当するか否かは、外国法人の経営判断への内国法人の支配力（影響力）をもって判断すべきである。

　この点、株式会社では、株主が原則として株式数に応じて議決権を有し、株主総会の決議が法令又は定款で定められた数以上の議決権をもって行われるから、外国法人が株式会社である場合には、当該外国法人の経営判断への支配力（影響力）を示すのは株式数である。

　そうすると、外国法人が株式会社である場合、「株式の数」は、まさに当該外国法人の経営判断への支配力（影響力）を示すものであり、外国子会社の判断基準として相当な組合せであるといえる。

　他方、外国法人が株式会社である場合、「株式の金額」、「出資の金額」及び「出資の数」は、当該外国法人の経営判断への支配力（影響力）を示すものとはいえないから、外国子会社の判断基準として不相当な組合せである。なお、「株式の金額」については、そもそもこれが「株式の券面額（額面金額）」、「株式の払込金額」等の何を意味するのかは不明であり、この点においても、外国子会社の判断基準として不相当な組合せであるということができる。

　したがって、外国法人が株式会社である場合、法人税令第22条の4第1項第1号の規定する外国子会社の判断基準は、「株式の数」の組合せのみを意味すると解するのが相当である。

　審判所の判断を換言すると、法令の読み方としては、請求人が主張するような読み方もあるが、本件法令の趣旨は、外国法人に対する支配力を示す基準を定めたものであるから、株式会社の場合には、議決権を示す「株式数」により判断することになるとしている。

　ところで、外国の会社の持分については、各国の会社法制に定められているところ、外国子会社の当否について、日本の会社法をベースに判断することは適当なのかという問題はあろう。

　本件においても、請求人は、本件法人が所在するJ国の会社法制では、1株当たりの払込額や議決権の数を異にする株式の発行が許容さ

れているから、Ｊ国所在の外国法人については「議決権の数」で判断すべきと主張しており、外国子会社に該当するか否かを外国法人への支配力をもって判断するのであれば、「議決権の数」を判断基準とすべきとの請求人の主張もあながち不合理とはいえない。

　しかしながら、例えば、措置法第66条の6の特定外国子会社等の課税対象金額等の益金算入の規定においては、「議決権の数」で判定することが明記されているところ、法人税法第23条の2第1項にはその旨の規定はないことから、そこまでの拡大解釈はできないものと考えられる。裁決では、請求人の主張を排斥する理由として、「請求人の主張は明文の規定に反するもの」と説示しているところである。

本裁決の留意点

　本件は、法人税法第23条の2第1項及び法人税令第22条の4第1項各号の「株式又は出資の数又は金額」の文言の解釈が問題となった事案である。

　「A又はB…（に係る）…C又はD」というような接続詞を用いて結合された文言の場合、その組合せは、「A（に係る）C」、「A（に係る）D」、「B（に係る）C」及び「B（に係る）D」の4通りがあり、通常、これらの全ての組合せを含んでいる（いわゆるたすき掛けあり）と解するので、この4通りの組合せのうちのいずれか一つないし4通りの全部を表すと解する。しかし、中には「A（に係る）C」、「B（に係る）D」の2通りの組合せのみ（いわゆるたすき掛けなし）を意味する場合もあり、その場合には、この2通りの組合せのうちいずれか一つないし2通りの全部を表すと解する（伊藤義一著『税法の読み方　判例の見方〈改訂第3版〉』（ＴＫＣ出版（2014年）143頁参照）。

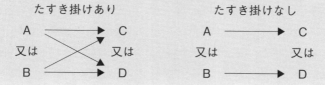

どの組合せがあるかについては、合理的な解釈による。

　裁決の中では、「国税通則法第23条第2項第2号の『その申告、更正又は決定に係る課税標準又は税額等』は、全ての組合せを意味するものであり、同法第115条第2項の『再調査の請求又は審査請求について決定又は裁決をした者』は、『再調査の請求について決定をした者』と『審査請求について裁決をした者』という組合せのみを意味するものである」と例示している。

　しかし、この例示は「たすき掛け」ありと「たすき掛け」なしの例示であるため、本裁決においては、やや誤解をまねく恐れがある。

　すなわち、外国子会社配当益金不算入制度は、平成21年度税制改正において、間接外国税額控除制度に代えて導入された制度であるが、その前身である間接外国税額控除の規定において、平成18年度税制改正により、従前の「発行済株式の総数又は出資金額」が「発行済株式又は出資の総数又は総額」に改められた。

　この改正の経緯は明らかではないが、同時期（平成19年度税制改正）において、措置法第67条の14の特定目的会社が行う利益の配当を損金算入する要件として、「利益の配当を行う事業年度終了の時において同族会社のうち政令で定めるものに該当するものでないこと」と規定され（措置法第67条の14第1項第2号ニ）、これを受けた新たな政令は、「特定目的会社の出資者の3人以下並びにこれらと（中略）特殊関係のある個人及び法人（中略）がその特定目的会社の出資の総数の100分の50を超える数の出資を有する場合における当該特定目的会社」と規定していることからすると（措置法令第39条の32の2第5項第1号）、特定目的会社において出資を証券化して口数でカウントすることを踏まえ「出資の数」という読み方が加わったものと考えられる。つまり、「株式又は出資の数又は金額」は「たすき掛けあり」で読むことになるが、その4通りのうち、「株式の数」は株式会社に、「出資の金額」は持分会社（合名会社、合資会社、合同会社）に、「出資の数」は特定目的会社に当てはまることになり、「株式の金額」の組合せは想定されていないものと考えられる。

　なお、本件事案はその後訴訟提起され一審判決があった。判決では、4通り全ての読み方があるとした上で、「株式の金額」とは株式の額面金額をいうと解して、本件は額面金額のない株式であるから要件を満たさないと判示しており、結論は同じだが、その解釈において本裁決とは異なっている。

◆関係法令
法人税法第23条の2第1項、法人税令第22条の4第1項

◆関係キーワード
配当等、外国子会社、「又は」の読み方

◆裁判へ発展した場合の事件番号
大阪地裁令和3年9月28日判決（令和元年（行ウ）第68号）

（奥田芳彦）

● 費用の処理

請求人から提出されたノート等により取引の事実及び金額が特定できるとして、売上原価の損金算入が認められた事例

平成26年12月8日裁決　裁決事例集№97-211頁

裁決の要旨

　　原処分庁が、鋼材等の販売業を営む同族会社である請求人が特定の取引先の売上げ（本件売上げ）を計上していないなどとして更正処分等を行ったのに対し、請求人は、本件売上げに係る売上原価を損金の額に算入すべきである旨主張する。

　　一方、原処分庁は、更正処分により益金の額に算入した本件売上げに係る売上原価（本件売上原価）の額について、請求人の帳簿には、本件売上げに係る仕入れについて継続的な記録がされていないことから、本件売上原価の支払の事実も不明であり、確定申告書に添付された貸借対照表、損益計算書に記載された仕入金額及び棚卸金額について不相当と認められる事実はないことなどから、損金の額に算入済みであると推認される旨主張する。

　　これらの主張に対して、審判所は、請求人から提出されたノート等に記載された取引の一部については、取引先、取引年月日、取引金額及び取引内容等により取引の事実及び金額が特定でき、当該取引金額が該当する事業年度の当初申告の仕入金額に含まれていないことが認められ、また、請求人の期首期末の棚卸金額については、不相当とする理由は認められないことから、当該取引金額は、当該事業年度の本件売上金額と対応関係を有するということができ、当該事業年度の損金の額に算入することが相当と認められる、と裁決した。

本裁決のポイント解説

1　事実関係

本件の事実関係は次のとおりである。

(1)　原処分庁の調査担当者は、特定の売上先（本件売上先）に対する取引に係る売上げが請求人の当初申告の売上金額に計上されていないことを指摘した。

(2)　請求人は、調査時に、調査担当者に対して、本件売上先との取引は他社又は代表者個人が行ったもので請求人の取引ではない旨、また、仕入れに関する通い帳3冊及びノート1冊を提出して、本件売上げに係る売上原価の額（本件売上原価）を損金の額に算入すべき旨を主張した。

(3)　原処分庁は、他社や代表者個人が営業活動をしていたとは認められないこと、また、請求人が本件売上げに係る仕入れの取引先を明らかにしなかったことなどから、請求人の主張は認められないとして更正処分を行った。

(4)　請求人は、審判所に対し、上記の通い帳及びノートの写しに加え、他社の屋号が印字された検量書及び各計量伝票の写し並びに他社とスクラップ（鉄・ステンレス類）等の売却又は処分等の取引があった旨を記載した確認書と題する書類の写しを提出した。

(5)　審判所は、これらの書類を確認し、取引先等に対する調査を行った結果、4件の取引について、取引年月日、取引金額及び取引物品が確認できた。また、その取引金額は取引年月日に属する事業年度の当初申告仕入金額に計上されていなかった。

2　審判所の判断

審判所は、一般的な売上原価の算定方法を解説し、このように算定された売上原価の額の正確性は、法人が取引を継続的に記録した帳簿と取引や棚卸に関して作成又は受領した書類の記載事項が整合し、当

該帳簿と当該書類が対照できる状態に置かれることによって確保されるものであるとした。

そして、本件においては、請求人が、本件仕入れについて帳簿に継続的な記録を行っていないことは明らかであるが、その場合でも、請求人が、帳簿書類による以上に客観的信頼性のある資料及び計算方法に基づき、本件仕入れの事実及び金額を特定し、本件仕入れの金額が当初申告仕入金額に含まれていないこと及び請求人の本件各事業年度の売上金額（本件売上金額を含む。）と本件仕入れの金額が対応関係を有することを具体的に主張立証できれば、当該主張が排斥されるものではない。つまり、事後的ではあっても、当初申告仕入金額に含まれていないことを具体的に立証できれば、その売上原価を損金の額に算入することが認められる旨を示した。

その上で、審判所が調査・審理した結果としては、上記の４件の取引については、取引先、取引年月日、取引金額及び取引内容等により取引の事実及び金額が特定され、また、当該取引金額は、それぞれ、平成19年８月期、平成20年８月期、平成22年８月期又は平成23年８月期の当初申告仕入金額に含まれていないことが認められる。そして、請求人の本件各事業年度の確定申告書に添付された貸借対照表及び勘定科目内訳書に記載された棚卸金額については、不相当な点はないことから、この４件の取引金額は、それぞれ、平成19年８月期、平成20年８月期、平成22年８月期又は平成23年８月期の本件売上金額と対応関係を有するということができ、同表の取引金額を本件売上原価額として損金の額に算入することが相当と認められる、と判断し、更正処分の一部を取り消した。

なお、請求人は、特定の資材の仕入れに係る数量と売上げに係る数量に差異があり、当該差異は、損金の額に算入されていない本件売上原価の額が存在しなければ合理的に説明できないとして、他の仕入金額についても売上原価とすべき旨を主張していたが、この点については、請求人の仕入れには、無償引取品や鋼材加工時発生の鉄屑等支払

金額が発生しないものがあること、また、総勘定元帳、仕入帳及び本件通い帳等には、品目、単価及び数量等が明らかでない鉄屑等の仕入れが記載されていること、当初申告仕入金額に係る取引の計量伝票は請求人の手元に保存されていないことから、当該差異を確認することができないとして、資材の数量の差異を根拠とする請求人の主張を排斥している。

本件は、簿外仕入れについて、その売上原価算入を認めるかどうかの事実認定が争点となった事案であるが、審判所は、職権調査等を尽くした上での認定事実に基づき、請求人の主張を一部認めている。

納税者としては、原処分庁の調査後の不服申立て段階であっても、新たな証拠等を提出することにより売上原価や経費があることを立証できれば、これらを認容してもらえることを示した裁決である。

本裁決の留意点

審判所は、職権探知主義が採用されており、請求人から主張がない事実も斟酌することができ、また職権で証拠等を収集することもできる。しかし、それでも証拠調べの結果として真偽不明の余地があることから、そのときは証明責任（立証責任）によって判断することになる。

一般に、更正処分等の課税処分は国民の財産権に対する侵害処分であるから、その取消しを求める不服申立てにおいて、課税標準である所得金額の証明責任は、原則として課税庁の側にあると解すべきであり、そして、所得金額が益金の額から損金の額を控除する方法により算出されることに照らせば、益金となる収入金額についてはもちろん、原則として、損金の額についても課税庁側に証明責任があるとされている。

しかし、申告納税制度のもとにおける納税者は、税法の定めるところに従った正しい申告をする義務を負うとともに、税務調査に際しては、その所得金額認定の基となる取引の実態を最もよく知るものとして、資料を提示し説明する義務を負っていること、法人税法が、納税者に記帳義務や帳簿・証憑書類等の保存義務を課していること、仕入れが納税者

にとって有利な事実であり、その証憑書類を取得して保存し、帳簿に計上することがきわめて容易であることからすれば、上記の各義務を負担する納税者が、税務署長が合理的と認められる方法により把握した仕入れ以外の仕入れが帳簿外に存在すると主張する場合には、当該納税者において、その存在及び価額を具体的に立証する必要があると解されている（大阪地裁平成19年6月28日判決（税資257号順号10738）参照）。

　本件も、帳簿に記載のない売上げに対応する簿外の仕入れの認容を求める事案であり、その証明責任は請求人側にあると考えられる。請求人としては、追加の証拠資料を提出して、売上数量と仕入数量の差異があることを根拠に仕入金額の認容を求めているが、それらの証拠資料でも品目、単価及び数量等が明らかでない鉄屑等の仕入れが記載されており、実際にその差異を確認することができない状況であったことから、審判所の調査等で明らかになった仕入れのみを認容している。

　本件事案のように、法人税の所得金額の計算においては、原処分庁の調査後の不服申立て段階において、納税者が、帳簿書類による以上に客観的信頼性のある資料及び計算方法に基づき、当該費用の価額及び期中の収入と対応することを具体的に主張立証できれば、その売上原価や経費は認容される余地がある。

　しかし、場面はやや異なるが、消費税法の仕入税額控除については、税務調査における帳簿等の提示要請に対して事業者がこれらを提示しなかったため、原処分庁が消費税法第30条第7項「帳簿等を保存しない場合」に該当するとして仕入税額控除を否認した場合には、不服申立て段階において、帳簿等を提出しても仕入税額控除を認められないので留意する必要がある（最高裁平成16年12月16日判決）。

◆関係法令
法人税法第22条第3項、第4項

◆**関係キーワード**

売上原価、簿外仕入、立証責任

（奥田芳彦）

決定処分において損金の額に含まれていないと主張する経費のうち一部は当該事業年度の損金の額に算入することが認められるとされた事例

平成28年11月7日裁決　裁決事例集№105-63頁

裁決の要旨

1　原処分庁は、決定処分（本件決定処分）に係る不動産賃貸事業の所得の計算において、損金の額に算入された経費以外に追加して損金の額に算入すべき経費（本件追加経費）はない旨主張する。

2　一方、請求人は、本件追加経費の額は、請求人の賃貸料等が振り込まれた銀行口座から支払われている経費及び保存されている領収証等に係る経費のうち本件決定処分において損金の額に算入されていない経費の額であるから、損金の額として認められるべきである旨主張する。

3　これらの主張に対し、審判所は、請求人は総勘定元帳等その他の帳簿書類等を一切作成しておらず、本件決定処分を受けた後、審査請求に至って初めて本件追加経費があると主張して本件追加経費に係る証拠として領収証等を審判所に対して提出したものであるが、その一部については請求人の当該不動産賃貸事業に関連して支出したものと認められることから損金の額に算入することができる。他方、それ以外の領収証等に係る支出については、当該業務との関連性の立証等がないこと等から損金該当性を認めることはできず、損金の額に算入することはできないとして、一部請求人の主張を認める判断を下した。

本裁決のポイント解説

1　本件は、請求人が法人税等の確定申告書を提出しなかったところ、原処分庁が、請求人の代表者等の名義の建物を賃貸したことにより生じた所得に係る法人税の決定処分をしたのに対し、請求人が、本件追加経費があるなどとして、原処分の取消しを求めた事案である。

　つまり、本件の争点は、請求人において、本件決定処分に係る調査の時点では主張せず、審査請求に至って初めて本件追加経費については損金の額に算入されるべきである旨の主張がなされた場合、その主張が認められるか否かということである。

2　請求人は、複数のビル（本件各物件）を賃貸の用に供し、本件各物件に係る賃貸料等は、請求人名義の複数の銀行口座に振り込まれているなどの事実に加え、審判所は次のとおり事実認定した。

⑴　請求人は、審査請求に至って初めて本件追加経費の額が損金の額に算入されるべきであるとの主張をするところ、平成28年2月23日、本件追加経費を支出した証拠として、617件の支出に係る領収証等、請求書等及び現金自動預払機のご利用明細等（本件領収証等）を審判所に提出した。審判所において、本件領収証等に記載されている内容を検討すると、本件領収証等のうち、一部のものについては、請求人が支出したものと認められる。

⑵　上記⑴を除く本件領収証等のうち、①請求人の代表者が支出しているもの及び②請求書等のみが提出され、その支出の事実が確認できないものについては、当該記載内容のみでは、請求人が支出したことが客観的に明らかにはならず、当該支出が請求人の支出であるといえる合理的な理由等について、請求人からの説明もなく、審判所の調査の結果によっても、請求人が支出したものであることを明らかにする証拠は認められないことから、請求人の支出であると認めることはできない。

(3) その他、本件領収証等を含めた本件追加経費に係る証拠について
は、以下の事実が認められる。

　イ　本件領収証等は事業年度及び費目ごとに台紙に貼付されてお
り、それらの中には、各区分の台紙の初葉に手書きで費目及び集
計金額が記入されているものもある一方で、これらの事項が記入
されていないものもあり、当該集計金額が請求人の主張する本件
追加経費の内訳の金額と一致しない。

　ロ　上記(1)を除く本件領収証等には、①請求人の業務に関連する支
出であることを明らかにする文言が記載されていないもの及び②
請求人以外の者が賃貸している建物について、請求人が支出して
いるものが含まれている。

　ハ　また、上記(1)を除く本件領収証等には、①原処分においてすで
に損金の額に算入されているもの、②減価償却資産の取得のため
のもの、③工事の目的が明らかでない本件各物件についての工事
見積書や請求書等が含まれている。

　ニ　請求人は、本件各事業年度において、出金伝票等の伝票類、現
金出納帳、預金元帳及び総勘定元帳等その他の帳簿書類等を、一
切、作成していない。

　ホ　請求人は、本件領収証等を審判所に提出するのみで、それらの
各支出が請求人において、どのような業務に関連した支出である
のか、具体的な説明をしていない。

3　審判所の判断
　審判所は、本件領収証等について、
　①　請求人が支出したものであると認められるか
　②　次に、その支出が請求人の業務と関連性があるか
　③　さらに、その支出が本件決定処分においてすでに損金算入され
　　ているか、また、減価償却資産取得のための支出といえないか
などといった点を詳細に検討・認定した上で損金算入の可否を判断

し、本件領収証等のうち、上記により個別に判断できないものについて、総括的に次のように判断した。

　請求人は、本件各事業年度において、総勘定元帳等の帳簿書類等を、一切作成していないのみならず、そもそも、それらの各支出が請求人において、どのような業務に関連した支出であるのかという損金該当性について具体的に説明していないところ、不存在の立証は困難であることに加え、本件における経緯、すなわち、総勘定元帳等その他の帳簿書類等を一切作成せず法人税等の確定申告書を提出していなかった請求人が実際には所得が認められるとして本件決定処分を受け、その後、本審査請求に至って損金の額に算入されるべき本件追加経費があると初めて主張するという経緯等に鑑みると、本件追加経費が損金に該当するということは、請求人自らが主張するものであり、かつ、請求人が本件追加経費についての損金該当性を容易に主張・立証できる立場にあることからすれば、請求人において本件追加経費が単に損金に該当する旨を主張するのみではなく、それが損金に該当することをある程度合理的に推認させるに足りる立証を行わない限り、本件追加経費の損金該当性を認めることはできないことから、やはり、これらの各支出の額を本件各事業年度の損金の額に算入することはできない。

　以上のとおり、本裁決において、審査請求に至って初めてされた本件追加経費がある旨の請求人の主張について、請求人において業務関連性の立証がある支出は損金の額に算入されるが、請求人においてその立証がない支出は損金の額に算入されないとの判断を示した。

　所得課税においては、裁判例によって示されているように「所得金額」や「必要経費の存否及び額」については、原則として課税当局の側に立証責任があると考えられるが、本件のような追加経費について納税者側に立証責任があるとした本裁決の意義は大きい。

　なお、共同仲介により一括して受領した仲介手数料の一部を他社に支払ったとして、その支払手数料の損金算入の可否が争われた事件に

つき、「控訴人において、当該支出と業務との関連性を合理的に推認させるに足りる具体的な立証を行わない限り、当該支出の損金への算入は否定されるべきである。」として、経費について納税者側に立証責任があるとした裁判例がある（東京高裁平成7年9月28日判決・平成6年（行コ）199号（税資213号772頁））。

本裁決の留意点

1　令和4年度税制改正により、法人が確定申告書を提出していなかった場合（決定を予知して期限後申告書を提出した場合を含む。）には、その確定申告書に係る事業年度の原価の額（資産の取得に直接に要した一定の額を除く。）、費用の額及び損失の額は、その法人が法人税法の規定により保存する帳簿書類によりその原価の額、費用の額又は損失の額の基因となる取引が行われたこと及びこれらの額が明らかである場合等の一定の場合に該当するその原価の額、費用の額又は損失の額を除き、その法人の各事業年度の所得の金額の計算上、損金の額に算入しないこととされた（法人税法第55条第3項）。

また、この改正に伴い、法基通9-5-8から9-5-11が新たに制定されている。

なお、この改正は、法人の令和5年1月1日以後に開始する事業年度の所得に対する法人税について適用される。

この措置は、無申告法人の場合のほか、隠蔽仮装行為に基づき確定申告書を提出した場合にも適用されるが、調査において納税者がいわゆる「簿外経費」を主張した場合には、納税者側に立証責任があると解するときが多いとされているものの、実際の事案として、その簿外経費に対し課税当局が多大な事務量を投入してその簿外経費が全て存在しないことを立証して更正に至ったという悪質な案件があったことなどから、①課税の公平性を確保するために、税務調査時に簿外経費を主張する納税者、②虚偽の書類を提出する等調査妨害的な対応を行う納税者への対応策や、③調査等の働きかけに応じない納税者、④到

底当初より申告の意図を有していたとは思われない納税者等、特に悪質な納税者への対応として、講じられたものであるとされている。

2　この措置の適用に当たっては、本裁決の考え方と通ずるところがあるものと思われるが、今後は、本件のように、無申告法人でそもそも帳簿書類等を一切作成していないような場合は、その法人の原価の額、費用の額又は損失の額については上記措置の適用対象外となる一定の場合に該当しない限り、損金の額に算入されないことになるので留意する必要がある。

◆関係法令

法人税法第22条第1項、第55条第3項、法基通9-5-8～9-5-11

◆関係キーワード

無申告法人、追加経費、簿外経費

◆参考判決・裁決

東京高裁平成7年9月28日判決・平成6年（行コ）199号（税資213号772頁）

平成26年12月8日裁決（裁決事例集№97）

（糸賀定雄）

無申告法人が支出した業務委託費は、業務遂行上必要と認められ、損金算入ができるとされた事例

平成30年6月29日裁決　裁決事例集№111-201頁

裁決の要旨

1　請求人は、無店舗型風俗特殊営業等を営む法人であるが、法人税が無申告で、帳簿書類の記帳、保存等が不十分であった。

　　そこで、原処分庁は、①風俗事業におけるコンパニオン送迎の運転手への業務委託費は、取引実績額を基礎とする損益計算の方法により算定することができないとして、推計の方法により算定し、②風俗事業以外の事業に係る業務委託費は、収入金額と対応するものであることを証明していないとして損金算入をせずに取得金額を計算した上、決定処分を行った。

2　これに対して、請求人は、所得金額の計算上、①風俗事業におけるコンパニオン送迎の運転手への業務委託費は、実額計算の方法により損金算入すべきであり、また、②風俗事業以外の事業に係る業務委託費も損金算入すべきである旨、主張する。

3　これらの争いにつき審判所は、①風俗事業におけるコンパニオン送迎の運転手への業務委託費については、業務委託領収証の記載内容に信用性はないと認められるから、推計の方法による損金算入額は原処分のとおりであるが、②風俗事業以外の事業に係る業務委託費は、業務の遂行上必要と認められるから、損金算入すべきであるとして、原処分の一部取消しを行った。

本裁決のポイント解説

1　本裁決は、①風俗事業におけるコンパニオン送迎の運転手への業務委託費について、原処分庁の推計の方法による損金算入額には合理性があるとし、一方、②風俗事業以外の事業に係る業務委託費については、その金額を記載した原始記録である封筒の記載内容の信用性は高いとして、実額での損金算入を認めた。

　　これは、審判所において、一部は推計の方法、一部は実額で費用の額を算定し、所得金額を計算したものである。このような、いわば部分推計の手法は、請求人が二つの事業を行っていたと認められるから可能であった、といえよう。

2　また、請求人は無申告法人であるが、本裁決は、業務委託先から受領したという業務委託領収証は請求人が作成した虚偽のもので、信用性はないとしながら、他の原始記録等の詳細な検討を行い、風俗事業以外の事業に係る業務委託費は、業務の対価として支払ったものであり、業務の遂行上必要と認められるから、損金算入をすべきであるとしている。

本裁決の留意点

1　法人税の所得金額の計算上、その事業年度の①収益に係る売上原価、完成工事原価その他これらに準ずる原価の額、②販売費、一般管理費その他の費用の額及び③損失の額で資本等取引以外の取引に係るものは、原則として損金算入が認められる（法人税法第22条第3項）。

　　白色法人かつ無申告法人であっても、法人税の課税上、業務の対価であり、その業務の遂行上必要と認められるものは、損金算入ができるのである。

2　ただし、令和4年度の税制改正により、法人が、隠蔽仮装行為に基づき確定申告書（調査があったことにより決定があるべきことを予知

して提出された期限後申告書を除く）を提出し、又は確定申告書を提出していなかった場合には、その事業年度の原価の額（資産の販売・譲渡及び役務の提供における資産の取得に直接要した金額を除く）、費用の額及び損失の額について、次に掲げる場合におけるものを除き、損金算入は認められないこととされた（法人税法第55条第3項、法人税令第111条の4第1項）。

(1) 帳簿書類その他の物件により原価の額、費用の額又は損失の額の基因となる取引が行われたこと及びこれらの額が明らかである場合（災害その他やむを得ない事情により帳簿書類の保存ができなかったことを証明した場合を含む）

(2) 帳簿書類その他の物件により、原価の額、費用の額又は損失の額の基因となる取引の相手方が明らかである場合その他その取引が行われたことが明らかであり、又は推測される場合であって、税務署長が反面調査により、その取引が行われ、これらの額が生じたと認める場合

3 これは、課税の適正化と納税環境の整備の一環として、税務調査の際に、証拠書類を提示せず簿外経費の存在を主張する場合や証拠書類を仮装して簿外経費の存在を主張する場合に対処する趣旨である。

本裁決の事例は令和4年度税制改正前のものであるから、無申告法人である請求人の簿外の業務委託費の損金算入も認められた。

しかし、今後は、本裁決の事例のような場合には、その損金算入は難しくなってこよう。課税庁は、無申告法人に対する調査を厳正に行い、業務の対価であるか、業務の遂行上必要と認められるものであるかを問わず、その損金不算入を主張するような事態も考えられ、留意を要する。また、その対応によっては、争訟における争点も変わらざるを得ないであろう。

◆関係法令
法人税法第55条第3項、法人税令第111条の4第1項、法人税規則第25

条の10、法基通 9 – 5 – 8 〜 9 – 5 –11

◆**関係キーワード**

無申告法人、推計課税、簿外経費

（成松洋一）

損金の額に算入した仕入額が過大であったとは認められないとして法人税の更正処分等が取り消された事例

令和2年2月5日裁決　裁決事例集№118-77頁

裁決の要旨

　原処分庁は、請求人が自己の関係会社である海外の仕入先から輸入取引（本件輸入取引）により仕入れた商品に係る仕入額は、請求人の代表者（本件代表者）が本件輸入取引に係る税関の調査において申述した内容からも認められるとおり、輸入申告における申告価格に基づき原処分庁が算出した額（本件輸入申告額）であるから、請求人が当該仕入先からの請求書に記載された金額に基づき総勘定元帳に計上した輸入仕入額と本件輸入申告額との差額は、過大に損金の額に算入されたものである旨主張する。しかしながら、原処分庁がその主張を裏付ける証拠として指摘した、税関の調査の時における本件代表者の申述からは、請求人がした輸入申告の価格が正しい価格であり、それが正しい仕入額であるという具体的理由が明らかではないことなどから当該申述は採用することができず、また、本件代表者の申述のほかに原処分庁の主張を裏付ける証拠もないことから、請求人の本件輸入取引に係る仕入額が本件輸入申告額であるとはいえず、損金の額に算入された仕入額が過大であったとも認められないとして、原処分の一部を取り消した。

本裁決のポイント解説

1　本件は、請求人が自己の関係会社である海外の仕入先（以下「本件仕入先」という。）から商品を仕入れていたところ（以下、この取引を「本件輸入取引」という。）、請求人が、本件仕入先の発行した請求

書に基づいて算出した金額（以下「本件元帳計上額」という。）を本件輸入取引に係る仕入高として総勘定元帳に計上していたのに対し、原処分庁が、本件元帳計上額と本件輸入取引に係る輸入申告における申告価格を基に算出した金額（以下「本件輸入申告額」という。）との間に差額（以下「本件差額」という。）があり、本件差額の全額が仕入額として過大に損金の額に算入されたものであると主張して、その当否が争われた事案である。

2　本件の事実関係は、次のとおりである。

(1)　請求人は、主に中華人民共和国（以下「中国」という。）から輸入したアパレル商品等を日本国内の業者向けに販売するという、卸売業を営む法人である。本件仕入先は、中国に所在する法人であり、請求人の代表者（以下「本件代表者」という。）が本件仕入先の代表者である。

　　　請求人は、本件仕入先からアパレル商品等を仕入れていた（本件輸入取引）。本件輸入取引に係るアパレル商品等は、主に、本件代表者が、本件仕入先の代表者として中国で購入した商品であった。

(2)　本件仕入先は、本件輸入取引に際し、請求人宛てに、取引日ごとに、請求書（以下「取引日請求書」という。）を発行するとともに、1カ月ごとに、取引日請求書及びその合計金額（日本円）をまとめた上、1カ月分の総合計額（日本円）を記載した請求書（以下「合計額請求書」といい、取引日請求書と合計額請求書を併せて「本件請求書」という。）を発行していた。

(3)　請求人は、上記(2)の合計額請求書に基づいて算出した金額を、仕入高として総勘定元帳に計上していた。

(4)　上記(1)から(3)までに加え、審判所は、次の事実を認定した。

　　①　本件代表者は、本件仕入先の代表取締役として、本件輸入取引の商品仕入れに関し、事業者向けショッピングサイト（以下「T」という。）に本件仕入先のIDでログインした上、アパレル

商品等を購入していた。

　　また、本件代表者は、本件仕入先の代表取締役として、本件輸入取引に関し、一回の輸入申告手続に係る商品について、一つの取引日請求書を作成しており、輸入申告手続に係る取引と取引日請求書記載の取引との対応関係がわかるように、取引日請求書の左下部に「○○○○貨物番号」等として当該輸入申告手続に係る輸入許可通知書に記載された「AWB番号」（航空貨物運送状番号）を記載していた。

② 　請求人は、本件各事業年度において、請求人の総勘定元帳に、本件輸入取引の仕入額を記載しているところ、本件各事業年度において請求人の総勘定元帳に計上された金額のうち、平成27年1月期及び平成29年1月期に計上された金額並びに平成28年1月31日に計上された金額については、本件仕入先が発行した合計額請求書の各総合計金額と一致する。

　　なお、これら以外の日（平成27年3月12日から同年11月20日まで）については、請求人は、合計額請求書の各総合計金額から、本件仕入先が、合計額請求書とは別に、請求人宛に月ごとに発行した請求書（合計額請求書の総合計金額のほか、同請求書に記載されなかった請求人との間で精算すべき送料等が記載され、精算後の金額（請求額）が記載されたもの）に記載された送料等を考慮して計上した。

③ 　請求人は、少なくとも以下の年月日において、本件仕入先指定の口座に、以下の請求書に記載された、本件輸入取引の1カ月分の各総合計額をそれぞれ振り込んだ。

　　イ　平成26年10月28日　　同月1日付の合計額請求書
　　ロ　平成26年11月28日　　同月3日付の合計額請求書
　　ハ　平成26年12月26日　　同月2日付の合計額請求書

　　また、請求人は、平成27年4月30日及び同年6月3日、本件仕入先指定の口座に、総勘定元帳に本件輸入取引に係る仕入高とし

て計上している各金額をそれぞれ振り込んだ。

3　請求人は、本審査請求の申立て後、本件輸入取引に係る輸入申告に
つき、修正申告する意向を示し、本件輸入取引のうち、準備が整った
分として、平成26年11月 5 日から平成27年 2 月 1 日までの間にされた
輸入申告について、修正申告を行い、追加の関税、消費税及び地方消
費税並びに延滞税を支払った。

4　原処分庁は、本件輸入申告額が本件輸入取引に係る真正な仕入額で
あると主張し、この主張を裏付ける証拠として、本件代表者が、平成
29年 6 月 6 日付の税関の調査担当職員作成の記録書において、税関に
申告した価格が正しい価格であり、請求人の仕入額となる、本件仕入
先からの請求書に基づいて決済した金額は過大となっているなどと申
述している（以下「本件申述」という。）旨指摘する。
　これに対し、請求人は、本件申述の信用性を争い、本件代表者は、
審判所に対し、①本件輸入取引では、Ｔでの購入金額を商品単価と
し、それに諸手数料を上乗せして取引価格を決定した、②ある時期で
は、商品単価をUSドルで設定し、それに 1 USドル当たり120円の為
替レートで一律に円換算した金額を取引価格とした、③税関における
輸入申告では、当該申告日の為替レートで円換算した金額を申告して
おり、当該為替レートは 1 USドル当たり120円よりも円高であること
がほとんどであったため、本件輸入取引の実際の取引価格よりも低額
となった、④本件税関調査を受けた際には、関税や消費税を追加で支
払わなければならないことを認識していたが、税関の職員から、平成
29年 6 月 6 日付の質問応答記録書に署名押印すれば、関税等を追加で
支払わなくとも税関調査を終了すると言われ、ラッキーだと思って、
真実とは違うことを知りながら、上記記録書に署名押印した、などと
答述していた。

5　審判所は、上記の事実関係に基づいて両者の主張をそれぞれ検討
　し、裁決の要旨のとおり、次のように判断した。
　(1)　まず、そもそも、本件申述からは、税関に申告した価格が正しい
　　　価格であり、請求人の仕入額であるという具体的理由も明らかでは
　　　なく、また、当該各輸入申告書に添付された中国の輸出業者作成の
　　　インボイス以外には、これを裏付ける客観的証拠がない。
　　　　また、上記2⑷③のとおり、請求人が総勘定元帳に計上した本件
　　　輸入取引に係る仕入高の金額と同額が総勘定元帳に記載の日に実際
　　　に送金された事実が少なくとも5回あったことが確認されるところ
　　　であり、少なくとも上記2⑷③の本件輸入取引に係る送金状況と、
　　　税関に申告した価格が正しい価格であり請求人の仕入額であるとい
　　　う本件申述は整合しない。
　(2)　他方、本件輸入取引の価格決定方法等についての上記4に記載の
　　　本件代表者の答述は、本件請求書や輸入申告書の記載内容を一応合
　　　理的に説明するものであり、また、Tでの購入価格との関係など客
　　　観的証拠による裏付けがある部分もある。さらに、上記3のとお
　　　り、請求人は、本件輸入取引に係る輸入申告の申告価格について、
　　　上記答述に沿う内容で、実際に、一部修正申告をし、追加の関税等
　　　及び延滞税の支払までしているところである。そして、本件代表者
　　　が本件申述を行った理由についても、関税を逃れるためという動機
　　　もあり得ることからすれば、本件証拠上、上記答述が虚偽であると
　　　して排斥することまではできない。
　(3)　以上のとおり、本件代表者の上記答述を排斥できない一方で、本
　　　件申述は、客観的事実と整合しない部分があり、その他本件申述に
　　　沿う証拠もないことから、本件申述は採用することができない。
　　　　また、原処分庁提出証拠並びに当審判所の調査及び審理によって
　　　も、本件申述のほかに、本件各事業年度における本件輸入取引に係
　　　る仕入額が本件輸入申告額であるとする原処分庁の主張を裏付ける
　　　証拠はなく、請求人が本件各事業年度において本件輸入取引に係る

仕入額を過大に計上していたことを認めるに足りる証拠もない。

(4)　したがって、本件各事業年度における本件輸入取引に係る仕入額
は、本件輸入申告額であるとはいえず、損金の額に算入された仕入
額が過大であったとも認められない。

本裁決の留意点

　本件で事実関係を追っていくと、本件代表者は本件仕入先の代表者で
もあること、本件輸入取引に当たっては本件代表者が本件仕入先の代表
者として請求人宛の請求書を作成するなどしていたこと及び税関職員の
調査を受けた際には税関に申告した価格の方が正しい旨申述しているこ
と（ただし、審判所は採用していない。）からすると、原処分もあなが
ち理解できないものではないと思われる。しかしながら、審判所も厳し
く指摘するとおり、原処分庁にはこの申述以外に原処分庁の主張を裏付
ける客観的な証拠がなく、申述も他の証拠と整合しないとして信用性を
否定されている。結論としては審判所の判断の方が説得力に富んでいる
といわざるを得ない。

　ただし、請求人は、そもそも関税の過少申告をも意図していたことも
うかがわれるなど、適正な申告という観点からは問題なしとしない存在
である。紛争を自ら招くことのないよう、各税目を通じた適正申告を
行っていくことは納税者にとっても当然の務めであるといえよう。

◆関係法令

法人税法第22条第3項

◆関係キーワード

輸入取引、税関の調査、代表者の申述

（矢田公一）

● 減価償却

請求人が取得した減価償却資産について、措置法第67条の5の規定は適用できないとしても、償却限度額に達するまでの金額が損金の額に算入されるとされた事例

平成24年6月19日裁決　裁決事例集№87-249頁

裁決の要旨

1　原処分庁は、請求人が取得価額の全額を償却費として損金の額に算入した減価償却資産（本件減価償却資産）について、本件調査担当職員は、本件減価償却資産に係る説明や資料の提出要請を行ったが、当該資料の提出がなく、償却限度額の計算をすることが不可能であったから、その全額の損金算入を認めないとする内容の法人税の各更正処分を行った旨主張する。

2　一方、請求人は、審査請求の審理に当たり、本件減価償却資産の取得に係る各請求書及び本件減価償却資産の償却限度額の計算明細書を提出したところ、これに基づき算定される償却限度額に達するまでの金額が損金の額に算入される旨主張する。

3　これらの主張に対し、審判所は、法人税法第31条《減価償却資産の償却費の計算及びその償却の方法》第1項は、所得の金額の計算上減価償却費として損金の額に算入できる金額は、当該事業年度においてその償却費として損金経理をした金額のうち、償却限度額に達するまでの金額とする旨規定し、同条第4項は、損金経理をした金額には、償却費として損金経理をした事業年度前の各事業年度における当該減価償却資産に係る損金経理額のうち当該償却事業年度前の各事業年度の所得の金額の計算上損金の額に算入されなかった金額を含むものとする旨規定するところ、審判所の調査によれば、請求人は本件減価償

却資産を取得し、事業の用に供していると認められるから、本件減価
償却資産につき、各事業年度における償却限度額に達するまでの金額
は減価償却費として損金の額に算入されるとした。

本裁決のポイント解説

1　減価償却に係る法令の規定について

　　措置法第67条の5の中小企業者等の少額減価償却資産の取得価額の
　損金算入の特例制度とは、概要、中小企業者等で青色申告書を提出す
　る法人が、一定の期間内に取得等し、その法人の事業の用に供した減
　価償却資産で、その取得価額が30万円未満のものを有する場合に、そ
　の取得価額に相当する金額についてその事業の用に供した事業年度で
　損金経理をした金額については損金の額に算入するというものであ
　る。したがって、同制度は青色申告書を提出する法人であることが要
　件の一つとされており、この要件を満たしていない場合には、当該金
　額は損金の額に算入されないこととなる。

　　他方、法人税法第31条第1項では、各事業年度の所得の金額の計算
　上減価償却費として損金の額に算入できる金額は、当該事業年度にお
　いて償却費として損金経理をした金額のうち、償却限度額に達するま
　での金額とする旨規定し、同条第4項は、損金経理をした金額には、
　償却費として損金経理をした事業年度前の各事業年度における当該減
　価償却資産に係る損金経理額のうち所得の金額の計算上損金の額に算
　入されなかった金額を含むものとする旨規定している。これは、減価
　償却費が法人の内部計算において計上される費用であることから、法
　人が確定した決算において減価償却資産につき償却費として費用計上
　する意思表示を明確にしたものに限り、定められた償却限度額の範囲
　内でその損金算入を認めたものと解される。

2　青色申告の承認の取消しについて

法人税法第127条第1項第1号では、その事業年度に係る帳簿類の備付け、記録又は保存が同法第126条第1項に規定する財務省令で定めるところに従って行われていない事実がある場合には、税務署長は、その事業年度まで遡って、青色申告の承認を取り消すことができる旨規定している。そして、その取消しがあった場合は、その事業年度開始の日以後その法人が提出したその承認に係る青色申告書は、青色申告書以外の申告書とみなされる。

　この点について、国税庁の「法人の青色申告の承認の取消しについて（事務運営指針）」の「1　帳簿書類を提示しない場合における青色申告の承認の取消し」によれば、「法人税法第127条第1項第1号に規定する帳簿書類の備付け、記録又は保存とは、単に物理的に帳簿書類が存在することのみを意味するにとどまらず、これを税務職員に提示することを含むものである。したがって、税務調査に当たり帳簿書類の提示を求めたにもかかわらず調査対象者である法人がその提示を拒否した場合には、当該拒否は同号に規定する青色申告の承認の取消事由に該当することになり、その提示がされなかった事業年度のうち最も古い事業年度以後の事業年度について、その承認を取り消す。なお、帳簿書類の提示がない場合には、青色申告の承認の取消事由に該当する旨を告げて、帳簿書類を提示して調査に応ずるよう再三再四その説得に努める。」旨定められている。

3　本裁決がなされる前提として、次の事実があることが挙げられる。
　(1)　原処分庁は、請求人の代表取締役等に対して帳簿書類の提示を求めたところ、その提示がなかったとの事実が法人税法第127条第1項第1号に該当することを理由に、青色申告の承認の取消処分を行っていること。
　(2)　請求人は、審査請求の審理に当たり、本件減価償却資産の取得に係る各請求書及び本件減価償却資産の償却限度額の計算明細書を提出したこと。

　この(2)に対して審判所は、請求人は本件減価償却資産を取得し、請求人の事業の用に供するとともに、本件減価償却資産の取得価額に相当する金額を償却費として損金経理し、事業の用に供した各事業年度の損金の額に算入したと事実認定した。

4　原処分庁は、上記3(2)に対して、仮に、請求人から本件減価償却資産の用途や耐用年数が明らかにされ、実際に事業の用に供されていれば、償却限度額に達するまでの金額を損金の額に算入することとなる。しかし、請求人から、本件調査及び異議調査の際に資料の提出がなかったことから、原処分庁は、償却限度額に達するまでの金額の正否を判断することができないと反論した。

5　本件の問題点
　本件の問題点は、次の2点であると考える。
①　請求人の青色申告の承認が取り消された場合であっても、本件減価償却資産につき、償却限度額に達するまでの金額について減価償却費として損金算入することができるか。
②　審査請求（原処分に係る調査後）の時点においてはじめて、請求人が本件減価償却資産を取得し、請求人の事業の用に供するとともに、本件減価償却資産の取得価額に相当する金額を償却費として損金経理し、事業の用に供した各事業年度の損金の額に算入した事実が判明した場合であっても、減価償却費の損金算入は認められるのか。

6　審判所の判断
　措置法第67条の5の規定振り及び法人税法第31条第1項及び第4項の規定の趣旨からすれば、青色申告書を提出する法人以外の法人が、減価償却資産の取得価額に相当する金額を償却費として損金経理をしていた場合であっても、このうち各事業年度における各資産の償却限

度額に達するまでの金額及び当該各事業年度の損金の額に算入されな
かった金額（償却超過額）のうち、当該各事業年度の翌事業年度以降
における各資産の償却限度額に達するまでの金額は、いずれも所得の
金額の計算上損金の額に算入されると解される。

　本件各事業年度において、請求人は、青色申告書を提出するものに
当たらないため、措置法第67条の5の規定を適用して取得価額の全額
を損金の額に算入することはできないが、請求人は、本件減価償却資
産を取得し、事業の用に供していると認められ、これらに基づき、請
求人が選択した減価償却資産の償却方法及び法定の償却方法により計
算した本件各事業年度の償却限度額に達するまでの金額は各事業年度
の損金の額に算入されるとした。

7　上記5①の問題点について、本裁決の判断は妥当なものとして評価
できることから、青色申告の承認が取り消された場合であっても、措
置法第67条の5の規定に限らず、他の措置法上の青色申告を要件とす
る特別償却等についても同様に、普通償却限度額に達するまでの金額
は損金算入することができるものと思料する。

　しかし、上記5②の問題点について、審判所はその考え方を示さ
ず、結果として、減価償却費の損金算入を認めている。

　現行法の規定からすれば、減価償却費の損金算入を認めるための事
業供用要件や損金経理要件については、原処分に係る調査時点に限ら
ず、審査請求の段階も含めいずれかの時点でそれらが確認できればよ
いということなのであろうが、上記4の原処分庁の主張も理解できる
ところがあり、行政効率の観点等からは問題があるように思われる。

本裁決の留意点

　令和4年度税制改正において、措置法第67条の5の中小企業者等の少
額減価償却資産の取得価額の損金算入の特例をはじめ、法人税令第133
条及び第133条の2の少額減価償却資産の取得価額の損金算入制度等に

ついては、過度な節税目的の利用を防止する観点から、主要な事業として行われる貸付け以外の貸付けの用に供する減価償却資産はこれらの制度の適用対象から除外されているので留意する必要がある。

　この改正に伴い、主要な事業として行われる貸付けの例示として法基通7−1−11の3及び措置法通達67の5−2の3が新たに制定されている。

◆関係法令

法人税法第31条、法人税令第133条、第133条の2、措置法第67条の5、法基通7−1−11の3、措置法通達67の5−2の3

◆関係キーワード

青色申告の承認取消し、特別償却、少額減価償却資産の即時償却、主要な事業として行われる貸付け

（糸賀定雄）

平成30年6月19日裁決　裁決事例集№111-231頁

裁決の要旨

　原処分庁は、太陽光発電設備に係る発電システム本体（本件発電システム本体）を囲むフェンス、門扉等（本件フェンス等）は、本件発電システム本体とともに生産性向上設備等の確認を受けていること及び単独では生産活動等の用に直接供される減価償却資産とは認められないことから、請求人は本件フェンス等を本件発電システム本体と一体として取得し、一体として事業の用に供したとみるべきであり、そうすると、本件フェンス等を事業の用に供した日はその取得の日ではなく、本件発電システム本体の事業供与日である系統連系が行われた日である旨主張する。

　これに対し審判所は、生産等設備が複数の減価償却資産によって構成され、それらの資産がそれぞれ特定生産性向上設備等に該当する場合においても、それぞれの減価償却資産ごとに、業種、業態、その資産の構成及び使用の状況を総合的に勘案し、その資産をその属性に従って本来の目的のために使用を開始したといえるか否かによって事業の用に供した日を判断すべきであるとの規範を定立した。その上で、本件フェンス等は、本件発電システム本体と一体となって売電のための機能を果たすものでなく、太陽光発電所内への外部からの侵入等を防止することにより本件発電システム本体を保護することをその属性に従ってその目的のために設置され、使用されたと認められるから、本件フェンス等は本件発電システム本体とは物理的にも機能的にも一体とはいえず、別個の減価償却資産であると認められる。そして、請求人は、請求人が本件発電

118

システム本体を取得してから系統連系が行われ売電を開始するまでの間も、本件発電システム本体への接触による感電等の事故、本件発電システム本体の盗難や毀損を避ける必要性があり、実際に本件フェンス等はその目的に沿った機能を発揮していたと認められる。そうすると、本件フェンス等は、本件フェンス等はその取得の日から使用を開始され、事業の用に供されたと認めるのが相当である。

本裁決のポイント解説

1　法人税法第2条《定義》第23号の委任を受けた法人税令第13条《減価償却資産の範囲》は、事業の用に供していないものを減価償却資産から除く旨規定している。したがって、法人が取得をした減価償却資産に相当する資産につき減価償却費を計算しこれを損金の額に算入するためには、その資産が事業の用に供されていることが前提となる。

　　本件では、まず、請求人が取得した太陽光発電設備について、当該設備を構成する発電システム本体（以下「本件発電システム本体」という。）が電気事業者への売電のための系統連系が行われる前であっても事業の用に供したものかが争われた。次いで、当該設備で本件発電システムを囲むフェンス、門扉等（以下「本件フェンス等」という。）が、本件発電システム本体とともに生産性向上設備等の確認を受けていることなどから、本件発電システム本体と一体として事業の用に供したものかどうかが争われた。

2　本件の事実関係は次のとおりである。
　(1)　請求人は、平成27年8月5日、G社との間で、本件発電所に設置予定の太陽光発電設備（電力会社の電力系統に接続する系統連系のための設備等を含む。以下「本件発電設備」という。）に関する事業譲渡契約を締結し、その権利を譲り受けた。
　(2)　請求人は、平成27年8月5日、工事請負会社（以下「本件請負会

社」という。）との間で、本件発電所の建設工事に係る請負契約を締結した。当該契約の本体価額の内訳は、本件発電システム本体及び本件フェンス等の設置工事に係る請負代金並びに本件発電システム本体をJ社（以下「本件電力会社」という。）の電力系統に接続する系統連系のための工事負担金であった。

(3) 請求人は、平成27年9月30日、本件電力会社に対し、本件発電設備に係る電力受給契約申込書（以下「本件申込書」という。）を提出した。本件申込書の連系サービス開始希望日欄及び受給開始希望日欄には、いずれも平成28年3月31日と記載されていた。

(4) 請求人は、平成27年12月15日、産業競争力強化法に基づき、本件発電所における太陽光発電事業に係る設備投資計画の確認を申請した。経済産業大臣は、同月22日付で、請求人に対し、上記申請に係る投資計画に記載された設備について生産性の向上に特に資する設備であることを確認した旨の通知をした。

(5) 本件発電システム本体及び本件フェンス等の設置工事は、平成28年3月28日までに完了し、請求人は、同日、その引渡しを受けた（以下、平成28年3月28日を「本件引渡日」という。）。

(6) 本件発電設備に係る系統連系のための工事が完了し、平成28年9月28日、系統連系が行われた。

そして、請求人は、本件発電設備について系統連系が行われた後、本件発電システム本体により発電した電力を送配電事業者の電力系統に供給し、電気事業者に売電している。

(7) 本件発電システム本体及び本件フェンス等は、いずれも、特定生産性向上設備等に該当し、その取得の後、本件引渡日までの間に、事業の用に供されたことがなかった。

(8) 本件フェンス等は、最上部に有刺鉄線を有する高さ約2mの金属製の構築物であり、本件発電設備が設置されている敷地部分を囲む形で、本件発電所とその隣地及び道路との境界に沿って敷設されている。なお、本件フェンス等は、本件発電システム本体と2mから

３ｍ程度離れた位置に独立して設置されている。また、本件発電所
は、田畑、雑木林及び道路に囲まれて周辺に民家等はなく、本件
フェンス等以外に本件発電所内への立入りを遮蔽する構築物はな
い。

(9)　電気事業法第39条等は、高圧又は特別高圧の電気機械器具、母線
等を施設する発電所等には、取扱者以外の者が容易に構内に立ち入
るおそれがないように適切な措置を講じなければならない旨規定し
ている。そして、本件発電システム本体の標準電圧は6,000ボルト
であり、上記「高圧」に該当する。

　　なお、平成29年３月に資源エネルギー庁が策定した「太陽光発電
に関する事業計画策定ガイドライン」には、発電設備が地絡（電流
が絶縁不良のために大地に流れてしまう状況をいう。）などの異常
状態にある場合には発電設備によって第三者が感電等により被害を
受けるおそれがあることなどから、これらの危険を防止するために
発電設備の周辺に柵や塀などを設置し、容易に第三者が発電設備に
近づくことができないよう適切な措置を講ずる必要があり、柵塀等
は発電設備の設置後速やかに設けることが望ましい旨、太陽光発電
所においてケーブルやその他の発電設備の一部が盗難に遭うなどの
被害が報告されている旨が記載されている。

３　審判所は、上記の事実関係に基づき、裁決の要旨のとおり判断し
た。判断のポイントとして、次のようなことが挙げられよう。

(1)　本件は、上記１のとおり、本件発電システム本体及び本件フェン
ス等のそれぞれについて事業の用に供したものかどうかが争われた
ものである。審判所は、その判断に当たっての法令解釈として、減
価償却資産とは、事業の経営に継続的に利用する目的をもって取得
される固定資産で、その用途に従って利用され、時の経過によって
価値が減少するものをいい、その取得に要した価額（取得価額）
は、将来の収益に対する費用の前払の性格を有し、資産の価値の減

少に応じて減価償却費として徐々に費用として計上されるものであるとした上で、このような減価償却資産の意義等に照らせば、その資産を事業の用に供したと認められるか否かは、業種、業態、その資産の構成及び使用の状況を総合的に勘案し、その資産をその属性に従って本来の目的のために使用を開始したといえるか否かによって判定するのが相当である旨明らかにしている。

その上で、本件発電システム本体について、系統連系のための工事が完了しなければ、物理的に発電した電力を本件送配電事業者の電力系統に供給することができず、本件電気事業者への売電による収益を上げることができない状態であったのであるから、いまだ系統連系が行われていなかった本件事業年度内においてはその属性に従ってその本来の目的のために使用を開始したとは認められず、事業の用に供したとは認められないと判断したものである。

(2)　本件フェンス等についても、審判所は、その判断のもととなる法令解釈は同一のものを採用している。ただし、本件フェンス等については、原処分庁が、本件発電システム本体及び本件フェンス等のいずれもが特定生産性向上設備等に該当し、通商産業大臣からその確認を受けていたことなどから、請求人は、本件フェンス等を生産活動等の用に直接供される本件発電システム本体と一体として取得し、一体として事業の用に供したものとみるのが相当である旨の主張をしていた。

これに対し審判所は、生産等設備が複数の減価償却資産によって構成され、それらの資産がそれぞれ特定生産性向上設備等に該当する場合においても、それぞれの減価償却資産ごとに事業の用に供した日を判断すべきであるとし、本件フェンス等は、本件発電所に必要不可欠な資産であることから、本件発電システム本体とともに生産等設備を構成する減価償却資産に該当するものではあるが、本件フェンス等の資産としての属性やその本来の目的は本件発電システム本体のそれとは異なるものであるとともに、系統連系が行われて

おらず本件発電システム本体がその本来の目的に従った使用を開始していない状況にあったとしても、本件フェンス等は独立してその資産としての属性に従った機能を発揮し、その本来の目的に従って使用されていたと判断したものである。

本裁決の留意点

太陽光発電設備については、これまで課税実務において、本件でもあるように、送配電事業者との間の系統連系を巡って、その太陽光設備を事業の用に供したのはいつかとの疑義が寄せられる事例も多く見受けられた。本件では、これに加えて、発電システム本体の周囲のフェンス、門扉等などの事業の用に供した日が争われた。

審判所は、法令解釈として、業種、業態、その資産の構成及び使用の状況を総合的に勘案し、その資産をその属性に従って本来の目的のために使用を開始したといえるか否かによって判定するのが相当である旨を明らかにした。そして、本裁決では、電気事業法の規定や担当官庁の定めたガイドラインの定めも引用して、本来の目的に従って使用されていたと判断しているのである。

減価償却資産はその使用しようとする目的に沿って様々な組み合わせで取得されることも多く、事業の用に供した日の判定なども迷うことが少なくないであろう。もとより、本裁決の示した指針で全てが解決するものでもないが、実務上参考となる判断基準である。

◆関係法令
法人税法第 2 条第24号、法人税令第13条、平成28年改正前の措置法第42条の12の 5

◆関係キーワード
太陽光発電設備、生産等設備、事業の用に供した日

（矢田公一）

法人が取得した中古建物に対する改修工事費用の資本的支出性が争われた事例

令和元年12月18日裁決　名裁（法）令元-11

裁決の要旨

1　請求人は、居宅介護支援事業等を営む法人であるが、新築から20年以上経過した賃貸用の中古建物を取得し、改修工事（廊下及び踊り場部分のコーキングの打替え、建物の外壁全体のひび割れの補修、塗装のやり直し、隙間の充填、屋根の塗装）を行った。

　　この本件改修工事の費用について、請求人は、改修工事の内容からみて、本件建物の価値を高めたり、耐久性を増したりするものではないし、本件建物を取得するまで、本件建物の状態を知らなかったのであって、改修工事はその維持管理のためのやむを得ない想定外の工事であるから、修繕費に該当する旨主張する。

2　これに対し、原処分庁は、本件建物は請求人が取得した時点において老朽化し、修繕しなければ居住者が居住し続けることが困難な状態にあり、本件改修工事は、かかる状態を解消するために施工されたものであるから、本件建物の価値を高め、その耐久性を増すものであると認められ、資本的支出に該当すると主張する。

3　これらの争いにつき審判所は、まず、資本的支出の意義、取扱いを定めた法人税令第132条の法令解釈を示した後、本件建物の取得契約当時、本件建物は新築から20年以上経過したものであることに加え、請求人が取得するまでの間、修繕等の定期的な工事がされたことはなく、雨漏りなどにより通常の使用に支障が生じる部分が存する状態であったところ、請求人は本件建物を現状有姿により買い受けている。このような状況の本件建物について実施した本件改修工事は、建物と

して通常の使用が困難であった状況を解消したのであり、本件建物の使用可能期間が延長し、価額が増加したと評価できる、としている。

　また、請求人は本件建物を取得した翌月に本件改修工事に係る契約を締結し、遅滞なく施工していることからすれば、本件建物は本件改修工事により、本件建物を取得した時点で予測される、「その支出をした時点の当該資産の使用可能期間又は価額」よりも、その使用可能期間が延長し、価額が増加したと評価でき、資本的支出に該当するとして原処分を支持した。

本裁決のポイント解説

1　税務上、資本的支出は、法人が、その有する固定資産について支出する金額で、次に掲げる金額に該当するもの、と定義されている（法人税令第132条）。

　(1)　その支出する金額のうち、その支出により、その資産の取得の時においてその資産につき通常の管理又は修理をするものとした場合に予測されるその資産の使用可能期間を延長させる部分に対応する金額

　(2)　その支出する金額のうち、その支出により、その資産の取得の時においてその資産につき通常の管理又は修理をするものとした場合に予測されるその支出の時におけるその資産の価額を増加させる部分に対応する金額

　このように、資本的支出かどうかは、その資産の取得の時に、その後その資産につき通常の管理又は修理をするものと仮定して、その使用可能期間ないし価格を予測するのである。これは、なかなか難しい問題であるといえよう。

2　この点、本裁決は、その支出による当該資産の使用可能期間の延長又は価額の増加の有無の判断は、固定資産取得後に通常の管理又は修

理がされることを前提として、当該資産を取得した時点で予測される「その支出をした時点の当該資産の使用可能期間又は価額」を基準としてされることは明らかである、という。

　そして、固定資産について支出した金額が資本的支出又は修繕費のいずれに該当するかは、その資産を取得した時点で予測される「その支出をした時点の当該資産の使用可能期間又は価額」に比べて、その支出によって当該資産の使用可能期間が延長したり、価額が増加したか否かを、その支出の内容及び効果等の実質に照らして判断することが相当である、とする。

3　その結果、本件改修工事は、建物として通常の使用が困難であった状況を解消したのであり、本件建物の使用可能期間が延長し、価額が増加したと評価できる、と判断している。

　このように、本裁決のポイントは、本件改修工事の事実認定もさることながら、資本的支出に関する条文解釈を的確に行っている点であり、参考になる。

本裁決の留意点

1　本裁決の事例は、本件改修工事の費用について、請求人も原処分庁も審判所も、資本的支出か修繕費かという点を争点としている。

　しかし、本事例の場合、本件建物を取得した翌月に本件改修工事に係る契約を締結し、遅延なく施工していることからすれば、本件改修工事の費用は、資本的支出か修繕費かという問題ではなく、そもそも本件建物の取得価額を構成するのではないか、という問題であったとも思われる。

2　すなわち、購入した減価償却資産の取得価額には、その資産を事業の用に供するために直接要した費用の額が含まれるところ（法人税令第54条第1項第1号）、本件建物は請求人が取得した時点において老朽化し、修繕しなければ居住者が居住し続けることが困難な状態に

あったというのであるから、本件改修工事の費用は、本件建物を事業の用に供するための費用に該当するように考えられる。

　固定資産について支出する金額が、資本的支出か修繕費かという観点からすれば、修繕費に該当するものであっても、その修繕がその固定資産を事業の用に供するために行われた場合には、その固定資産の取得価額に算入しなければならないことに留意が必要である。

◆関係法令
法人税令第132条、第54条、法基通7－8－1、7－8－2

◆関係キーワード
資本的支出、修繕費、固定資産の取得価額

◆参考判決・裁決
平成26年4月21日裁決　裁決事例集№95-156頁
平成元年10月6日裁決　裁決事例集№38-46頁
平成7年10月31日裁決　裁決事例集№50-102頁

（成松洋一）

● 繰延資産

共同開発契約に基づいて支払った負担金は、役務の提供を受けるために支出する費用で、支出の効果が１年以上に及ぶことから繰延資産に該当するとされた事例

平成30年10月10日裁決　裁決事例集№113-149頁

裁決の要旨

1　請求人は、製品の共同開発契約（本件各契約）に基づき一方の契約当事者（本件当事者）に支払った負担金（本件各負担金）について、本件契約の製品に係る厚生労働大臣の承認（本承認）を得るために本件当事者から開示された資料等は、共同開発の成果であって請求人が自己開発したものと同様であること、また、本件負担金の支出には、本承認が得られないリスクがありその支出の効果がその後に及ぶものといえないことなどから、本件負担金は繰延資産に該当しない旨主張する。

2　一方、原処分庁は、請求人は、本件各負担金を支出することで本承認の申請に必要不可欠な開発データを取得（ノーハウの取得）し、これに伴い本承認の申請を行い、当該申請が承認されることによって本件各契約の対象製剤を自社製品として製造販売が可能となったのであるから、本件各契約の有効期間に関する規定によれば、本件各負担金の支出の効果は、その支出の日以後１年以上に及ぶ旨主張する。

3　これらの主張に対し、審判所は、本件各負担金の対象となる各業務は、本件当事者が担当する業務であり、ほとんどが本件各契約の締結日までに完了していたことに加え、請求人は本承認の申請に必要なデータを本件当事者から取得し、本件各契約の締結日から短期間で本承認の申請をしていたことなどから、請求人が当該共同開発の主体で

あったとみることはできず、本件各負担金は、本件当事者が開発の過程で得た成果の提供という役務の提供を受けるために支出する費用であると認められる。そして、当該製品は現に製造販売されていることに加え、本承認の取得後5年ごとに厚生労働大臣の調査を受けなければならないことなどからすると、本承認を取得した効果は少なくとも5年は継続するということができる。したがって、本件各負担金は、役務の提供を受けるために支出する費用で、支出の効果がその支出の日以後1年以上に及ぶものと認められるから、繰延資産に該当する旨判断した。

本裁決のポイント解説

1　法人税法上、繰延資産とは、法人が支出する費用のうち支出の効果がその支出の日以後1年以上に及ぶもので一定のものとされている（法人税法第2条第24号）。

具体的には、

① 創立費

② 開業費

③ 開発費

④ 株式交付費

⑤ 社債等発行費

⑥ 自己が便益を受ける公共的施設又は共同的施設の設置又は改良のために支出する費用

⑦ 資産を賃借し又は使用するために支出する権利金、立退料その他の費用

⑧ 役務の提供を受けるために支出する権利金その他の費用

⑨ 広告宣伝用資産を贈与したことにより生ずる費用

⑩ その他自己が便益を受けるために支出する費用

が繰延資産となる（法人税令第14条第1項）。

そして、①から⑤までの繰延資産は任意償却とされ、⑥から⑩までの繰延資産はいわゆる法人税法上の繰延資産としてその費用の支出の効果の及ぶ期間（償却期間）にわたって費用化される（法人税令第64条第1項）。

　これは、企業会計においては、費用収益対応の原則がとられており、法人税法においても同原則が妥当するものと解されるところ、法人税法上の繰延資産は、費用を支出しても、それにより当該費用と収益の対応関係が即時的に完結せず、その後においても収益を生み出す性質を有する場合のその継続的な収益に着目し、複数年にわたり償却（損金算入）を行うという制度であると解される。

　本件は、請求人がV医薬品に関する共同開発契約書等に基づき支払った負担金について、繰延資産のうち、上記⑧の「役務の提供を受けるために支出する権利金その他の費用」に該当するか否かが争点となった事案である。

2　本件の主な事実関係は、次のとおりである。
　(1)　請求人は、医薬品等の製造売買等を主たる目的として設立された法人である。
　(2)　請求人は、V医薬品に関して、本承認の取得を目的として、複数の民間企業との間で、調査、製造、試験などの開発行為を共同で行うこと（本共同開発）、又は小分け製造販売に係る情報の提供等を受けることとして、本共同開発の業務の分担、本共同開発の過程で得た資料及び情報（本成果）並びに本成果に係る発明及び考案等（本発明等）の帰属、情報の提供、費用の負担等について定めた契約書を取り交わしている。
　(3)　それらのうち、原処分の対象となった各契約（本件各契約）の締結日前後における共同開発の実態は、大筋次のとおりである。
　　イ　対象製剤の開発を先行して実施している本件当事者は、単独で開発を進め、本承認の申請に必要なデータを取得した。

ロ　請求人は、本件当事者から、開発の進捗状況の報告を受けるとともに、開発データの提供を受けた。

ハ　請求人は、本件当事者に対し、より精緻な開発データを要求し、○○を検討して、経営会議において本件各契約の締結に関する意思決定を行った。

ニ　請求人と本件当事者は、本承認の申請の目途が立った時点で本件各契約を締結した。

ホ　請求人及び本件当事者は、それぞれで本承認の申請を行った。その際、本件当事者は、本承認申請書等（本承認に係る申請書及び添付資料）を、また、請求人は、当該申請書及び本件各契約に係る契約書の写しをそれぞれ厚生労働省に提出した。

　なお、上記の添付すべき資料について、請求人は、その写し又は試験による確認の記録を保存している。

ヘ　請求人及び本件当事者は、本承認申請書等に記載した製造所につきＮによる○○調査（○○調査）の対応作業を開始し、本承認の取得の２カ月前までを目途に調査が受けられるよう準備を行った。

ト　請求人及び本件当事者は、本承認申請書等に記載した製造所につきそれぞれで○○調査を受けた。

チ　請求人は、Ｎからの照会に対し、本件当事者がＮに対応した内容に基づいて回答をした。

リ　請求人及び本件当事者は、本承認の申請から承認審査を経ておおむね１年後にそれぞれ本承認を取得した。

3　審判所は、争点となった費用（本件各負担金）に係る繰延資産該当性について、次のとおり順を追って判断した。

(1)　法人税令第14条第１項第６号ハに掲げる「役務の提供を受けるために支出する費用」といえるかについて

　　①本件各負担金の対象となる各業務は、本件当事者が担当する業

務であり、そのほとんどが本件各契約の締結日までに完了していた、②本件当事者が開発の過程で得た成果（資料及び情報）について、請求人は、本件各契約の対象製剤に係る本承認の申請に必要な資料として本件当事者から提供を受けるとともに、当該申請後においても本承認を得るために必要となる資料として引き続き本件当事者から提供を受けていたとの事実認定をした上で、本件各負担金の反対給付は、本件当事者が開発の過程で得た成果（資料及び情報）であるとした。そして、請求人は、本件各契約の対象製剤に係る本承認の申請に必要な資料として本件当事者から当該成果の提供を受けるとともに、当該申請後においても本承認を得るために必要となる資料として引き続き本件当事者から提供を受けて、本承認申請書等を作成し本承認を取得している。そうすると、本件各契約の対象製剤に係る本承認申請書等は、本件当事者から当該成果（資料及び情報）の提供を受けて請求人において完成された成果物であるということができる。

　したがって、本件各負担金は、本件当事者が開発の過程で得た成果（資料及び情報）の提供という役務の提供を受けるために支出する費用であると認められる。

(2)　本件各負担金の支出の効果について

　「支出の効果」とは、費用収益対応の原則における「収益」の発生を意味するものであるとした。

　その上で、請求人が本件各契約に基づき本件当事者が開発の過程で得た成果（資料及び情報）の提供を受けること自体は、直ちに請求人の収益を生み出すものではないが、当該成果の提供を受けて完成された成果物である本承認申請書等は、本承認を取得することにより対象製剤が製造販売されて収益を生み出すことができる性質を有するものであることに鑑みれば、本承認申請書等により本承認を取得したことをもって「支出の効果」と解すべきであるとした。

(3)　支出の効果がその支出の日以後1年以上に及ぶものといえるかに

ついて

　また、「支出の効果がその支出の日以後1年以上に及ぶもの」と
いうのは、費用収益対応の原則のもと、当該費用の支出が1年以上
に及ぶ継続的な収益を発生させる性質を有するものをいうとした。

　そして、本承認を受けた者は、本承認の取得後5年ごとに、厚生
労働大臣の書面による調査又は実地の調査を受けなければならない
とされていることからすると、本承認を取得した効果は少なくとも
5年は継続するということができるから、本件各負担金の支出の効
果が支出の日以後1年以上に及ぶと判断した。

4　なお、ゲームソフトウェア開発業務委託費が、法人税令第14条第1
項第9号（現行＝第6号）ハに規定する繰延資産に該当するか否か争
点となった事件においても、本件と同様、「支出の効果」とは、費用
収益対応の原則における「収益」の発生を意味するものであって、
「支出の効果がその支出の日以後1年以上に及ぶもの」というのは、
当該費用の支出が1年以上に及ぶ継続的な収益を発生させる性質を有
するものをいうと解するのが相当であるとされている（アリカ事件：
東京高裁平成16年12月13日判決）。

　ただし、現在の法人税法においては、ソフトウェアは無形減価償却
資産とされている（法人税法第2条第23号、法人税令第13条第8号
リ）。

本裁決の留意点

　税務の実務において、例えば、ある開発費用等の支出をした場合、同
じ繰延資産であっても開発費として任意償却の対象となるのか、それと
も法人税令第14条第1項第6号ハの繰延資産に該当して償却期間にわ
たって費用計上するべきなのか判断に迷うことがある。

　この点、本裁決の内容を踏まえると、①「役務の提供を受けるために
支出する費用」といえるかについては、費用の支出の相手方から開発等

の過程で得た成果物（資料及び情報）の提供を受けているかどうか、②「支出の効果」の有無については、その費用の支出が将来の収益を生み出すことができる性質を有するものであるかどうか、③「支出の効果がその支出の日以後1年以上に及ぶもの」といえるかについては、その費用の支出が1年以上に及ぶ継続的な収益を発生させる性質を有するものであるかどうかといった観点から繰延資産該当性を検討することも、有益であると考える。

　なお、本裁決においては、調査の時点ではすでに本承認を取得しているという事実に基づき、本承認申請書等により本承認を取得したことをもって「支出の効果」があったとして、その支出の効果の有無を判断している。仮に、本承認に係る申請中の時点で決算を迎えた場合に、その費用の支出（本件各負担金）についていかに処理するべきかという疑問が生じる。

　この場合の実務的対応としては、請求人も主張したように本承認が得られないリスクがあることは否定できないものの、本件各負担金の支出の目的が本承認を取得するためのものであると考えられるところ、本件当事者から成果（資料及び情報）の提供を受け、それ自体は直ちに請求人の収益を生み出すものではないが、当該成果を利用して完成された成果物である本承認申請書等を作成していること及び本承認の申請から承認審査を経ておおむね1年後にそれぞれ本承認を取得している事実に鑑みれば、本件各負担金については①当初から繰延資産として経理処理する、②償却開始の時期の問題はあるものの、決算の時点では一種の仮勘定として経理処理するなどの方法があったのではないかと思われる。

◆関係法令

法人税法第2条第24号、法人税令第14条第1項第6号ハ

◆関係キーワード

役務の提供、成果物、支出の効果

◆参考判決・裁決

東京高裁平成16年12月13日判決・平成16年（行コ）248号（税資254号順号9859）

（糸賀定雄）

● 役員給与

請求人の支給した役員給与は事前確定届出給与に該当しないことから、損金の額に算入することはできないとされた事例

平成22年5月24日裁決　裁決事例集№79-368頁

裁決の要旨

　原処分庁は、請求人が平成19年3月期に計上した未払賞与は、期末までに債務が確定しておらず、また、事前確定届出給与に関する届出書に記載された支給金額は決定していたものではなく、記載された支給時期に支給されていないことから、本件届出書に係る役員給与は事前確定届出給与に該当しない旨主張する。

　一方、請求人は、請求人が支給した役員給与のうち、①事前確定届出給与に関する届出書において、支給対象者とした役員に支給した役員給与は、事業年度首において年俸通知書により期末報酬額を期末に支給する旨を通知し、その旨を記載した事前確定届出給与に関する届出書を期限内に税務署長へ提出していることから、いずれも損金の額に算入されるべきである旨主張する。

　これらの主張に対して、審判所は、事前確定届出給与は、職務執行の開始の日から1カ月を経過する日までに役員給与の支給時期や支給金額が確定していることを要するところ、本件では、当該日までに、株主総会の決議等により、役員給与の支給すべき確定額及び確定時期を定めたとはいえ、事前確定届出給与に関する届出書において支給対象者とした役員に支給した役員給与は事前確定届出給与に該当するとは認められないことから、損金の額に算入することはできない、と裁決した。

1　事実関係

　　本件の事実関係は次のとおりである。

(1)　3月末決算の請求人は、平成18年3月13日に「2006年役員年俸額の内訳明細」と題する文書により、社長の決裁を了して、同月31日に、当該文書と同じ内容の「Ｑ社2006年度プロパー役員年俸について」という資料を株主であるＪ社に提出した。

(2)　請求人は、平成18年4月1日に10名の役員に年俸通知書（以下「本件年俸通知書」という。）を交付した。本件年俸通知書には、①各役員の年俸の金額、②月額報酬（年俸額の75％を12分割した金額）の金額、③期末報酬（年俸額から月額報酬に12を乗じた金額を差し引いた金額）の金額が記載されていたが、期末報酬額は、今年度の目標を100％達成した場合の確定額であり、達成度により金額は0倍から2倍の範囲で変動する旨記載されていた。なお、本件年俸通知書は、上記(1)の資料に記載された金額と一致する。

(3)　請求人は平成18年6月に開催した定時株主総会において、取締役及び監査役の選任を決議したが、取締役及び監査役の報酬については付議事項とされず、取締役会においても、当該報酬に関しては決議されなかった。

(4)　請求人は、平成18年6月16日に、上記(1)の文書に、新たに昇任した専務取締役及び常務取締役に係る役員給与を追加訂正して、社長の承認を得た。

(5)　請求人は、平成18年6月30日に事前確定届出給与に関する届出書（本件届出書）を税務署長に提出した。

(6)　請求人は、平成19年3月31日に未支給の役員給与（上記(4)で追加訂正した金額）を計上した。

(7)　請求人は、平成19年4月25日に、支給時期を同年5月1日とし、Ｋほか2名について年俸通知書に記載された金額から減額する旨の

「評価査定」について社長の承認を得て、同日に支給した。

(8)　請求人は、平成19年3月期の法人税の確定申告書において、「評
　　価査定」の「期末報酬の決定額」の合計額（以下「本件役員給与」
　　という。）と未払計上した金額との差額を役員給与の過大額として
　　所得金額に加算した。

2　審判所の判断

(1)　平成19年3月期における本件役員給与の取扱いについて

　　審判所は、まず、未払費用の適否に関して次のような法令解釈を
　示した。

　　未払費用として計上した本件役員給与が、平成19年3月期の損金
　の額に算入されるか否かを判断するに当たっては、法人税法第22条
　第3項第2号に規定する「当該事業年度終了の日までに債務の確定
　しないもの」以外のものであるか否かを考慮しなければならず、こ
　こでいう債務の確定とは、別に定めるものを除き、①当該事業年度
　終了の日までに当該費用に係る債務が成立していること、②当該事
　業年度終了の日までに当該債務に基づいて具体的な給付をすべき原
　因となる事実が発生していること、③当該事業年度終了の日までに
　その金額を合理的に算定できるものであることの要件のすべてに該
　当するものがこれに当たると解すべきである（法基通2-2-12はこ
　れと同旨）。

　　その上で、次のとおり、本件の事実関係に当てはめた結果、金額
　及び支給時期のいずれの点からみても、平成19年3月期末に本件役
　員給与の債務は確定していなかったと判断した。

　　会社法では、取締役等の役員の報酬に関し、その金額等法定の事
　項は定款に定めがない限り株主総会の決議によって定めるとされて
　いるところ、仮に、請求人が、平成18年3月13日及び同年6月16日
　にE社長が決裁を了した「Q社2006年度プロパー役員年俸につい
　て」等を前提に、平成18年6月○日開催の定時株主総会において取

締役及び監査役の選任を決議したことにより、役員の職務執行の対価について、別表の「年俸額」、「年俸額の内訳」欄のとおり定めたと解する余地があるとしても、請求人が各役員に交付した年俸通知書には、期末に支給する旨及び期末報酬である本件役員給与の金額の記載のほか、「期末報酬額は、今後の目標を100％達成した場合の確定額であり、達成度により金額は0倍〜2.0倍の範囲内で変動する」旨の記載があり、この記載は、請求人において、達成度に基づく報酬額の評価査定を後日行うことを前提とするものにほかならない。そして、現に、Ｋほか2名の役員の期末評価額である業務評価分は、平成19年4月25日に行われた評価査定により年俸通知書に記載された金額から減額されて支給されている。

　そうすると、平成19年3月期末の時点では、いまだ上記の評価査定は行われていないのであるから、同日までに本件役員給与の金額が確定していたということはできない。

⑵　平成20年3月期における本件役員給与の取扱いについて

　次に、審判所は、本件役員給与は平成19年5月1日に実際に支給されていることから、平成20年3月期に支給された役員給与として損金の額に算入することができるか否かについて検討している。この検討に当たっては、内国法人がその役員に対して支給する給与は、①定期同額給与、②事前確定届出給与及び③利益連動給与のいずれにも該当しないときは各事業年度の損金の額に算入しないこととされているところ（法人税法第34条第1項）、本件届出書に係る役員給与（以下「本件届出役員給与」という。）は、明らかに定期同額給与及び利益連動給与には該当しないので、事前確定届出給与に該当するか否かが問題となる。

　審判所は、次のとおり説示して事前確定届出給与に該当しない旨判断した。

　本件届出書に係る役員は、本件届出書で事前確定届出給与対象者として届出されているが、本件届出役員給与が事前確定届出給与に

該当するには法人税令第69条第2項に規定されているとおり、株主総会等の決議により、役員の職務について、所定の時期に確定額を支給する旨の定めをした場合には、その決議をした日から1カ月を経過する日（届出期限）までに所定の届出をしなければならないとともに、最も遅い場合であっても、役員がその職務の執行を開始する日から1カ月を経過する日までに、株主総会等の決議により、役員給与を支給すべき確定時期及び確定額を定めておくことが要件となると解される。

上記の「支給すべき確定時期についての定め」については、株主総会等の決議があるとしても、これを、後日予定している達成度に基づく報酬額の評価査定を行ってはじめて期末報酬である本件届出役員給与の金額を確定させる旨定めたものであるとみる以上、上記定時株主総会の決議において、支給時期を定めていたとしても、これは、あくまでも、その支給時期までに、後日予定している達成度に基づく報酬額の評価査定を行うことを前提条件とするものであり、確定的な支給時期の定めであるということはできない。そして、現に、①年俸通知書には期末（平成19年3月31日）に支給する旨記載されているものの、②実際の支給時期は、平成19年4月25日の報酬査定を受けて社長による承認がなされた後の同年5月1日であり、③請求人が提出した本件届出書に記載された本件届出書に係る役員に対する支給時期は、平成19年6月29日であるなど、支給時期についての定めが不明確なままであったというべきであり、本件届出書に係る役員がその職務の執行を開始する日から1カ月を経過する日までに請求人において支給すべき確定時期を定めたとは認められない。

また、「支給すべき確定額についての定め」については、本件において役員報酬に関して株主総会等の決議があるとみられるとしても、その決議は、これにより期末報酬である本件届出役員給与の金額を確定的に定めたものではなく、後日予定している達成度に基づ

く報酬額の評価査定を行ってはじめて確定する旨定めたものである
というべきであり、本件届出書に係る役員がその職務の執行を開始
する日から1カ月を経過する日までに請求人において報酬額の評価
査定を行ったことは認められないから、同日までに支給すべき確定
額を定めたことにはならない。

　よって、役員がその職務の執行を開始する日から1カ月を経過す
る日までに、株主総会の決議等により、役員給与の支給すべき確定
額及び確定時期を定めたとはいえず、本件届出役員給与は、事前確
定届出給与には該当しない。

3　その他

　本裁決は、上記の争点のほかに、①子会社株式について、「子会社
の資産状態が著しく悪化したため、当該子会社株式の価額が著しく低
下した」事実が生じているか、②使用人兼務役員に対する給与が使用
人としての職務に対する賞与として損金算入できるか、といった争点
について、いずれも請求人の主張を退けて、原処分に違法はないとし
ている。

　本裁決は、法令の趣旨等も踏まえて事前確定届出給与は、あくまで
「確定額」を事前に届け出る必要があることを説示した先例的な裁決
である。

本裁決の留意点

　現行の事前確定届出給与は、本裁決当時は金銭給付が前提であったも
のが拡大されて、その役員の職務につき所定の時期に、確定した額の金
銭又は確定した数の株式若しくは新株引受権若しくは確定した金銭債権
に係る特定譲渡制限付株式若しくは特定株式予約権を交付する旨の定め
に基づいて支給する給与で、定期同額給与及び業績連動給与に該当しな
いものと定義されている（法人税法第34条第1項第2号）。

　この場合、その定めについては、原則として一定期限までに所轄税務

署長に対して届け出ていることが要件とされている点は従前どおりである。

　その趣旨は、その職務執行の対価として支給される役員給与の支給のし意性を排除するために、その役員の職務につき所定の時期に確定額を支給する旨定める時期が最も遅い場合であってもその職務の執行を開始する日から1カ月を経過する日（職務執行開始後に定めをした場合の届出期限）の前か後かによって損金算入の可否を区別することとしたことから、この事実を確認するために上記の届出期限までに所轄税務署長に対してその定めの内容を届け出ることとされたものである。

　つまり、届出する支給額はあくまでも確定額であるから、所轄税務署長へ届け出た支給額と実際の支給額が異なる場合には、事前確定届出給与に該当せず（法基通9-2-14）、また、事前確定届出給与の「確定額」には支給額の上限のみを定めたもの及び一定の条件を付すことにより支給額が変動するようなものは、事前確定届出給与に含まれないのである（旧法基通9-2-15）。

（注）　旧法基通9-2-15の取扱いは、平成29年度の税制改正において、確定数の株式又は新株引受権による給与も一定の場合に事前確定届出給与に該当することとなったため、金銭給付を前提としていた本通達は削除された。

　したがって、本件のように、法人の業績等や役員の貢献度を加味して事後に届出額が変動する場合は、届出期限までに役員給与の額が確定したとはいえず、事前確定届出給与に該当しないものと解されるので、役員給与を定める際はこの点に留意する必要がある。

◆**関係法令**

法人税法第34条第1項、法人税令第69条、第70条

◆**関係キーワード**

役員給与、事前確定届出給与、使用人兼務役員、子会社株式の評価損

（奥田芳彦）

請求人が請求人の元代表者に退職金として支払った金員は、当該元代表者に退職の事実があるから、損金の額に算入すべきとされた事例

令和2年12月15日裁決　裁決事例集№121

裁決の要旨

　原処分庁は、請求人の元代表取締役（本件元代表者）が、請求人の代表取締役及び取締役の辞任（本件辞任）後においても、引き続き請求人の経営に従事しており、みなし役員に該当するから、実質的に退職したとは認められないとして、請求人が本件元代表者に支払った退職金の金額（本件退職金額）は、法人税法第34条《役員給与の損金不算入》第1項柱書所定の退職給与に該当しない旨を主張するが、①原処分庁がその認定の根拠として摘示する各事実には、いずれもその裏付けとなる退職当時の客観的な証拠がなく、②各関係者の各申述においても、本件元代表者の請求人への具体的な関与状況が明らかではない。また、③本件元代表者は、退職後に請求人から報酬等を受領していないと認められ、④本件元代表者の退職後に請求人の代表取締役となった者が、その代表取締役としての職務を全く行っていなかったと認めるに足りる証拠もないことからすれば、本件元代表者が退職後も継続して、請求人の経営に従事していたと認めることはできない。

　したがって、本件退職金額は、退職給与として、請求人の損金の額に算入される。

本裁決のポイント解説

1　法人税法上、法人の取締役、執行役、会計参与、監査役、理事、監事及び清算人を役員とするとともに、取締役等の法的な地位を有して

いない者でも「法人の経営に従事している者」のうち一定の者を「みなし役員」として法人の役員の範囲に含めている（法人税法第2条第15号、法人税令第7条）。

　本裁決においては、その法令解釈として、「取締役等と同様に法人の事業運営上の重要事項に参画することによって法人が行う利益の処分等に対し影響力を有する者も法人税法上は役員とするところにあることからすると、『法人の経営に従事している』とは、法人の事業運営上の重要事項に参画していることをいうと解される」としている。

　本裁決では、本件元代表者が、本件辞任後も継続して、請求人の経営に従事、すなわち、請求人の事業運営上の重要事項に参画しており実質的に退職していないと認められるかにつき、本件元代表者による、①経営会議への出席及び指示命令、②経営会議以外での指示命令、③金融機関に対する対応、④新規事業の決定等への関与等の状況を踏まえて、審判所が、事業運営上の重要事項への参画の有無に係る事実認定を行っている点及び原処分庁の提出した質問応答記録書や録音テープ等の間接証拠の信用性を審判所がどのように評価し、判断しているかという点で参考となる。

2　本件は、請求人が本件退職金額を損金の額に算入して法人税等の申告を行ったところ、原処分庁が、本件元代表者は、登記上退任した後も請求人の経営に従事しており、実質的に退職したとは認められないから、本件退職金額は給与として損金の額に算入されないとして、法人税等の更正処分等を行ったのに対し、請求人が、本件元代表者は形式的にも実質的にも退職したなどとして、原処分の全部の取消しを求めた事案である。

　ここでは、「本件退職金額は、退職給与として損金の額に算入されるか否か」について、本件争点として取り上げる。

3　本件争点に関する主な事実関係は、概要次のとおりである。

(1) 本件元代表者は、請求人の代表取締役を務めていた者であるが、平成24年11月30日、本件辞任をし、同年12月、その旨の登記がされた。

　請求人は、平成24年11月30日、本件元代表者に対して退職慰労金を支給する旨の臨時株主総会の決議に基づき、請求人の役員退職金規程により算出した本件退職金額725,000,000円を役員退職慰労金勘定に計上し、同年12月18日から平成25年9月9日までの間に、本件元代表者に対し、本件退職金額から源泉所得税額を差し引いた全額を支払った。

　本件元代表者は、平成24年12月1日以降少なくとも平成29年3月31日までの期間において、請求人の登記上役員としての地位を有しておらず、使用人でもなかった。また、請求人が、上記期間において、本件元代表者に対して役員給与及び従業員給与を支給した事実もなかった。

(2) 本件元代表者の妻は、平成24年6月30日、請求人の代表取締役に就任し、本件元代表者の娘は、平成28年4月5日、請求人の代表取締役に就任し、以後、両名が請求人の代表取締役を務めている。

　また、本件元代表者は、平成24年6月20日にシンガポール共和国へ住所を移転していた。

4　原処分庁は、本件辞任後における①経営会議への出席及び指示命令の状況、②経営会議以外でのグループ会社の役員及び社員への指示命令の状況、③金融機関等との交渉の状況に鑑み、本件元代表者は、本件辞任後においても、従来どおり請求人の経営に従事しており、請求人のみなし役員に該当するのであって、請求人を現実に離脱し、あるいは実質的に退職したとは認められないと主張したが、審判所は、次のとおり判断した。

＜審判所の判断（当てはめ等）の概要＞

　みなし役員に係る法令解釈（上記1）を踏まえ、本件元代表者

が、本件辞任後も継続して、請求人の経営に従事、すなわち、請求人の事業運営上の重要事項に参画しており、実質的に退職していないと認められるかにつき、以下検討する。

① 本件経営会議への出席及び指示命令について

　　本件調査において調査担当職員が作成した質問応答記録書には、本件経営会議への出席及び指示命令に関して、原処分庁の主張に沿う内容の申述があったが、この申述を行った者は、申述当時に、本件元代表者等に対し損害賠償請求訴訟等を提起していた者であり、本件元代表者等に関する本件申述の信用性については、慎重に検討する必要があるところ、本件元代表者が、本件辞任後に、請求人の事業運営上の重要事項につき、具体的な指示や決定をしたこと等を示す客観的証拠はなく、本件申述の内容は具体性に欠ける。

② 本件経営会議以外での指示命令について

　　原処分庁は、本件経営会議以外の各種業務に関する指示命令等の証拠物件として、質問応答記録書や画像データを提出し、その内容からは、本件元代表者が、本件法人グループ全体のいわゆる実質的なオーナーとして振る舞っていたことはうかがわれるものの、業務に係るやりとりか否か不明なものが多くみられ、その指示等が請求人の事業運営上の重要事項に係るものかも不明であり、本件元代表者が請求人の業務に関して具体的な指示等をしたこと等を示す客観的な証拠はない。加えて、本件画像データは、本件辞任から1年10カ月後の期間に係るものであり、本件申述の内容も具体性を欠く。

③ 金融機関に対する本件元代表者の対応について

　　原処分庁は質問応答記録書等や本件画像データを証拠として提出しているが、いずれも請求人に係る融資やその交渉等についての具体的な状況を示すものではないか、本件辞任後から相当期間が経過した後のものである。

④　新規事業の決定等について

　　原処分庁が主張する、太陽光発電という新規事業に係る設備購入について、請求人は、平成27年３月頃に太陽光発電設備を購入していると認められるところ、当該購入は、本件辞任から約２年４カ月後のことであり、そもそも、本件辞任後間もない時期に、請求人が太陽光発電事業を新規に開始することを決定したとは認められない。

⑤　以上のことからすれば、本件申述及び本件画像データをもって、本件元代表者が、本件辞任後も継続して、請求人の事業運営上の重要事項に係る具体的な指示命令及び決裁をしていたと認めることは困難であり、他にこれを認めるに足りる的確な証拠はない。

　以上に加え、本件元代表者は、本件辞任の日以降少なくとも平成29年３月31日までの間、請求人から役員給与や従業員給与を受領していないと認められること、他方で、本件辞任後に請求人の代表取締役の地位にあった者が、本件辞任直後から、その代表取締役としての職務を全く行っていなかったことを認めるに足りる証拠もないこと、また、本件元代表者が本件辞任の約５カ月前に海外に住所を移転しており、本件辞任に至った経緯が不自然であるともいえないことからすれば、本件元代表者が、本件辞任後も継続して、請求人の事業運営上の重要事項に参画するみなし役員に該当し、請求人を実質的に退職していなかったと認めることはできない。

　以上のほか、本件退職金額が退職給与として損金の額に算入されないと判断すべきその他の事情もないことから、本件退職金額は、退職給与として、請求人の平成25年３月期の損金の額に算入される。

本裁決の留意点

1　本事例では、請求人の代表取締役及び取締役を辞任した元代表者が、本件辞任後も継続して請求人の事業運営上の重要事項に参画していたとは認められず、請求人を実質的に退職していなかったとは認められないとしたものであるが、その判断に至った事実認定の過程は、実務においても参考となる。

2　原処分庁は、質問応答記録書を主張の根拠として審判所に提出している。質問応答記録書は直接証拠とはならないが、間接証拠として事実認定に使われることが多い。この点、本裁決においては、申述者と請求人との関係に言及し、利害が対立する場合には、申述の信用性につき慎重に検討する必要があるとしている。そして、申述の内容が具体性を欠くものであることや他の客観的証拠がないことから申述の信用性の評価を低いものとして位置付けている。争訟において審判所等が申述を証拠として採用するか否かについては、その申述の首尾一貫性や、内容の具体性なども考慮されることとなろう。

　また、原処分庁は画像データを主張の根拠として審判所に提出しているが、この点に関しても、当該画像データが退職時から相当期間が経過していること、具体的な業務内容との関係があいまいであること等から的確な証拠たり得ないとしている。

　なお、請求人側からすれば、質問応答記録書の申述者が利害の対立する者ではなく、他の客観的証拠との整合性があり、また、申述の内容に具体性があるなど、間接証拠の信用性を高める証拠が他にも存在する場合には、原処分庁の主張が採用される可能性もあることに留意すべきである。

3　審判所においては、裁判所と同様、法的三段論法により判断を行っている。法的三段論法とは、「法の適用は、法令の条文（要件＝法的効果）を大前提とし、証拠によって認定された具体的事実を小前提として法令への当てはめを行い、その法的効果を判断することにより結論を導く」というものである。したがって、審査請求における主張・立証に当たっては、法的三段論法を意識した上で、審判所から主張へ

の支持を得られるよう努めることが肝要であろう。

◆**関係法令**

法人税法第 2 条第15号、第34条第 1 項、法人税令第 7 条

◆**関係キーワード**

役員退職金、みなし役員、法人の経営に従事、質問応答記録書

◆**参考判決・裁決**

東京地裁平成29年 1 月12日判決・平成27年（行ウ）204号（税資267号順号12952）

平成24年 3 月27日裁決（裁決事例集№86）（『税務重要裁決事例　企業編』158頁）

平成29年 7 月14日裁決（裁決事例集№108）（『税務重要裁決事例　企業編』165頁）

（髙田次郎）

請求人の取締役が使用人兼務役員に該当しないとされた事例

令和 2 年12月17日裁決　裁決事例集№121

裁決の要旨

　請求人は、同族会社である請求人の取締役（本件取締役）について、取締役に就任した後も請求人の営業部の部長職である職制上の地位を有していること、営業部長として常時使用人としての職務に従事していたこと、及び請求人の代表取締役の親族でもなく、また、株主でもなく、請求人の実質的な意思決定の場である月例会議にも参加していないため重要な意思決定をする立場になり得ないことから、使用人兼務役員に該当し、本件取締役に対して支払った賞与は使用人としての職務に対する賞与であるから、損金の額に算入できる旨主張する。

　しかしながら、請求人では、機構上、使用人としての職制上の地位が明確に定められているところ、本件取締役は、請求人及び請求人のグループ法人内での機構改革（本件機構改革）により請求人の営業部の部長職の地位を失っているため請求人における使用人としての職制上の地位を有していないことなどから、本件機構改革以後、本件取締役は使用人兼務役員には該当せず、本件機構改革以後に本件取締役に支給された賞与の額は損金の額に算入されない。なお、本件機構改革前の使用人兼務役員に該当する期間において支給された賞与の額については、他の使用人と同様に給与規程に基づく方法で決定されているものではないものの、他の使用人に対する賞与の支給時期に支給され、使用人としての職務の対価であったことを否定するに足りる証拠はないことから、損金の額に算入される。

本裁決のポイント解説

1　本件は、同族会社である請求人に使用人として入社し取締役となっていた者（以下「本件取締役」という。）に対して支払った給与の一部につき、それが法人税法上損金の額に算入される使用人としての職務に対するものかどうかが争われた事件である。本件取締役は、請求人の同族関係者に該当しない者であることから、審判所は、本件取締役の職務の状況、請求人及び請求人のグループ法人（以下、請求人を含めたこれらの法人を「本件グループ法人」という。）内における機構改革の内容などを事実認定した上で結論を導いている事案である。

2　本件の事実関係は、次のとおりである。
(1)　本件各事業年度における請求人の取締役は、代表取締役（以下「本件代表者」という。）のほか、本件代表者の弟（以下「本件専務取締役」という。）、本件取締役及び後に取締役に加わった本件代表者の娘婿であった。
(2)　本件グループ法人は、請求人のほか、請求人製造の水産加工品を一般消費者向けに販売する通信販売業や飲食店等を営むL社と、水産食料品の販売を営むM社であり、いずれも発行済株式の全てを請求人又は本件代表者が保有する同族会社であり、両社の代表取締役は、いずれも本件代表者である。
(3)　本件取締役は、昭和59年1月に請求人に正社員（使用人）として入社し、平成3年に製造部の工場長（課長職）に、平成5年に営業部の次長職に、平成9年に営業部の部長職にそれぞれ昇格し、平成16年7月28日に取締役に就任し、平成29年2月1日の人事異動により常務取締役とされた。
　　また、本件取締役は、本件各事業年度において、L社の取締役でもあった。なお、本件取締役は、M社の取締役には就任していない。

(4) 請求人は、本件各事業年度において、本件取締役に対し、毎月払いの給与（以下「月給」という。）と、年に2回、使用人の賞与支給時期と同時期に賞与を支給しており、その支給額は別表1（省略）のとおりである。

なお、賞与については、請求人は、平成23年7月期から令和元年7月期まで、本件取締役に対し、毎期12月に2,700,000円及び6月に3,100,000円の合計5,800,000円の一定額を支給している（以下、別表1の本件各事業年度に支給された賞与の額のうち、12月に支給の2,700,000円及び6月に支給の3,100,000円を併せて「本件賞与」という。）。

(5) 請求人は、本件各事業年度の法人税の申告に際し、本件取締役に支給した別表1の給与等について、本件賞与の額を法人税法第34条第1項及び第6項の使用人兼務役員の使用人職務分と、月給を使用人職務分以外の定期同額給与とし、平成27年6月に支給した賞与のうち10,000,000円を事前確定届出給与として、本件取締役に支給した給与等の全額を損金の額に算入した。

(6) 請求人には、本件各事業年度において、代表取締役等の取締役を頂点に、営業部、製造部、総務部及びテナント部門等からなる機構が存在しており、各部においては、管理職として部長及び課長又は専任課長、一般職として係長といった使用人としての職制上の地位が定められていた。

(7) 本件グループ法人は、グループ内部の役職の整理を行うため、一定の時期ごとに、本件グループ法人の取締役、各部署の管理職及び一般職の人員を記載した「D社グループ図」と題する組織図（以下「本件組織図」という。）を作成し、役職の変更があった際には随時記載内容を更新して、社内に公表していた。

(8) 本件取締役は、昭和59年1月に請求人に入社後、主として営業の業務に従事しており、平成9年に請求人の営業部の部長職に昇格した後も、請求人の主な取引先である百貨店やスーパー等の小売業者

等に係る一連の営業活動や部下社員の管理等の業務に従事していた
ところ、平成16年7月28日、請求人の取締役の人数を確保する必要
があったことから、取締役に就任することになった。もっとも、本
件取締役の取締役就任前後でその職務内容に特に変化はなく、常勤
で勤務していた。また、本件取締役は、下記(11)のとおり、稟議書へ
の決裁も行っていたものの、本件法人グループ全体の決算報告は受
けていなかった。

(9)　本件取締役は、平成18年9月○日のL社の設立時から、L社の部
長職にも就任しており、平成27年3月31日まで、請求人の営業部長
職とL社の部長職とを兼任していた。

　そして、本件グループ法人が平成27年4月1日に機構改革（以下
「本件機構改革」という。）を行ってグループ内の職務分掌を変更し
たのに伴い、同日以後は、本件専務取締役が請求人の営業統括を担
い、本件取締役はL社の営業統括を担うこととなり、L社の部長職
のみを務めることになった。

　なお、本件機構改革までの本件組織図では、本件取締役の氏名が
請求人の営業部の「部長（兼任）」として記載されていたが、本件
機構改革がされた平成27年4月1日以後の本件組織図では、本件取
締役の氏名は、請求人の「部長」としても、請求人の各部所属の担
当者としても、記載されていない。

(10)　本件取締役は、本件各事業年度において、本件機構改革までの
間、上記(8)のとおりの営業活動に従事していたところ、本件機構改
革後も、請求人の営業部長としての職務の引継ぎに必要であるとし
て、しばらくの間は、L社の営業活動と並行して、請求人の取引先
を担当したり、請求人の営業担当者からの請求人の営業に関する質
問に答えたりして、請求人の営業活動への関与を継続していた。

(11)　本件グループ法人では、備品等の購入、修繕や保守管理等、求
人、従業員の資格試験や研修の受講などの職務上必要な費用の支出
等の承認を求める際には、稟議書を作成し、決裁を得ることになっ

ており、稟議書には、基本的に、「社長承認印」欄、「専務承認印」欄、「部長承認印」欄（又は「H部長承認印」欄。平成29年2月頃からは「常務承認印」欄）及び担当部の課長の承認の欄が設けられていた。本件取締役は、当該稟議書のうち、備品等の購入、修繕や保守管理関係の稟議書には基本的に決裁印を押印していたが、人事関係の稟議書には、少なくとも常務取締役就任前までは、決裁印を押印していないことが多かった。

3　審判所は、上記の事実認定のもと、裁決の要旨のとおり判断し、原処分の一部を取り消した。判断のポイントは次のとおりである。

(1)　使用人兼務役員とは、役員のうち、部長、課長その他法人の使用人としての職制上の地位を有し、かつ、常時使用人としての職務に従事するものをいうとされている（法人税法第34条第6項）。

　　審判所は、まず、本件取締役の「使用人としての職制上の地位」の有無について、請求人の機構及び職制（上記2(6)）並びに本件機構改革の前後における本件取締役の地位（同2(9)）から検討し、請求人では、本件各事業年度において、機構上、使用人としての職制上の地位として「部長」職が明確に定められており、本件取締役は、本件機構改革前の平成27年3月31日までは、請求人の営業部の部長職の地位を有しており、他方、同年4月1日の本件機構改革以後は、請求人の営業部長の役職に就いておらず、請求人の使用人としての他の職制上の地位も有していなかったと判断した。

(2)　次いで、「常時使用人としての職務に従事」していたかどうかについては、上記2(8)及び(10)のとおり、本件取締役は、請求人の同族関係者でもなく、請求人の他の取締役と異なり、もともと使用人として入社した後、請求人の主な取引先に係る一連の営業活動に従事していたものであり、このことは取締役就任後も大きく変わることはなかったとの認定をし、そうすると、本件取締役は、本件各事業年度において、少なくとも上記(1)の請求人の使用人としての職制上

の地位を有していた平成27年3月31日までの間は、常時使用人としての職務に従事していたと認められる旨判断したのである。

本裁決の留意点

　本件取締役は、請求人に使用人として採用され、その後、課長、次長、部長と累進していった者であり、請求人が同族会社であることもあって、本件代表者にしてみれば、同族関係者でもなく株主でもない本件取締役は当然にして使用人ないし使用人兼務役員にとどまる存在であったのであろう。

　法人税法上、使用人兼務役員とは、役員（社長、理事長その他政令で定めるものを除く。）のうち、部長、課長その他法人の使用人としての職制上の地位を有し、かつ、常時使用人としての職務に従事するものをいうと規定されているから（法人税法第34条第6項）、当たり前のことながら、法人側の認識とは別に、この規定に沿って判断する必要があるが、実際には、使用人兼務役員となり得る者であれば社内で様々な業務に従事しているであろうから、判断に迷う場面も少なくないであろう。本裁決で審判所は、請求人における職制上の地位の有無、定款の定め、組織内での周知の状況などを踏まえた上で、本件取締役の職務の状況の検討に入っていっており、実務上もその検討のアプローチは参考となるものといえる。

◆関係法令

法人税法第2条、第34条第1項、第6項、法人税令第71条

◆関係キーワード

同族会社、使用人兼務役員、常務その他これらに準する職制上の地位を有する役員

（矢田公一）

● 寄附金

子会社に対する売掛債権の放棄に係る損失は法人税法上の寄附金に該当するとして、原処分の一部が取り消された事例

平成28年4月14日裁決　裁決事例集№103-143頁

裁決の要旨

　原処分庁は、請求人と子会社との間で、請求人から子会社に対する売掛債権（本件売掛債権）の回収不能額が不確定な状態のもと、その全額を放棄する旨の内容虚偽の債権放棄声明文（本件声明文）を作成・交付することで子会社の清算を進めることを企図し、その交付後において確定した回収不能額を債権放棄する意図があったことが明らかであるなどとして、本件声明文の交付をもって請求人が本件売掛債権を放棄したとは認められない旨主張する。

　しかしながら、本件売掛債権の放棄に至る経緯等からすれば、請求人は、子会社を破産させることなく清算する必要から本件売掛債権の全額を放棄したと認めるのが自然であり、本件売掛債権の放棄は、請求人の真意に基づくものといえることから、請求人は本件声明文の交付をもって本件売掛債権を有効に放棄したものと認められる。

　なお、請求人には子会社の清算に伴う損失負担を行う理由は認められないことから、本件売掛債権の放棄に経済的合理性があるとはいえず、また、子会社の債務超過が相当期間継続した事実もないことから、本件売掛債権の放棄に係る損失の額は法人税法上の寄附金の額に該当する。

本裁決のポイント解説

1　本件は、請求人が、請求人の中国子会社（本件子会社）に対する売掛債権を放棄したとして、本件売掛債権相当額を貸倒損失として損金の額に算入したところ、原処分庁が、本件売掛債権の放棄は仮装されたものであるから、本件売掛債権相当額を損金の額に算入することはできないなどとして、法人税の更正処分等を行ったのに対し、請求人が、原処分庁の認定に誤りがあるとして、同処分等の一部の取消しを求めた事案である。

　　争点は、「請求人は本件売掛債権を放棄しているか否か」「本件売掛債権の放棄につき事実の仮装があるか否か」である。

2　争点について、原処分庁は、「請求人が回収不能額が不確定な状態のもと、本件子会社の清算を進めることを企図し、本件売掛債権の全額を債権放棄する旨の内容虚偽の本件声明文を作成・交付し、また、試算表により剰余金の発生見込み等を認識していた」などとして、請求人が本件売掛債権を放棄したとは認められない旨主張したが、審判所は、事実関係を整理・調査することにより、債権放棄に至った経緯をもとに判断を行った。概要は、次のとおりである。

(1)　審判所による事実認定等

　　　請求人は、本件子会社の工場の土地及び建物（本件土地建物）の賃貸人である中国の○○委員会（本件委員会）の要求により、本件土地建物の明渡しを余儀なくされたため、いったんは、本件子会社の工場を他所に移転し、事業を継続することを検討したが、移転費用を補うほどの採算が見込めない等の理由から、平成24年12月下旬、賃借期間の満了に伴い、本件子会社の事業を終了することとした。

　　　その後の平成25年5月頃、本件委員会から、本件子会社に対し、本件土地建物の明渡期日を延長する旨の申入れがされたが、請求人

は、本件子会社の清算等の方針をすでに決定していること等から、その申入れを断った。

　そして、請求人は、本件子会社の株主会の決定及び董事会の決議を経て、本件子会社の清算を開始し、清算組を結成した。

　本件子会社の所在する中国において本件子会社を破産させた場合、請求人に対する中国での信用を失い、関連会社を通じての事業継続が難しくなるとの理由から、請求人は、破産を申し立てることなく、債務超過分については、請求人が本件子会社に対して有する債権を放棄することによって本件子会社を清算することとした。そして、請求人は、本件子会社の有する債務のうち、請求人以外の外注先等に対する債務を全て返済して、残債務を請求人に対するもののみとした後、請求人が、その債権を放棄することで本件子会社の債務超過を解消し、清算することを株主会で決定し、株主会議事録等にもその旨記載した。

　なお、本件子会社の他の出資者である○社は、本件子会社の清算に際して、出資額以上に多額の負担を強いられることを懸念し、請求人に対し、○社の負担は出資金の放棄のみとしたい、すなわち、株主としての地位を放棄することにより、本件子会社に関する一切の負担を免れたい旨申し入れたため、請求人もこれを了承した。

　そして、本件子会社の副総経理が、清算に必要な金額を計算して本件試算表を作成するとともに稟議書を請求人に提出した。請求人は、これを承認し、本件売掛債権（506,407.26ドル）を放棄する旨記載した本件声明文を、本件子会社に交付した。

　清算手続により、本件子会社に残余財産が生じる見込みとなったが、副総経理は、これを残しておくと中国当局に追徴されるおそれがあると考え、それを回避するとの理由から、請求人に対し、その一部を便宜的に「生地代」名目で送金し、清算終了後にも、本件子会社の総経理が現金を国内に持ち込んで、請求人側に手渡した。

(2)　上記(1)をもとに、審判所は概要次のとおり判断した。

上記(1)の本件売掛債権の放棄に至る経緯等からすれば、請求人は、本件子会社を破産させることなく清算する必要から、本件売掛債権の全額を放棄したと認めるのが自然であり、本件売掛債権の放棄は、請求人の真意に基づくものといえ、本件声明文の交付をもって、請求人は、本件売掛債権を有効に放棄したと認められる。

なお、請求人の本件売掛債権の放棄に至る一連の経緯は自然であり、本件声明文にも作成日の遡及など不自然なところは認められないことからすれば、請求人が債権放棄の意思がないにもかかわらず内容虚偽の本件声明文を作成したということはできず、その他に請求人が内容虚偽の本件声明文を作成していたと認めるに足る証拠はない。

3 本裁決では、本件売掛債権の放棄に係る損失について、請求人及び原処分庁の双方とも具体的な主張を行わなかったため、この点につき、審判所では次のとおり検討し、判断を行っている。

(1) 法令解釈等

一般に、法人がその有する債権を放棄した場合、当該債権は消滅し、当該法人には債権相当額の損失が生ずるが、他方、当該債権放棄は、債務者に経済的利益を与えるものであるから、それによって供与した経済的利益の額は、原則として、法人税法第37条第7項に規定する寄附金の額に該当する。もっとも、その債権放棄に経済合理性が存する場合には、これを単なる無償の供与であるということはできないから、その供与した経済的利益の額は寄附金の額に該当しないと解される。

この点について、法基通9-4-1《子会社等を整理する場合の損失負担等》は、子会社等の解散、経営権の譲渡等に伴い損失負担等をした場合における経済合理性の有無を判断するための具体的基準を示したものであり、この取扱いは当審判所においても相当と認められる。

そして、この場合における経済合理性の有無については、子会社等を整理するためにやむを得ず行うなどの損失負担の必要性の有無により判断するのが相当であり、損失負担の必要性の有無については、具体的には、①被支援者は支援者と事業関連性のある子会社等であるか、②当該子会社等は経営危機に陥っているか、③支援者が損失負担を行う相当の理由があるかの各要素を総合して判断するのが合理的と認められる。

　なお、債権放棄が回収不能に基づき行われたと認められる場合には、当該債権放棄をもって、債務者への経済的利益の供与があったということはできないから、当該債権放棄の額は寄附金の額に当たらず、貸倒損失の額に当たる。

　この点について、法基通９−６−１《金銭債権の全部又は一部の切捨てをした場合の貸倒れ》の(4)は、債務者の債務超過の状態が相当期間継続し、その金銭債権の弁済を受けることができないと認められる場合には、その債務者に対して書面により明らかにされた債務免除額を貸倒損失として損金の額に算入することを認めるものであり、この取扱いは当審判所においても相当と認められる。

(2)　本件への当てはめ等

　本件子会社が請求人にとって事業関連性のある子会社であることは明らかであるところ、本件では、本件売掛債権の放棄時において、本件子会社は債務超過ではなく、また、本件子会社が直ちに破綻して本件売掛債権の回収の見込みがなかったとまではいえないこと等から、本件子会社が経営危機に陥っていたとはいえず、また、本件子会社の事業継続が可能であったにもかかわらず、同社の清算決定が行われたのは、請求人の経営判断によるものであり、請求人が本件子会社の清算に伴う損失負担を行う相当の理由も認められないので、本件売掛債権の放棄に経済合理性が存するということはできないから、法基通９−４−１は適用されない。また、本件では、本件子会社の債務超過が相当期間継続した事実はなく、法基通９−６−

１の(4)も適用されない。したがって、本件売掛債権の放棄に係る損失の額は、法人税法上の寄附金の額に該当する。

そして、本件子会社は、本件事業年度において、措置法第66条の４《国外関連者との取引に係る課税の特例》第１項に規定する請求人に係る国外関連者に該当するところ、本件売掛債権の放棄に係る損失の額は、法人税法上の寄附金の額に該当し、当該寄附金の額は請求人に係る国外関連者に対するものに該当するから、同条第３項の規定により、その全額を損金の額に算入することはできない。

本裁決の留意点

1　原処分庁は、本件売掛債権の放棄は仮装されたものであり、その事実はない旨のみを主張したため、請求人側もその主張に対応した主張を行った。審査請求における争点は、課税要件に係る請求人と原処分庁の主張の相違点となることから、本審査請求における争点は「請求人は本件売掛債権を放棄しているか否か」及び「仮装の行為があるか否か」の２つとされた。

一方で、債権放棄に係る損失については、審査請求の当事者双方から具体的な主張がなされなかったことから、この点については、審判所自らが、寄附金該当性の有無、子会社を整理する場合の損失負担に係る経済合理性の有無、債務免除額を貸倒損失とすべきか否かについて、判断を行っている。

審判所においては、総額主義を前提としつつも、争点主義的運営を行っており、審判所の審判官は、争点についての判断に主眼をおいて事実関係・法律関係を明確にし、調査・審理を進めた上で、原処分全体の当否を判断するための審査を行うこととされている（不服審査通達（審査請求関係）97−１（実質審理の範囲））。本裁決は、その考え方が反映された裁決といえる。

2　争点のうち「請求人は本件売掛債権を放棄しているか否か」につき、審判所は、本件子会社が解散・清算するに至るまでの経緯、出資者それぞれの事情、董事会・株主会における検討状況、議事録の記載

事項、売掛金の放棄に係る稟議書、売掛債権の放棄に関する声明文、試算表、清算報告書、子会社の財務状況、請求人及び本件子会社の経理処理並びに貸倒損失計上後の金銭の授受等の事実関係を調査・整理した上で、請求人の本件売掛債権の放棄に至る一連の経緯に不自然な点がない旨事実認定を行っている。

主張に当たっては、詳細な疎明資料を提供し、一連の行動・経緯に不自然な点がないこと、その主張に矛盾がないこと、真意に基づく判断であること等を示し、審判所の理解を得るよう努めることが肝要となる。

3　本裁決では、債務者の債務超過の状態が相当期間継続した事実はないとして、法基通9-6-1の(4)は適用されないとしているが、仮に、「債務者の債務超過の状態が相当期間継続し、その金銭債権の弁済を受けることができないと認められる」となった場合には、「その債務者に対して書面により明らかにされた」事実があるか否かの判断を要することとなる。

この点に関しては、平成28年2月8日裁決（裁決事例集No.102-186頁～（『税務重要裁決事例　企業編』187頁））を併せて参考とされたい。

◆関係法令
法人税法第37条第7項、措置法第66条の4第3項、法基通9-4-1、9-6-1

◆関係キーワード
貸倒損失、債権の放棄、寄附金、子会社の清算

◆参考判決・裁決
平成28年2月8日裁決（裁決事例集No.102-186頁）

（髙田次郎）

◉ 欠損金控除

> **繰越欠損金額の損金算入の要件である「連続して確定申告書を提出している場合」に当たるかどうかは、繰越欠損金額を損金の額に算入しようとする事業年度の確定申告書提出時の現況によるとされた事例**

平成20年3月14日裁決　裁決事例集№75-370頁

裁決の要旨

1　法人税法（平成19年法律第6号による改正前のもの。以下同じ。）第57条第10項に規定する「その後において連続して確定申告書を提出している場合」の意義について、請求人は、本件事業年度の所得の金額の計算上、繰越欠損金額を損金の額に算入して、法人税の確定申告書（本件確定申告書）を提出し、その後、本件更正処分前に、欠損金額が生じた事業年度後の事業年度で無申告であった事業年度に係る確定申告書を提出しているのであるから、「その後において連続して確定申告書を提出している場合」に該当する旨主張する。

2　一方、原処分庁は、本件確定申告書の提出時において、欠損金が生じた事業年度後に無申告の事業年度があり、連続して確定申告書が提出されていないから繰越欠損金は損金の額に算入できない旨主張する。

3　これに対し、審判所は、次のように判断した。

　法人税法第57条第10項に規定する「その後において連続して確定申告書を提出している場合」とは、繰越欠損金額を損金の額に算入しようとする事業年度に係る確定申告書の提出時において、欠損金額が生じた事業年度後の各事業年度について確定申告書が提出済みである場合をいうものと解される。

これを本件についてみると、請求人が本件事業年度に係る法人税の
確定申告書を提出した時点において、欠損金額が生じた事業年度後に
無申告の事業年度があり、請求人が、本件確定申告書を提出した後
に、無申告であった事業年度に係る確定申告書を提出したとしても、
繰越欠損金額が生じた事業年度から連続して確定申告書を提出してい
ることにはならない。

　　したがって、この点に関する請求人の主張には理由がないとして、
請求人の主張を斥けた。

本裁決のポイント解説

1　本件の争点

　　法人税法第57条第10項においては、同条第１項の青色欠損金の繰越
控除の規定の適用に当たっては、法人が欠損金額の生じた事業年度に
ついて青色申告書である確定申告書を提出し、かつ、その後において
連続して確定申告書を提出している場合であって欠損金額の生じた事
業年度に係る帳簿書類を所定の方法により保存している場合に限り、
適用される旨規定されている。

　　本件は、同項に規定する「その後において連続して確定申告書を提
出している場合」とは、いかなる場合をいうのかが争点となった事案
である。

　　具体的にいえば、繰越欠損金額を損金の額に算入して法人税の確定
申告書を提出した時点において、繰越欠損金額の発生した事業年度後
の事業年度に無申告であった事業年度があったとしても、その後に確
定申告書（期限後申告書）を提出していれば、「その後において連続
して確定申告書を提出している場合」に該当するといえるのか、それ
とも、繰越欠損金額を損金の額に算入して法人税の確定申告書を提出
した時点において、無申告であった事業年度はなく繰越欠損金額の発
生した事業年度後の事業年度の確定申告書の提出がされている場合を

いうのかということである。

　なお、後述するとおり、令和 2 年度税制改正により、同項の規定は改正されているが、本件の判断に影響を及ぼすものではない。

2　請求人の確定申告書の提出状況等

　請求人は、平成18年 3 月期（本件事業年度）において、繰越欠損金額の当期控除額○○○○円（本件繰越欠損金控除額）を所得金額から控除した確定申告書（本件確定申告書）を平成18年 5 月31日に提出した。

　請求人の本件事業年度前の各事業年度の確定申告書の提出状況等を時系列順に示すと、次のとおりである。

(1)　平成13年 3 月期について、欠損金額を○○○○円、翌期へ繰り越す欠損金の額を○○○○円と記載した青色の確定申告書を平成13年 5 月31日に提出した。

(2)　平成15年 3 月期に係る法人税の確定申告書がその提出期限までに提出されていないとして、平成16年 2 月24日付で、平成15年 3 月期以後の法人税の青色申告の承認の取消処分を受けた。

(3)　平成17年 3 月期の確定申告書を、申告期限内の平成17年 5 月31日に提出した。

(4)　本件の調査担当職員が、平成14年 3 月期、平成15年 3 月期及び平成16年 3 月期が無申告であることから、平成18年10月 4 日及び 5 日に、請求人に対し、本件事業年度において本件繰越欠損金控除額を損金の額に算入できない旨を指摘するとともに修正申告のしょうようを行ったが、請求人はこれに応じることなく、これらの 3 期に係る法人税の各確定申告書（本件各期限後申告書）をいずれも本件確定申告書を提出した後の平成18年10月20日に提出した。

3　審判所の判断

　法人税の確定申告書の提出は、各事業年度の所得の金額等を確定す

る行為であるところ、法人税法第57条第1項の規定は、各事業年度の所得の金額の計算上損金の額に算入すべき金額に係る別段の定めとして、一定の条件のもとに繰越欠損金額を損金の額に算入することとした規定である。このことから、各事業年度の所得の金額の計算上繰越欠損金額を損金の額に算入するかどうかは、遅くとも、内国法人が当該各事業年度に係る確定申告書を提出する時までに定まっていなければならない。そうすると、法人税法第57条第1項の適用要件を規定する同条第10項にいう「その後において連続して確定申告書を提出している場合」に該当するかどうかも、当該各事業年度に係る確定申告書の提出時までに定まっていなければならないことになる。

したがって、法人税法第57条第10項に規定する「その後において連続して確定申告書を提出している場合」とは、繰越欠損金額を損金の額に算入しようとする事業年度に係る確定申告書の提出時において、欠損金額が生じた事業年度後の各事業年度について確定申告書が提出済みである場合をいうものと解されるとの法令解釈を示した。

そして、本件への当てはめとして、請求人は本件確定申告書を平成18年5月31日に提出しており、この時点において、平成14年3月期、平成15年3月期及び平成16年3月期は無申告となっており、請求人が、本件確定申告書を提出した後に、無申告であった事業年度に係る確定申告書を提出したとしても、繰越欠損金が生じた事業年度から連続して確定申告書を提出していることにならないと判断した。

4 　期限後申告書も確定申告書である（法人税法第2条第31号）から、いずれかの時点で期限後申告書の提出があり、結果として確定申告書の提出が連続していれば、法人税法第57条第10項に規定する「その後において連続して確定申告書を提出している場合」に該当するのではないかとも考えられる。

しかしながら、本件を例にとって考えてみると、上記2⑷のとおり、本件確定申告書を提出した時点では、平成14年3月期、平成15年

　３月期及び平成16年３月期はいずれも無申告であったのであるから、それらの各期の所得金額又は欠損金額の状況は不明であり、本件確定申告書において所得金額から控除した本件繰越欠損金控除額の金額が正しいものかどうか判断ができないこととなる。

　すなわち、仮に、平成14年３月期について所得金額のある確定申告書を提出期限内に提出していたとすれば、同期において平成13年３月期からの繰越欠損金の一部又は全部が所得金額から控除されたはずであり、結果として本件繰越欠損金控除額は過大となる。

　この点からも、審判所が「その後において連続して確定申告書を提出している場合」とは、繰越欠損金額を損金の額に算入しようとする事業年度に係る確定申告書の提出時点において、欠損金額が生じた事業年度後の各事業年度について確定申告書が提出済みである場合をいうと解釈したことは妥当なものであると考える。

本裁決の留意点

　欠損金の繰越控除制度（法人税法第57条第１項）の適用に当たってのポイントとして、欠損金額が生じた事業年度において青色申告書である確定申告書を提出していれば、その後の事業年度が白色の確定申告書であっても繰越欠損金額は当期の所得金額から控除されるという点が挙げられる。

　本件の場合も、請求人は、平成15年３月期以後の法人税の青色申告の承認の取消処分を受けたことから、同期以後は白色申告法人となるのであるが、本件事業年度の確定申告書の提出時点で、本件各期限後申告書（いずれも欠損申告）を提出していれば、本件事業年度の所得金額から平成13年３月期の欠損金額を控除することができたことになるのである。

　ところで、令和２年度税制改正により、法人税法第57条第10項の規定が改正され、同条第１項の規定の適用上、欠損金額の生じた事業年度について青色申告書である確定申告書を提出することとの要件について、

文言上は青色申告書でない確定申告書（白色申告書）で足りることとされ、令和4年4月1日以後に開始する事業年度の法人税について適用されることとされた。

　これは、新たに導入されたグループ通算制度における制度の複雑化を避けるため、令和2年度税制改正前においては、欠損金の繰越控除のうち、青色欠損金の繰越しは法人税法第57条に、白色欠損金のうち災害損失欠損金の繰越しは同法第58条にそれぞれ規定を置いていたものを、令和2年度税制改正後は欠損金の繰越しに係る規定を同法第57条に1本化した上で、同法第58条は、「各事業年度開始の日前10年以内に開始した事業年度のうち白色申告の事業年度において生じた欠損金額については、災害損失金額を超える部分は、欠損金の繰越控除制度による繰越控除の適用はない」との構成に改組されたことによるものであって、実質的に内容の変更はなく、従来の青色欠損金の繰越控除制度の適用を受けるためには、欠損金額の生じた事業年度について青色申告書である確定申告書を提出する必要がある。

　また、この改正により、同法第57条第1項の欠損金の損金算入要件における欠損金額の生じた事業年度について保存すべき帳簿書類は、青色申告書を提出する事業年度である場合には、青色申告法人の帳簿及び書類の保存制度（法人税法第126条）により作成して保存すべき帳簿及び書類（法人税規則第53条〜第59条）とされ（法人税規則第26条の3第1項）、青色申告書を提出する事業年度でない場合には、白色申告法人の帳簿及び書類の保存制度（法人税法第150条の2）により作成して保存すべき帳簿及び書類（法人税規則第66条、第67条）とされている（法人税規則第26条の3第3項）ので参考とされたい。

◆関係法令

法人税法第57条第1項、第10項、第58条第1項、第126条、第150条の2第1項、法人税規則第26条の3第1項、第3項、第53条〜第59条、第66条、第67条

◆**関係キーワード**

青色申告法人、欠損金の繰越し、確定申告書の連続提出

（糸賀定雄）

● ヘッジ処理

通貨オプション取引が行われた日において、帳簿書類への記載があったということはできず、繰延ヘッジ処理に係る帳簿書類記載要件を満たしているとはいえないとされた事例

平成23年12月19日裁決　関裁（法）平23-37

裁決の要旨

　請求人は、繰延ヘッジ処理に係る帳簿書類記載要件を充足しており、また、法人税法第61条の6《繰延ヘッジ処理による利益額又は損失額の繰延べ》第1項に規定する他の適用要件も全て満たしているとして、同条の適用がある旨主張する。

　しかしながら、同項は、内国法人が繰延ヘッジ処理の適用を受けようとする場合には、デリバティブ取引等を行った時点において、当該デリバティブ取引等がヘッジ取引として行われたものであることを明らかにするために、帳簿書類にその旨及びヘッジ対象等の明細を記載させ、これにより、法人の恣意性の排除をしようとした趣旨と解するのが相当である。このことからすれば、帳簿書類記載要件として内国法人に求められる記載は、それのみから法令上定められた事項を明確に判別することができるものでなければならず、他の事情も加味して理解することができれば足りるといえるものではないのであって、その記載をする時期についても、関係規定に従い当該デリバティブ取引等を行った日においてこれを行う必要がある。

　これを本件についてみると、本件通貨オプション取引について、当該取引が行われた日において、それのみから法令上定められた事項を明確に判別することができる帳簿書類の記載があったということはできず、法人税法第61条の6第1項に規定する帳簿書類記載要件を満たしているとはいえないから、同項に規定する他の要件について判断するまでもな

く、利益額又は損失額の繰延べの処理をすることはできない。

本裁決のポイント解説

1　税務調査の場面において、繰延ヘッジ処理又は時価ヘッジ処理の適用をめぐって帳簿書類記載要件が問題とされることがある。

　繰延ヘッジ処理について、法人税法第61条の6第1項は、内国法人が繰延ヘッジ処理の適用を受けることができるのは、当該デリバティブ取引等がヘッジ対象資産等損失額を減少させるために行ったものである旨その他財務省令で定める事項を財務省令で定めるところにより帳簿書類に記載した場合に限る旨規定し、また、法人税規則第27条の8《繰延ヘッジ処理》第1項は、帳簿書類に記載すべき事項として、①ヘッジ対象資産等損失額を減少させるためにデリバティブ取引等を行った旨、②ヘッジ対象資産等、③デリバティブ取引等の種類、名称及び金額、④ヘッジ対象資産等損失額を減少させようとする期間、⑤その他参考となるべき事項を規定し、また、同条第2項は、帳簿書類への記載の方法として、「資産等の取得若しくは発生又はそのデリバティブ取引等に係る契約の締結等に関する帳簿書類」に、上記①ないし⑤の事項を、デリバティブ取引等を行った日において記載しなければならない旨規定している。

　法令上、帳簿書類記載要件に関しては、このように規定されているのみであることから、実務において具体的にどのように記載すべきか判断に迷うこともあろう。

2　本裁決においては、法人税法が帳簿書類記載要件を要求する趣旨及び記載の方法・程度について、「相場変動等によるリスクに対するヘッジの在り方は、それぞれの内国法人の意図に基づいて決定されるものであるため、様々であり、また、いわゆる繰延ヘッジ処理についても、内国法人が、後日、その行ったデリバティブ取引等の中で関係

法令が定める要件を満たすものを選んでその適用を受けようとするなど、法人の恣意性が働くおそれがある。そこで、法人税法第61条の6第1項及びその委任を受けた法人税規則第27条の8は、内国法人が繰延ヘッジ処理の適用を受けようとする場合について、デリバティブ取引等を行った時点において、それがヘッジ取引として行ったものであることを明らかにするために、帳簿書類にその旨及びヘッジ対象等の明細を記載させるものとし、これにより、上記恣意性の排除をしようとしたものと解するのが相当である。以上のような趣旨からすると、帳簿書類記載要件として内国法人が求められる記載は、それのみから法令上定められた事項を明確に判別することができるものでなければならず、他の事情も加味して理解することができれば足りるといえるものではないのであって、その記載をする時期についても、関係規定に従い当該デリバティブ取引等を行った日においてこれをする必要があると解するのが相当である。」とし、おおむね東京地裁平成22年12月14日判決（平成21年（行ウ）362号）を踏襲している。

3　本裁決で、請求人は、本件デリバティブ取引に関し作成等された各書類の記載内容をもって、帳簿書類記載要件を充足する旨主張し、審判所は、当該各書類につき、帳簿書類への記載に該当するか否かを判断している。

　　具体的には、「①請求人から本件オプション取引に関する決裁文書等の証拠書類が提出されない理由に照らすと、本件通貨オプション取引に係る契約の締結に際し、これがヘッジ対象資産等損失額を減少させるために行われたものであるか否か、また、その場合におけるヘッジ対象資産等の明細について、帳簿書類への記載があったということはできない、②仕訳伝票は、期末の仕訳処理の内容を記載したものにすぎない、③米国産大豆購入予定表は、各年別の入荷予定が記載された書面と、これに基づき作成された入荷予定の一覧であって、本件通貨オプション取引に係る契約の締結に際して作成されたものではな

い、④連帯保証人依頼書は、本件通貨オプション取引に係る連帯保証の依頼をするための文書であるから、当該依頼書における目的の記載をもって請求人の帳簿書類への明確な記載があったとはいえない、⑤「通貨オプション契約締結経緯について」には、本件オプション取引がリスクヘッジ目的で締結された旨の経緯の記載はあるものの、具体的なヘッジ対象資産等の明細の記載がない、⑥上記書類のほか、請求人が提出する本件通貨オプション契約証書、通貨オプション取引事前確認書、保証書、確認書、決済方法指定書兼口座振替依頼書及び外貨預金買付・支払一覧表等の各書類を含めてみても、請求人の帳簿書類に、本件通貨オプション取引が行われた日において、請求人が主張するところに沿って、本件通貨オプション取引が金銭の額の変動に伴って生ずるおそれのある損失の額を減少させるために行われたものである旨の記載やそのヘッジ対象資産等の明細の記載がされているとはいえない」とした。

4　本裁決は、裁決事例集には登載されているものでないが、何をもって「資産等の取得若しくは発生又はそのデリバティブ取引等に係る契約の締結等に関する帳簿書類」に記載していると認められるかを含め、帳簿書類記載要件に関し、法的三段論法（本書別掲（令和2年12月15日裁決（裁決事例集№121）、30頁）の解説を参照）により具体的な判断過程を示していることから、実務上の参考となろう。

本裁決の留意点

1　繰延ヘッジ処理に係る参考判例として、東京地裁平成22年12月14日判決（平成21年（行ウ）362号（却下・棄却））がある。本裁判は、原告がいわゆる総合商社等との間で締結した原油の価格を指標とするスワップ契約に基づき行った取引につき帳簿書類記載要件を満たしているか否か等が争われたものであり、本裁決の帳簿書類記載要件の法令解釈は、この判決が踏襲されていると思われる。なお、その控訴審で

ある東京高等平成24年5月9日判決（平成23年（行コ）20号（棄却・上告するも不受理））においてもこの解釈は支持されている。

上記高裁判決において、原告は、デリバティブ取引に係る部長決裁書による記載が帳簿書類記載要件を満たす旨主張したが、裁判所は、「本件部長決裁書等の記載は、（…）一定の判断ができないものとなっており、ひいては、（…）疑義のないような文言・体裁で明示されているといい難いのであって、これをもって法人税規則第27条の8第4項所定の記載があったとみることはできない。」としている。

なお、帳簿書類への記載時期について、上記地裁判決では、「法人の恣意性を排除するという趣旨からすると、（…）その記載をする時期についても、関係規定に従い当該デリバティブ取引等を行った日においてこれをする必要があると解するのが相当である。」としているのに対し、上記高裁判決では、「本件スワップ契約のように長期の契約期間を定め、これに基づいて（…）契約期間内の各月ごとに個別の（デリバティブ）取引・決済を行う場合を考えてみると、（…）当初の契約締結の際に帳簿書類に記載されていれば、各月ごとの個別の取引・決済は当初の契約で定められた条件に従って行われることになるから、その都度、それがヘッジ取引として行われたものであることを明らかにしていないからといって、繰延ヘッジ処理の要件を満たすものを事後的に選択し、みなし決済額の損益算入を回避するなど恣意的な所得計算を行うという事態は容易には考え難い。上記各規定が「デリバティブ取引等」の意義を決済される単位ごとに捉えているとしても、帳簿書類記載要件自体は、前記のとおり法人の恣意を排除することにその目的があるのであって、取引がヘッジを目的として行われたものであることを明らかにさせる趣旨で記載すべきものとされた事項が、デリバティブ取引等に係る契約の締結の際に、その契約の締結等に係る帳簿書類に記載されていれば必要十分であるといえ、それ以上に決済される単位である「デリバティブ取引等」を行う都度、同様の記載を求める趣旨ではないと解するのが相当である。」としている。これは、法令上は「デリバティブ取引等を行った日に」おける記載を

求めている一方で、「デリバティブ取引等に係る契約の締結等に関する帳簿書類」に記載すべきこととされていることから、その趣旨解釈により判断を行ったものであるが、今後の事例にも注目すべきであろう。

2　繰延ヘッジ処理の適用の可否につき争った裁決では、他に平成19年1月29日裁決（裁決事例集には未登載（東裁（法）平18-162））があるが、本裁決においては、帳簿書類への記載がないことについては当事者双方に争いはなく、請求人は「本件各スワップ取引は、為替ヘッジの目的で行われて」おり、「経理処理要件に不備があったとしても、法の制定趣旨に鑑みて、繰延ヘッジ処理が適用されるべき」と主張したが、審判所は、帳簿書類記載要件を満たしていないとして請求人の主張を排斥している。

◆関係法令

法人税法第61条の6第1項、法人税規則第27条の8第1項、第2項

◆関係キーワード

デリバティブ取引、繰延ヘッジ処理、帳簿書類記載要件

◆参考判決・裁決

東京地裁平成22年12月14日判決（平成21年（行ウ）362号）
東京高裁平成24年5月9日判決（平成23年（行コ）20号）
平成19年1月29日裁決（裁決事例集には未登載（東裁（法）平18-162））

（髙田次郎）

● リース取引

> **設備の賃借及び転貸はいずれも法人税法上のリース取引に該当するから売買取引として処理すべきとした上で、延払基準の方法により収益の額及び費用の額を計算するのが相当であるとされた事例**

平成30年 8 月23日裁決　裁決事例集№112-72頁

裁決の要旨

1　請求人による設備（本件リース資産）を賃借する取引（本件リース取引）について、原処分庁は、中途解約禁止要件及びフルペイアウト要件を充足するから、法人税法第64条の 2 《リース取引に係る所得の金額の計算》第 3 項に規定するリース取引（法人税法上のリース取引）に該当する旨主張する。

2　この主張に対し請求人は、本件リース資産の取得価額は、値引き等の交渉により、本件リース資産の「取得のために通常要する価額」よりも廉価となっている可能性があるものであり、本件リース資産の「取得のために通常要する価額」を特定するには、競争入札等による複数社の提示価格を検討する必要があるところ、原処分庁は、このような検討をしていないことから、フルペイアウト要件を充足しない旨主張する。

3　これらの主張に対し、審判所は、確かに、本件リース取引は、資産の賃貸借であり、中途解約禁止要件及びフルペイアウト要件のいずれも充足し法人税法上のリース取引に該当するものと認められるが、請求人は、さらに本件リース資産を本件リース取引とほぼ同条件で転リースしていることから、当該転リース取引についても同様に法人税法上のリース取引に該当するものと認められる。よって、本件リース取引のみならず、当該転リース取引についても売買があったものとし

176

て処理することが相当であり、当該転リース取引に係る収益の額及び費用の額は、法基通２−４−２の２《売買があったものとされたリース取引》の定めにより、法人税法第63条《長期割賦販売等に係る収益及び費用の帰属事業年度》第１項の延払基準の方法により計算した収益の額及び費用の額とし、各事業年度の課税所得を計算することとなる旨判断した。

　これにより、請求人の本件各事業年度の所得金額及び納付すべき法人税額は、いずれも確定申告額を下回ることになるから、審判所は、本件法人税各更正処分の全部を取り消した。

本裁決のポイント解説

1　法人税法上のリース取引とは、資産の賃貸借で、次の①及び②の要件に該当するものをいう（法人税法第64条の２第３項）。

①　その賃貸借に係る契約が、賃貸借期間の中途においてその解除をすることができないもの又はこれに準ずるものであること（中途解約禁止要件）。

②　その賃貸借に係る賃借人がその賃貸借に係る資産からもたらされる経済的な利益を実質的に享受することができ、かつ、その資産の使用に伴って生ずる費用を実質的に負担すべきこととされているものであること（フルペイアウト要件）。

　そして、法人がリース取引を行った場合には、そのリース取引の目的となる資産（リース資産）の賃貸人から賃借人への引渡しの時にそのリース資産の売買があったものとして、その賃貸人又は賃借人である法人の各事業年度の所得の金額を計算することとされている（法人税法第64条の２第１項）。

　また、法人が、リース取引によるリース資産の引渡し（リース譲渡）を行った場合には、延払基準の方法により、そのリース譲渡に係る収益の額及び費用の額を算定することができることとされている

（法人税法第63条第1項）。

2 本件リース契約、本件リース取引及び本件転リース契約等の主な内容は、次のとおりである。

(1) N社は、平成23年9月20日付で請求人との間で、空調機器設備及び照明設備合計1,100点超（本件リース資産）を対象資産としてリース（本件リース取引）する旨の契約（本件リース契約）を締結した。

(2) リース期間は、請求人が借受証を交付した日から180カ月間とする。請求人は、リース期間満了後、本件リース契約を更新しないものとする。

(3) 請求人は、N社に対し、リース料総額132,120,000円（税抜価格）を、平成24年1月から60カ月間は毎月2,200,000円ずつ、平成29年1月から10年間は毎年12,000円ずつ分割して支払う。

(4) 請求人とN社は、リース期間内に本件リース契約を解約できない。

(5) リース期間が満了し、かつ、請求人が本件リース契約に定める請求人の義務を完全に履行したときは、N社は請求人に対し無償で本件リース資産を譲渡し、請求人は、これを現状有姿のまま譲り受ける。

(6) 本件リース資産を維持するための費用は、請求人が負担する。

(7) N社は、P社との間で本件リース資産に係る請負契約を締結し、請求人はP社から本件リース資産の引渡しを受ける。

(8) 請求人とN社は、本件リース資産に関して、一般社団法人Q（本件補助金交付機関）に対し、システム導入補助金20,000,000円（本件システム導入補助金）の交付申請をしたことから、本件リース契約のリース料が、N社による本件システム導入補助金全額の受給を前提として算出されたものである旨、双方確認した。

(9) P社は、N社から、本件リース資産を135,000,000円（税抜価格）

で請求人の頭書所在地に所在するM社所有の建隆ビルに設置する工事を請け負い、平成24年1月20日、当該工事を完了してN社に本件リース資産を引き渡し、N社は、同日、請求人に本件リース資産を引き渡した。

⑽　請求人は、審査請求において、審判所に対し、M社との間で本件リース資産を転リース（本件転リース取引）する旨の平成23年12月25日付の契約（本件転リース契約）に係るリース物件転貸借契約書（本件転リース契約書）を提出した。本件転リース契約書の記載内容は、要旨、次のとおりである。

　イ　契約期間は本件リース契約と同一の期間とし、同期間の開始日に本件リース資産を引き渡す。

　ロ　リース料の月額は、請求人が本件リース契約に基づき損金計上する月額に2割を上乗せした額とし、M社は、毎年12月末限り同年1年分のリース料を支払う。

　ハ　本件転リース契約に定めのない事項は、本件リース契約に基づくものとする。

3　本裁決の判断のポイントは、請求人が、設備の賃借及び転貸のいずれも賃貸借取引として処理していたことに対し、原処分庁は、設備の賃借を売買取引、転貸を賃貸借取引として原処分を行ったところ、審判所は、いずれも法人税法上のリース取引に該当することから売買取引として処理すべきとした上で、請求人の本件転リース取引に係る収益の額及び費用の額については延払基準の方法により収益の額及び費用の額を計算するのが相当であるとした点にある。

4　審判所は、上記の契約内容等の事実に基づき、要旨次のとおり判断した。

　(1)　中途解約禁止要件について

　　本件リース契約は、上記2(1)のとおり本件リース資産の賃貸借を

その内容とするものであり、また、同(4)のとおりリース期間内に解約できず、中途解約禁止要件を充足するものであるといえる。

(2) フルペイアウト要件について

イ 「当該賃貸借に係る賃借人が当該賃貸借に係る資産からもたらされる経済的な利益を実質的に享受すること」については、上記2(7)のとおり、本件リース契約において、本件リース資産は請求人に引き渡されることとされていることなどから、請求人は、本件リース資産からもたらされる経済的な利益を実質的に享受できるといえる。

ロ 「当該資産の使用に伴って生ずる費用を実質的に負担すべきこととされているものであること」については、法人税令第131条の２第２項が、資産の賃貸借期間において、「賃借人が支払う賃借料の金額の合計額（A）」が「その資産の取得のために通常要する価額（その資産を事業の用に供するために要する費用の額を含む。）（B）」のおおむね100分の90に相当する金額を超える場合には、当該資産の賃貸借は、資産の使用に伴って生ずる費用を実質的に負担すべきこととされているものに該当する旨規定しているところ、本件リース契約に係るリース料総額、本件システム導入補助金及び本件リース資産の取得価額等に基づき検討すると、AがBのおおむね100分の90に相当する金額を超えることは明らかであると認定した。

(3) 以上によれば、本件リース取引は、資産の賃貸借であり、中途解約禁止要件及びフルペイアウト要件のいずれの要件にも該当するから、リース取引（法人税法第64条の２第３項）に該当する。

(4) さらに、審判所は、本件転リース取引についても以下のとおり、法人税法上のリース取引に該当すると判断している。

上記2(10)のとおり、本件転リース契約は、本件リース資産の賃貸借をその内容とするものであり、リース料以外の条件が本件リース契約と同じであると認められるところ、本件リース取引は、中途解

約禁止要件を充足するから、本件転リース取引は、本件リース取引同様、中途解約禁止要件を充足するといえる。

フルペイアウト要件についても、M社は、本件転リース契約において自己の所有する建物に設置された本件リース資産を転借していることなどから、本件リース資産からもたらされる経済的な利益を実質的に享受できると認められる。また、転借人であるM社が支払う転リース料は総額158,544,000円（税抜価格。本件リース取引に係るリース料総額132,120,000円（税抜価格）に２割を加算した金額である。）であり、本件リース資産の取得のために通常要する価額は152,120,000円（税抜価格）であるから、前者が後者のおおむね100分の90に相当する金額を超えることは明らかである。以上によれば、本件転リース取引は、フルペイアウト要件を充足するものである。

したがって、本件転リース取引は、法人税法上のリース取引に該当する。

そして、本件リース取引及び本件転リース取引は、いずれも法人税法上のリース取引に該当するから、法人税法第64条の２第１項の規定により、請求人は、N社から本件リース資産の引渡しを受けた日（平成24年１月20日）に、本件リース資産を売買により取得し、さらに、請求人は、M社に本件リース資産を引き渡した日（すなわち、N社から本件リース資産の引渡しを受けた日であり、同日となる。）に、本件リース資産を売買により譲渡したものとして、本件各事業年度の所得の金額を計算することとなる。

(5) ここで、審判所は、請求人からM社への本件転リース取引は、請求人において賃貸借処理が行われていたところ、法人税法第64条の２第１項により、請求人からM社へ売買があったものとして処理すべきことが明らかになったのであるから、本件各事業年度についての本件転リース取引に係る収益（本件転リース契約に基づくM社からのリース料）の額及び費用（本件リース契約に基づくN社への

リース料）の額は、法基通2-4-2の2（注）1の定めにより、延払基準の方法により計算した収益の額及び費用の額とし、本件各事業年度の課税所得を計算することとなる旨判断した。

本裁決の留意点

平成30年度税制改正により、延払基準の方法により経理することができるのは、対象となる資産の販売等が法人税法第63条第1項に規定するリース譲渡に限定された。

これにより、本件と直接的な関係はないが、改正前に認められていた長期割賦販売等については、一定の経過措置はあるものの、原則として、法人税法第22条の2第1項ないし第4項の規定により、その資産の販売等に係る目的物の引渡し又は役務の提供の日の属する事業年度において、その資産の販売等に係る収益の額及び費用の額を益金の額及び損金の額に算入することになる。

本件のように、リース資産の賃借人がリース資産の引渡しを受けると同時にそれを転貸するリース取引を行った場合には、それが、リース資産を転リースすることにより差益を得ていただけの取引であるとしても、それぞれのリース契約の内容によって「法人税法上のリース取引」に該当するかどうかを判断することに留意する必要がある。

なお、リース取引は、法形式上は資産の賃貸借であり、契約に基づきその賃貸料を分割して収受するものであるという一面を有することからすれば、会計上、賃貸借処理を行ったものについて、法人税法第63条第1項が要件とする延払基準の方法による経理がされていないことを理由に、すべからく所得計算における収益の額及び費用の額の分割計上を認めないこととすると、リース取引の実態に即さない場面も生じ得るというべきである。したがって、賃貸人が受取リース料を賃貸料として収益に計上している場合において、調査によりそのリース取引が同法第64条の2第1項の規定の適用により売買とされたときには、その売買とされた事業年度前の各事業年度において賃貸借処理をしている収益の額及び費用の額については延払基準の方法による計算が認められるべきであ

る。

　この点、平成30年度税制改正後においても、法基通 2 - 4 - 2 （注） 1 では、本件において審判所もその取扱いを相当とした改正前の法基通 2 - 4 - 2 の 2 （注） 1 と同様の取扱いによることが認められている。

◆関係法令

法人税法（平成30年法律第 7 号による改正前のもの）第63条第 1 項、第64条の 2 第 1 項、第 3 項及び第 4 項

法人税令（平成30年政令第132号による改正前のもの）第124条第 1 項及び第 2 項、第131条の 2 第 2 項

法基通（平成30年 5 月30日付課法 2 - 8 による改正前のもの）　2 - 4 - 2 の 2

法基通 2 - 4 - 2

◆関係キーワード

リース取引、中途解約禁止要件、フルペイアウト要件、転貸借、延払基準

（糸賀定雄）

● 理由附記

更正通知書に附記した理由に不備があるとされた事例

平成24年4月9日裁決　裁決事例集№87-291頁

裁決の要旨

　更正通知書に附記した理由について、原処分庁は、①架空の資産（建物附属設備）に係る減価償却費は損金の額に算入されないという法的評価を行ったものである、②医療法人である請求人が「国保収入」勘定科目から○○○○円を減算したことは、過去に過大計上した国保収入相当額であり、平成17年12月期の国保収入から減算すべきものとは認められないという法的評価を行ったもので、法的評価につき見解の相違による更正処分を行う場合に該当するから、それぞれ更正の理由附記に求められる要件を満たしている旨主張する。

　この主張に対し、審判所は、①本件更正処分の態様は、請求人の固定資産台帳の記載を認めず、建物附属設備を架空の資産であると判断したものであるから、帳簿の記載自体を認めないで更正処分を行う場合に該当するところ、当該更正通知書に附記された理由は、どのような根拠で架空の資産と判断したのかについて資料の摘示がなく、その判断過程も記載されていないこと、②原処分庁が国保収入から○○○○円を減算することができないとする処分の理由が何ら記載されていない不十分なものといわざるを得ないことから、いずれも法人税法第130条《青色申告書等に係る更正》第2項に規定する要件を満たさない違法なものであるとした。

本裁決のポイント解説

1　本件における基礎事実は次のとおりである。

(1)　「減価償却費の損金不算入額」に係る附記理由について

　　原処分庁は、請求人が保存する「固定資産台帳兼減価償却額明細書（総合版）」と題する帳簿書類（本件固定資産台帳）に記載された固定資産のうち、本件各建物附属設備は架空の資産であるとして、これらに係る本件各事業年度の減価償却費は損金の額に算入することができないとして本件各更正処分を行った。

(2)　「国保収入計上もれ」に係る附記理由について

　　原処分庁は、請求人が平成17年12月31日付で行った仕訳日記帳の決算修正仕訳について、当該決算修正仕訳により減算された国保収入（請求人が帳簿書類において勘定科目を「国保収入」としているF連合会からの診療報酬等をいう。）は減算することができないとして平成17年12月期の更正処分を行った。

2　審判所の法人税法第130条第2項に係る法令解釈

　　法人税法は、青色申告制度を採用し、青色申告に係る所得の計算については、それが法定の帳簿組織による正当な記載に基づくものである以上、その帳簿の記載を無視して更正されることがないことを納税者に保障している。

　　このような青色申告制度の趣旨からすると、法人税法第130条第2項が、内国法人の提出した青色申告書に係る法人税の課税標準等の更正をする場合に、更正通知書にその更正の理由を附記すべきものとしているのは、処分庁の判断の慎重及び合理性を担保して、その恣意を抑制するとともに、更正の理由を相手方である納税者に知らせて不服申立ての便宜を与えるとの趣旨によるものと解されている。

　　ところで、青色申告に対する更正処分の態様は、①帳簿書類の記載自体を認めないで更正処分を行う場合、②事実に対する法的評価につ

き納税者と見解を異にして更正処分を行う場合など様々であるが、個々の更正処分につき要求される理由附記の程度は、上記の法人税法第130条第2項の規定の趣旨と当該更正処分の具体的態様に照らし決せられるべきであるところ、処分の理由は、他の事情から納税者がこれを了知していたか否かに関わりなく、更正通知書に附記された更正の理由の文面から明らかであることが必要であり、記載すべき理由附記の程度は、上記①の帳簿の記載自体を認めないで更正処分を行う場合においては、単に更正に係る勘定科目とその金額を示すだけではなく、そのような更正をした根拠を帳簿記載以上に信ぴょう力のある資料を摘示することによって具体的に明示する必要があり、また、上記②の法的評価の相違による更正処分の場合には、それがいかなる事実に対する法的評価であるかを明確に判別することができる程度に理由が表示されていれば足り、それ以上に当該法的評価の根拠を示すことや資料を摘示することは要しないと解するのが相当である。

　上記の法令解釈を要約すると、青色申告法人に対する更正の理由附記の趣旨は、次のとおりであるとしている。

　①　税務署長の判断の慎重及び合理性を担保して、その恣意を抑制すること。

　②　更正の理由を相手方である納税者に知らせて不服申立ての便宜を与えること。

　また、理由附記の程度は、否認の形態に応じて次のとおりであるとしている。

　①　帳簿書類の記載自体を認めないで更正処分（帳簿否認による更正処分）を行う場合においては、単に更正に係る勘定科目とその金額を示すだけではなく、そのような更正をした根拠を帳簿記載以上に信ぴょう力のある資料を摘示することによって具体的に明示する必要があること。

　②　帳簿書類の記載自体を否認することなしに、事実に対する法的評価の相違による更正処分（評価否認による更正処分）を行う場

合には、それがいかなる事実に対する法的評価であるかを明確に判別することができる程度に理由が表示されていれば足り、それ以上に当該法的評価の根拠を示すことや資料を摘示することは要しないこと。

更正の理由附記の記載内容の程度の問題については、過去の裁判例の蓄積があり、最高裁昭和60年4月23日判決以降は、同判決の判示内容を踏まえた裁判例も多く、その考え方は実務においても定着しているものと考えられる。

この点、本裁決も基本的には、同判決の判示内容を引用したものと思われる。

ただし、本裁決においては、処分の理由は、他の事情から納税者がこれを了知していたか否かに関わりなく、更正通知書に附記された更正の理由の文面から明らかであることが必要であるとしているが、この点については、同判決の判示内容にはない。

3 審判所の判断

(1) 「減価償却費の損金不算入額」に係る附記理由について

本件各更正通知書における更正の理由には、資産の種類等を記載した表によって減価償却費のうち損金の額に算入されない部分を特定した上で、本件各建物附属設備は架空の資産であり、これらに係る減価償却費は損金の額に算入されない旨記載されている。

そうすると、「減価償却費の損金不算入額」に係る更正処分の具体的態様は、請求人の帳簿書類である本件固定資産台帳の記載を認めず、本件各建物附属設備は現実には存在しない架空の資産であると判断したものであるから、帳簿の記載自体を認めないで更正処分を行う場合に該当するものと認められるところ、原処分庁が本件各建物附属設備に係る減価償却費を損金の額に算入することができないとして更正するに至った根拠、すなわち、どのような根拠で本件各建物附属設備を架空の資産であると判断したのかについての資料

が一切摘示されていないのみならず、そのように判断した判断過程の具体的な説明も記載されていない。

(2) 「国保収入計上もれ」に係る附記理由について

平成17年12月期の更正通知書に附記された「国保収入計上もれ」に係る更正の理由をみると、更正の対象が平成17年12月31日付の「国保収入」勘定科目から○○○○円を減算した決算修正仕訳であることの事実は記載されているが、平成17年12月期の国保収入から当該金額を減算することができないことについての理由は何ら記載されておらず、また、資料の摘示もされていない。

処分の理由については、更正通知書に附記された更正の理由の文面から明らかであることが必要であることからすると、「国保収入計上もれ」に係る更正の理由附記は、原処分庁が平成17年12月期の国保収入から○○○○円を減算することができないとする処分の理由が何ら記載されていない不十分なものといわざるを得ず、原処分庁の恣意抑制及び不服申立ての便宜という理由附記制度の趣旨を充足しているとは認められない。

したがって、上記(1)及び(2)のいずれも法人税法第130条第2項に規定する要件を満たさない違法なものであるとした。

ただし、「国保収入計上もれ」に係る否認については、審判所は、帳簿否認による更正処分なのか評価否認による更正処分なのかその態様を明らかにしていない。

この点について、原処分庁は、国保収入から減算すべきものとは認められないという法的評価を行ったもので、評価否認による更正処分を行う場合に該当する旨主張した。

これに対し審判所は、処分の理由については、「他の事情から納税者がこれを了知していたか否かに関わりなく、更正通知書に附記された更正の理由の文面から明らかであることが必要である」との法令解釈を前提に、「国保収入計上もれ」に係る更正の理由附記は、前段部分に更正の対象となる事実は記載されているものの、後段部分は平成

17年12月期において国保収入から減算すべきものとは認められないと記載されているだけで、認められないとする理由は記載されていないことから、仮に原処分庁が主張するとおり、「国保収入計上もれ」に係る更正処分が評価否認による更正処分であるとしても、更正の理由附記としては要件を満たしていないといわざるを得ず、原処分庁の主張を採用することはできないとして原処分庁の主張を排斥した。

本裁決の留意点

1　平成23年度税制改正により通則法が改正され、青色申告法人に係る更正処分に限らず、不利益処分を行う場合には、すべての処分につき処分の適正化と納税者の予見可能性の観点から、行政手続法に基づく理由の提示（理由附記）を行うこととされた（通則法第74条の14第1項）。

　一方、法人税法第130条第2項の規定は存置されており、青色申告法人に係る更正の理由附記の程度と行政手続法第14条第1項の規定に基づく不利益処分の理由の提示の程度との関連性が問題となるが、国税庁の「調査手続の実施に当たっての基本的な考え方等について（事務運営指針）」によれば、法人税法第130条《青色申告書等に係る更正》等の各税法に理由附記をすることが規定されている処分については、従来どおり当該規定に基づき適切に理由附記を行うことに留意する旨の方針が示されている。

　なお、国税庁の「税務調査手続に関するFAQ（一般納税者向け）」の問31によれば、白色申告者（白色申告法人）に対する理由の記載に当たっては、記帳や帳簿等の保存が十分な事業所得者等の場合には、帳簿等と対比して、具体的な取引内容を明らかにして、根拠を示すことになる一方で、記帳・帳簿等の保存が十分でない白色申告者に対しては、例えば、勘定科目ごとに申告漏れ総額を根拠とともに示すなど、平成23年度税制改正大綱の趣旨等を踏まえ、記帳や帳簿等の保存の程度に応じて、納税者の方がその記載内容から了知し得る程度に理由附記することとされている。

2　更正の理由附記の程度については、上述したとおり、最高裁昭和60年4月23日判決を機に更正処分の態様に応じ考え方の整理はなされているものと考える。

　　しかしながら、本件の「国保収入計上もれ」のように否認の態様が、帳簿否認による更正処分なのか、評価否認による更正処分なのか判然としないものもあり、その場合の理由附記がどの程度のものであれば、処分庁の判断の慎重及び合理性を担保して、その恣意を抑制するとともに、更正の理由を相手方である納税者に知らせて不服申立ての便宜を与えるとの法の趣旨を満たすものになるかについては、上記の通則法の改正も踏まえれば、さらなる事例の積み重ねが必要となろう。

◆関係法令

通則法第74条の14第1項、法人税法第130条第2項、行政手続法第14条第1項

◆関係キーワード

理由附記の趣旨及び程度、青色申告法人、白色申告法人

◆参考判決・裁決

最高裁昭和60年4月23日第三小法廷判決・昭和56年（行ツ）36号（民集39巻3号850頁）

（糸賀定雄）

● 収用の特例

収用等がされる土地の上に存しない建物に係る移転補償金は、収用換地等の場合の所得の特別控除の特例の適用対象となる補償金には該当しないとされた事例

平成21年5月25日裁決　裁決事例集№77-369頁

裁決の要旨

1　請求人は、請求人の所有する建物及び固定給油設備等（本件建物等）は請求人が営むガソリンスタンドの敷地と一体として使用していたものであり、措置法第64条第2項第2号に規定する「その土地の上にある資産」として取り扱われるべきであるから、土地収用法に定める事業である道路拡幅工事（本件事業）に基因して取得した本件建物等の移転等補償金（本件物件移転等補償金）は、同法第65条の2第1項の規定による5,000万円の特別控除の特例（本件特例）の対象となる旨主張する。

2　一方、原処分庁は、本件建物等については、本件土地の上になかったことは明らかであるから、本件土地を含む請求人のガソリンスタンドの敷地と一体として使用されていたものであっても、そのことを理由に、本件土地の上にあったものとし措置法第64条第2項第2号に規定する「その土地の上にある資産」として取り扱うことはできない旨主張する。

3　これらの主張に対し、審判所は、土地収用法等の規定によって強制的に収用等をされる資産は、原則としてその資産を収用することができる公共事業の用に直接供されるものに限られるところ、本件特例が、収用等をされる土地の上にある資産の取壊し又は除去が土地の収用等と同じ性格のものであり、収用等に準じて課税の特例を認めるこ

191

とが相当であるとの趣旨から、資産の取壊し又は除去であっても、同号に規定する土地の上にある資産について収用等による譲渡があったものとみなし、土地の収用等の場合と同様の課税の特例を認めることとしていることからすれば、同号に規定する「その土地の上にある資産」とはまさに収用されることとなる土地自体の上にある資産をいうものと解するのが相当であり、このことは文理上も明らかである。また、措置法通達64(2)-8及び64(2)-9は、公共事業施行者の補償の仕方いかんにより課税上の差異が生じることのないよう措置法第64条第2項第2号の規定との課税の公平を図る趣旨から定められたものであることからすると、同通達64(2)-8に定める「当該土地等の上にある建物又は構築物」も、同通達64(2)-9の対象となる「機械又は装置」も、ともに措置法第64条第2項第2号に規定する「その土地の上にある資産」と同様、収用されることとなる土地自体の上にある物件をいうものと解するのが相当である。そうすると、本件物件移転等補償金は、本件事業用地の地域外に存する資産の移転に要する費用等を補償したものであり、収用されることとなる土地の上の資産について補償したものではないから、本件特例の対象となる補償金に該当しないことは明らかであり、請求人の主張には理由がない。

本裁決のポイント解説

1　本件特例及び争点について

　法人の資産が収用等されたことにより交付を受けた補償金については、必ずしも代替資産の取得に充てられるとは限らないし、充てられるとしても補償金の一部にとどまることも少なくない。

　このような場合において、収用権を背景とする強制的な資産の買取りであること、公共事業の施行を円滑に進める必要があることなどから、代替資産の圧縮記帳等の特例に代えて、譲渡益について特別控除の制度が設けられている（措置法第65条の2）。

　例えば、措置法第64条第1項第1号の規定により、資産が土地収用

法等の規定に基づいて収用され、補償金を取得する場合には本件特例の適用対象となる。

また、本件特例を規定する措置法第65条の2第1項かっこ書により、同法第64条第2項第2号に規定する土地の上にある資産につき収用等による譲渡があったものとみなされた場合にも、本件特例が適用されることとされている。

そして、収用等による譲渡があったものとみなされる同号に掲げる場合とは、土地が土地収用法等の規定に基づいて収用され、補償金を取得することとなったことに伴い、その土地の上にある資産につき、取壊し又は除去をしなければならなくなった場合をいう旨規定されている（措置法第64条第2項第2号）。

端的にいえば、収用された土地の上に建物があった場合、その建物について取壊し又は除去をしたときにその建物に係る補償金を取得したときも本件特例の適用があるということである。

これは、審判所も法令解釈しているように、収用等をされる土地の上にある資産の取壊し又は除去が、土地の収用等と同じ性格のものであり、収用等に準じて課税の特例を認めることが相当であるとの趣旨から、資産の取壊し又は除去であっても、同号に規定する土地の上にある資産について収用等による譲渡があったものとみなし、土地の収用等の場合と同様の課税の特例を認めることとしているものと解される。

ところで、本件特例を適用するに当たって、ある資産が同一の用途として一体として使用している土地の上にある場合、同号に規定する「その土地の上にある資産」とは、具体的にその土地のどの部分をいうのかが問題となる。

本件は、ガソリンスタンドを営む請求人がP県から建物の移転補償金などの名義で補償金を取得したところ、その建物は収用の対象となったその土地自体の上にあったものではないが、本件特例の適用に当たって「その土地の上にある資産」とは、まさに、収用されること

となる土地自体の上にある資産をいうのか、それともガソリンスタンドの敷地と一体として使用されている土地の上にある資産であれば足りるのかが争点となった事案である。

2　事実関係の概要
(1)　請求人は、請求人の代表者であるＣが所有するＱ市ｑ町100番所在の土地354.60㎡（甲土地）及び同所200番所在の土地73.95㎡（乙土地）並びにＣが第三者から賃借する同所300番所在の土地65.14㎡をＣから賃借し、さらに、国有地80.50㎡を併せて、ガソリンスタンドの敷地として使用していた。

　　当該敷地には、請求人の所有する建物及び固定給油設備等（本件建物等）並びにＣが所有し請求人に賃貸する建物が存していた。

(2)　Ｃは、土地収用法に定める事業で道路拡幅工事である一般国道Ｘ号整備工事（本件事業）に伴い、起業者であるＰ県（本件起業者）によって、甲土地から分筆されたＱ市ｑ町100番2所在の土地6.00㎡及び乙土地から分筆された同所200番2所在の土地6.13㎡（本件土地）を買い取られ、その対価を取得した。

　　また、請求人がガソリンスタンドの敷地として使用していた国有地の一部59.00㎡（本件国有地）が、本件事業に係る事業用地（本件事業用地）とされた。

(3)　請求人は、本件事業に基因し、本件建物等の移転について、本件起業者との間で、平成18年8月14日付及び同年11月13日付で「物件移転契約書」と題する書面をそれぞれ取り交わし、当該書面に基づき、本件事業年度において、合計66,307,400円の補償金（本件物件移転等補償金）を取得した。

(4)　請求人又はＣが有する資産のうち、本件起業者が本件事業の用に供するため買い取った資産は、本件土地のみである。また、本件土地の上には、請求人又はＣが有する資産はなかった。

(5)　本件国有地には、土地の上に存する権利等の収用の目的となる資

産はなかった。

⑹　本件建物等は、ガソリンスタンドの敷地のうち本件土地及び本件国有地以外の土地の上に存するものであり、当該土地は、本件事業用地の地域外に位置している

3　審判所の判断

　本件特例の趣旨（上記1参照）を考慮すれば、措置法第64条第2項第2号に規定する「その土地の上にある資産」とは、まさに、収用されることとなる土地自体の上にある資産を、あるいは土地の上に存する権利が収用されることとなる場合にはその権利の存する土地自体の上にある資産をいうものと解するのが相当であり、このことは文理上も明らかであるとの法令解釈を示した。

　そして、本件への当てはめとして、上記2⑴ないし⑶の各事実によれば、本件物件移転等補償金は、本件事業の施行により本件土地及び本件国有地が道路用地とされたことに伴い、請求人のガソリンスタンドの用に供されていた本件建物等についての移転に要する費用等を補償されたものではあるが、上記2⑷ないし⑹の各事実によれば、本件事業により収用されることとなる土地又は土地の上に存する権利は、本件土地のみであり、本件土地の上には、本件建物等を含めガソリンスタンドの用に供されていた既存の施設等はなかったものと認められる。

　すなわち、本件物件移転等補償金は、土地の収用等に伴って支払われた補償金ではあるものの、本件事業用地の地域外に存する資産の移転に要する費用等を補償したものであると認められる。

　そうすると、本件物件移転等補償金は、収用されることとなる本件土地の上の資産について補償したものではないから、本件特例の対象となる補償金に該当しないことは明らかであるとした。

　この審判所の判断は、本件特例の趣旨からしても、「その土地の上に

ある資産」の文理解釈からしても妥当なものであるといえるところ、法人が建物等を建設して事業を行う場合、本件のようにその建物等と一体として土地を使用するのは一般的なことであることからすれば、本裁決により、収用等があったときの建物等に係る移転補償金に関する考え方が示されたことの意義は大きいものと考える。

　ちなみに、「その土地の上にある資産」の解釈については、後の裁決例（平成26年6月3日裁決　裁決事例集№95-253頁）においても同様の判断が示されている。

本裁決の留意点

　審判所は、次のとおり、本件について判断する上で法令のみならず、措置法通達の側面からも検討を加えている点が注目される。

　措置法通達64(2)-8は、土地等の収用等に伴い、その土地の上に存する建物又は構築物について移転補償金が支払われた場合でも、法人が実際に当該建物又は構築物を取り壊した場合には、当該補償金を本件特例の対象として取り扱うこととしている。また、措置法通達64(2)-9は、土地等又は建物等の収用等に伴い、機械又は装置の移設を要することとなった場合において、そのもの自体を移設することが著しく困難であると認められる資産について、交付を受ける取壊し等の補償金は、機械装置の移設補償名義のものであっても本件特例の対象として取り扱うこととしている。

　土地が収用等をされた場合、その上にある建物等に対して交付される補償金には、その取壊し又は除去により生ずる損失の補償として交付されるものと、その移転に要する費用の補償として交付されるものとがあるが、建物等の取壊しによる損失補償金は、措置法第64条第2項第2号の規定により本件特例の対象となる補償金とみなされるのに対し、建物等の移転補償金については、このような特別の規定がない上、同条第3項（現行＝第4項）が、本件特例の対象となる補償金の額は、名義がいずれであるかを問わず、資産の収用等の対価たる金額をいうものとし、

収用等に際して交付を受ける移転料その他当該資産の収用等の対価たる金額以外の金額を含まないものとする旨規定していることから、現実に建物等を取り壊した場合であっても本件特例の適用がないことになり、実情に即さないところがある。

そこで、公共事業施行者の補償の仕方いかんにより課税上の差異が生じることのないよう措置法第64条第2項第2号の規定との課税の公平を図る趣旨から上記通達が定められているものと考えられるとしている。

したがって、これらの措置法通達の取扱いが定められた趣旨からすると、措置法通達64(2)-8に定める「当該土地等の上にある建物又は構築物」も、同通達64(2)-9の対象となる「機械又は装置」も、ともに措置法第64条第2項第2号に規定する「その土地の上にある資産」と同様、収用されることとなる土地自体の上にある物件を、あるいは土地の上に存する権利が収用されることとなる場合にはその権利の存する土地自体の上にある物件をいうものと解するのが相当である。

本裁決は、収用等があった場合の建物等に係る移転補償金について法令面及び通達面から判断の妥当性を検討しているものであり、本件は、収用等の場合の所得の特別控除（いわゆる5,000万円の特別控除）の適用の可否の問題であったが、それに限らず、収用等に伴い代替資産を取得した場合の圧縮記帳についても同様であるから、本裁決の考え方は実務の参考になるものと思われる。

◆関係法令

措置法第64条第1項、第2項、第3項（現行＝第4項）、第65条の2第1項、措置法通達64(2)-8、64(2)-9

◆関係キーワード

土地収用法、移転補償金、5,000万円特別控除、土地の上にある資産の取壊し又は除却

◆参考判決・裁決

平成26年 6 月 3 日裁決　裁決事例集№95-253頁

（糸賀定雄）

税務重要裁決事例 企業編 第2集

消費税関係

土地・建物の信託受益権の取得に要した手数料に係る課税仕入れは、共通用とすべきとされた事例

平成30年4月25日裁決　裁決事例集№111-305頁

裁決の要旨

1　請求人は、商業施設等である土地・建物を信託財産とする信託受益権（以下「本件信託受益権」という。）を取得し、その取得に要した手数料（以下「本件手数料」という。）に係る課税仕入れについて、本件信託受益権の取得の時において信託財産である商業施設等はすでに事業用として賃貸されており、賃貸料収入を得ていたものであって、この賃貸料収入は課税資産の譲渡等に該当するから、本件信託受益権の取得に要した本件手数料は課税売上対応の課税仕入れに該当する旨主張する。

2　これに対し原処分庁は、本件手数料に係る課税仕入れを行った日の状況によれば、課税資産の譲渡等である商業施設の貸付けのみを目的としたものであるということも、また、その他の資産の譲渡等である土地の譲渡のみを目的としたものであるということもできないことから、課税資産の譲渡等とその他の資産の譲渡等に共通して要する課税仕入れに該当する旨主張する。

3　これらの争いについて審判所は、請求人は、本件信託受益権の取得時からその目的物である物件の賃貸による収益を享受しつつも、譲渡に伴う譲渡収入を得ることを目的として本件信託受益権を取得したものと認められることから、本件信託受益権の取得に要した本件手数料に係る課税仕入れは、課税資産の譲渡等とその他の資産の譲渡等に共通して要する課税仕入れに該当するものとして区分するのが相当である旨判断した。

本裁決のポイント解説

1　請求人は、原処分庁が本件信託受益権の取得時にすでに将来本件信
託受益権を譲渡する目的を持って取得していたことから、本件手数料
に係る課税仕入れは共通用に該当するとしたが、本件手数料は個別対
応方式における計算上、課税資産の譲渡等のみに要する課税仕入れに
該当するものであるとして、次のとおり主張する。

(1)　仕入税額控除の計算においては仕入れた時点において、どの区分
に該当するか否かを判断することとされている。そして、判例等に
よれば課税仕入れを行った日の現況に加え、課税仕入れをした事業
者が有するその課税仕入れを行った日における確定的な状況のもと
においての、目的、意図等をも勘案した上で、なお客観的に判断す
べきものであるとの規範を示しており、客観性を求められることか
らすれば、単なる可能性（蓋然性）だけではなく、第三者が認め得
る確固たる事象・事実が必要と解される。

(2)　本件信託受益権を取得するに当たっては、その収益利回りがどの
程度あるかの検討は必要であって、投資法人等から信託受益権を譲
渡したときの収益利回りについての提案を受けているが、収益利回
りの計算は賃貸による収入とその後一定期間経過後の譲渡価額との
計算に基づき計算されるのが常である。そのため、賃貸期間を一定
の期間と仮定したときの収益利回りを算定しているにすぎない。

(3)　請求人が本件信託受益権の取得に先立ち受領した購入意向表明書
に譲渡に関しての記載があるとしてもそれには法的拘束力を持つも
のではなく、また、将来の譲渡を約するものではないこと及び本件
信託受益権の取得時において、その譲渡と同時に賃貸の継続も視野
に収支状況を検討しているが、これは信託財産である物件の借手側
の賃貸の継続等の結果でどのように元本回収を図るかということが
考慮されることになるため、その意味で「売却」と「賃貸継続」が
併記されているのは当然である。

(4)　本件信託受益権に係る信託財産である商業施設等は、本件信託受
　益権を取得する時点ですでに事業用として賃貸されており、賃貸料
　収入を得ていたものであって、この賃貸料収入は課税資産の譲渡等
　に該当する。

(5)　請求人の事業は、主として資産の賃貸を業としており、本件信託
　受益権に係る信託財産は、決算上も有形固定資産の賃貸資産に計上
　されており、本件信託受益権の取得の目的が賃貸であることを意思
　表示していることからも、本件手数料に係る課税仕入れは課税資産
　の譲渡等のみに要する課税仕入れに該当することは明らかである。

2　一方、原処分庁の主張は、次のとおりである。
(1)　仕入税額控除は、流通過程における税負担の累積を防止するた
　め、一定の要件のもとに、資産等の譲渡等に係る税額から仕入税額
　を控除する制度である。

(2)　消費税法第30条の規定に照らすと、仕入れた資産が仕入れの日の
　属する課税期間中に譲渡されるとは限らないため、控除税額の計算
　においては、仕入れと売上げの対応関係を切断し、資産の譲渡が実
　際に課税資産の譲渡に該当したか否かを考慮することなく、仕入れ
　た時点において課税仕入れに当たるか否かを判断するものとしたと
　解される。このような制度趣旨に鑑みると、用途区分は、課税仕入
　れを行った事業者が有する目的・意図等諸般の事情を勘案し、事業
　者において行う将来の多様な取引のうちどのような取引に要するも
　のであるかを客観的に判断すべきである。

(3)　本件手数料に係る用途区分は、本件信託受益権が請求人に移転又
　は売買契約が成立し、それに伴い媒介の役務提供も完了したと認め
　られることから、当該役務の提供の完了の日の状況に基づいて客観
　的に判断すべきところ、請求人は、本件信託受益権につき、その購
　入前から将来的に譲渡することを方針とすることとともに、社内収
　益率の計算においても、その計算期間を本件信託受益件の取得予定

日から譲渡予定日等又は所有予定期間とし、譲渡を前提として採算性を検討していること、また、請求人は、投資法人等から受領した投資収益性に関する明細書を確認・了解の上、本件信託受益権を売却する意向を有する旨若しくは協議を進めることを確認する旨又は売却に関し今後協議を申し入れることができる旨意思表明等している。

(4) 以上のことからすれば、本件手数料に係る課税仕入れを行った日の状況によれば、課税資産の譲渡等である商業施設の貸付けのみを目的としたものであるということも、また、その他の資産の譲渡等である土地の譲渡のみを目的としたものであるということもできないことから、課税資産の譲渡等とその他の資産の譲渡等に共通して要するものに該当する。

(5) 請求人の主張の前提となる「確定的な状況のもとにおいて、目的、意図等」の解釈について、裁判例がこのような解釈に基づいたものではないことは明らかであり、請求人の主張はその前提を欠いているとともに、原処分庁が行った事実認定は全て請求人が作成した資料の記載内容をもとに行われており、本件手数料の課税仕入れを行った日における、請求人の目的、意図等は明らかである。

3 これに対し、審判所は次のとおり判断している。

(1) 当審判所の調査によれば、次の事実が認められる。

① 請求人は、本件信託受益権を取得するに当たり、購入意向表明書と題する書面を○○社との間で取り交わし、○○社の役員と請求人の役員がそれぞれ押印している。

② 購入意向表明書には、本件信託受益権を○○社が取得する意向を有していることを表明する記載がある。

③ 請求人は、本件信託受益権の取得に当たり、社内の決裁文書として稟議書を作成しているが、それには「○○社向けブリッジ案件としての信託受益権の取得」と題する文書で、上記①の購入意

向表明書の写しが添付されている。

④　請求人は、本件信託受益権に係る信託財産を、○○社が取得しなかった場合の検討を行ってはいるものの、○○社への譲渡をメインシナリオとして検討を行っていたものと認められる。

(2)　消基通11-2-20は、個別対応方式により仕入れに係る消費税額を計算する場合において、課税仕入れを課税資産の譲渡等にのみ要するもの、その他の資産の譲渡等のみに要するもの及び課税資産の譲渡等とその他の資産の譲渡等に共通して要するものに区分する場合のその区分は、課税仕入れを行った日の状況により行うこととなる旨定めており、当該定めは当審判所においても相当と認められる。

(3)　請求人は、本件信託受益権の取得時からその目的物である物件の賃貸による収益を享受しつつも譲渡に伴う譲渡収入を得ることを目的として本件信託受益権を取得したものと認められるところ、本件信託受益権の譲渡は、信託財産である土地及び建物の譲渡として、課税資産の譲渡等とその他の資産の譲渡等に該当し、また、本件信託受益権に係る各物件の賃貸は、事業用資産の貸付けとして課税資産の譲渡等に該当することから、本件信託受益権の取得に要した本件手数料に係る課税仕入れは、課税資産の譲渡等とその他の資産の譲渡等に共通して要する課税仕入れに該当するものとして区分するのが相当である。

(4)　請求人は、個別対応方式による用途区分については、課税仕入れを行った事業者が有する、その課税仕入れを行った日における確定的な状況のもとにおいての、目的、意図等をも勘案した上で、なお客観的に判断する旨主張する。

しかしながら、個別対応方式における用途区分の判定は、課税仕入れを行った日の状況により行うこととされ、課税仕入れを行った日の状況とは、課税仕入れの目的及び課税仕入れに対応する資産の譲渡等がある場合にはその資産の譲渡等の内容等を勘案して判断すべきと解するのが相当であり、請求人は本件信託受益権の取得時に

おいてまさに本件信託受益権を譲渡することを目的としていたと認められることは上記(1)④のとおりであるから、請求人の主張は採用できない。

(5) 請求人は、取得に先立ち受領した購入意向表明書に譲渡に関しての記載があるとしてもそれには法的拘束力を持つものではなく、また、将来の譲渡を約するものではないこと及び本件信託受益権の取得時において、その譲渡と同時に賃貸の継続も視野に収支状況を検討しているが、これは信託財産である物件の借手側の賃貸の継続等の結果でどのように元本回収を図るかということが考慮されることになるため、その意味で「売却」と「賃貸継続」が併記されているのは当然であるなどして、本件手数料に係る支出について、本件信託受益権の譲渡を行う目的をもって行われたものには該当しない旨主張する。

しかしながら、請求人は本件信託受益権の取得時に、賃貸のみではなく、本件信託受益権を譲渡することを目的としていたと認められることは上記(3)のとおりであって、このことは請求人の指摘する各事情を考慮しても、本件手数料に係る課税仕入れの用途区分の判定が異なることとなるものではない。したがって、請求人の主張には理由がない。

(6) 請求人は、上記1(4)のとおり、請求人の事業は、主として資産の賃貸を業としており、本件信託受益権に係る信託財産は、決算上も有形固定資産の賃貸資産に計上されており、本件信託受益権の取得の目的が賃貸であることを意思表示していることからも、本件手数料に係る課税仕入れは課税資産の譲渡等のみに要する課税仕入れに該当することは明らかである旨主張する。

しかしながら、本件信託受益権の取得時において賃貸のみではなく本件信託受益権を譲渡することを目的としていたと認められるところ、決算上「賃貸資産」に計上されているとしても、会計上の勘定科目の判定基準と消費税法の用途区分の判定基準は異なるもので

あり、会計上の勘定科目の判定がそのまま本件手数料に係る課税仕入れの用途区分の判定につながるものではない。したがって、請求人の主張には理由がない。

本裁決の留意点

消基通11-2-20で、個別対応方式における課税仕入れの用途区分の判定は、基本的に課税仕入れを行った日において行う旨規定している。そのため、課税仕入れの目的及び課税仕入れに対応する資産の譲渡等がある場合にはその資産の譲渡等の内容等を勘案して判断すべきであって、単に現況だけでの判断は誤りを生じる原因にもなると考えるので注意が必要である。

◆関係法令

消費税法第30条第1項、消基通11-2-20

◆関係キーワード

個別対応方式、用途区分

（諸星健司）

請求人が国際郵便により輸出した腕時計について、輸出免税として消費税の確定申告を行ったところ、本件輸出に関して輸出許可を証する書類の保存が要件とされており、当該書類の保存がないから輸出免税の適用はないとされた事例

平成30年6月5日裁決　裁決事例集№111-293頁

裁決の要旨

1　請求人は、宝石・時計及び貴金属の販売を目的とする法人であり、国内で仕入れた腕時計を、E社の国際スピード郵便により、J国所在のG社に輸出販売する取引（以下「本件取引」という。）を行った。本件取引に係る郵便物は、いずれもその価額が20万円未満であり、全て簡易郵便物に該当するから、消費税法に定める輸出免税に該当するとして消費税の確定申告を行った。

2　原処分庁は、本件取引における郵便物は、いずれも腕時計1本当たりの価格が20万円を超えるものであるので、本件取引における郵便物はいずれも簡易郵便物に該当しない。したがって、輸出証明がされていないから輸出免税の適用はないとして更正処分を行った。

3　これらに対して審判所は、郵便物として資産を輸出した場合、その郵便物の価格が20万円を超えるならば、簡易郵便物として資産を輸出したことには該当せず、その郵便物に係る輸出許可証等の一定期間の保存がない限り、その郵便物に輸出取引について輸出免税規定は適用されないところ、本件取引における郵便物に梱包された腕時計の仕入価額は、最も少ないものであっても20万円の2倍であることから、本件取引における郵便物は簡易郵便物に該当しない。したがって、本件取引は消費税法第7条第2項に規定する証明はされていないと認められることから、輸出免税の適用はない旨判断した。

1　請求人は、本件取引に係る郵便物は、いずれもその価額が20万円未満であるので、全て簡易郵便物に該当し、消費税法第7条第2項に規定する証明はなされている旨、次のとおり主張する。

　⑴　請求人は、本件取引に先立ち、G社との間で、G社に対して送付する郵便物1個当たりの価格を300J国ドルとする旨合意をした。

　　　したがって、本件取引における郵便物1個当たりの販売価格は、いずれも300J国ドルであり、20万円を超えていない。

　　　なお、G社が納品書の「price」欄に記載する金額は、輸出された腕時計の販売価格に販売手数料（輸出手数料及び危険負担手数料等）が加算された金額であって、腕時計ごとの販売価格ではない。

　⑵　請求人は、消費税規則第5条第1項第2号に規定する帳簿又は郵便物受領証明書等を保存している。

2　本件取引における郵便物は、いずれも腕時計1本当たりの価格が20万円を超えるものであるので、本件取引における郵便物はいずれも簡易郵便物に該当せず、輸出許可証を保存する必要があるところ、請求人は輸出許可証を保存していないことから、消費税法第7条第2項に規定する証明はされていない旨主張する。すなわち次のとおりである。

　⑴　請求人は、本件取引において、「price」欄を空欄としたパッキングリストと共に、複数の腕時計をG社宛てに輸出しているから、当該各腕時計は価格未確定の状態で売買されたものであるといえる。

　　　輸出申告物品の価格が未確定である場合は、関税法基本通達67－1－4に定める方法に従って、輸出時見込み価格を算定して輸出手続をすることとされている。

　⑵　本件取引の目的物（腕時計）の輸出時見込み価格を検討したとこ

ろ、少なくとも本件対象物品は、いずれも20万円を超えるものである。

(3) したがって、請求人の本件取引は輸出免税の適用はない。

3 審判所の判断は、次のとおりである。

(1) 基礎事実

① 請求人は、日本国内で仕入れた腕時計を、E社の国際スピード郵便により、J国所在のG社に輸出販売する取引（以下「本件取引」という。）を行った。

請求人は、本件取引において、複数の腕時計をまとめて梱包し、1個の郵便物として発送していたが、同一日に2個以上の郵便物を発送したことはなかった。

② 請求人は、本件取引において、腕時計のブランド名やシリアルナンバー等を1本ごとに表形式で記載したパッキングリスト（以下「本件納品書」という。）を発送ごとに1通作成し、本件納品書の「price」欄を記載せずに空欄のまま郵便物に同封した。

③ G社は、当該郵便物を受け取った後、本件納品書の「price」欄に、受領した腕時計ごとの金額を記載した上で、請求人にファクシミリで送信し、当該金額を請求人に支払っていた。

④ 請求人は、本件取引について輸出許可証等の交付を受けていない。

(2) 法令解釈等

① 消費税法第7条第1項第1号、第2項及び消費税規則第5条第1項第1号、第2号は、輸出取引について、原則として、輸出許可証等の一定期間の保存を輸出免税規定の適用要件とするが、関税法第76条第1項に規定する簡易郵便物として資産を輸出した場合には、輸出許可証等の保存に代えて所定の事項を記載した帳簿等の一定期間の保存を輸出免税規定の適用要件としている。

なお、関税法第76条第1項に規定する簡易郵便物は、輸出時の価格が20万円を超えるものは除かれる。

②　したがって、郵便物として資産を輸出した場合、その郵便物の価格が20万円を超えるならば、簡易郵便物として資産を輸出したことには該当せず、その郵便物に係る輸出許可証等の一定期間の保存がない限り、その郵便物に輸出取引について輸出免税規定は適用されない。

③　消基通7-2-23は、輸出時における資産の価額が20万円を超えているかどうかの判定は、郵便物1個当たりの価額による旨定め、関税法基本通達67-1-4は、輸出申告時に貨物代金が未確定である場合は、輸出時見積価格を輸出申告書に記載すべき旨定めているところ、当審判所においても、当該判定を適切に行うための方法としてこれらの定めは合理性を有するものであり、いずれも相当と認められる。

(3)　当審判所の調査によれば次の事実が認められる。

①　請求人は、本件取引において1個の郵便物にまとめられた各腕時計のそれぞれの仕入金額の合計額は、最低でも40万円を超えている。

②　請求人は、本件取引に先立ち、G社からJ国における通関手続上、通関に関する物品の金額が高いと税金が発生し、取引価額に影響が生じる旨の理由による要請を受けて、G社に腕時計を発送するに当たり、輸出販売する腕時計の本数・品質等にかかわらず、E社所定の物品用ラベルの「内容品の価格」欄及び発送物の内容品を宛先国の税関に申告する際に必要な書類の内容品の「合計額」欄のいずれにも、300J国ドルと記載して輸出の手続を行う旨の合意（以下「本件合意」という。）をした。

③　請求人は、本件取引に当たり、本件合意に基づきE社所定の物品用ラベルの「内容品の価格」欄及び本件納品書の内容品の「合

210

計額」欄のいずれにも「300 J国ドル」と記載して発送した。

④　本件取引の期間における300 J国ドルの邦貨換算額は3万円に満たない金額であり、20万円を超えたことはない。

⑤　G社は、「AGREEMENT」と題する書面（本件合意書）を作成したが、この作成は審査請求書が出された後の平成○年○月○日頃であると認められる。

なお、本件合意書には、請求人との間で郵便物1個当たり300 J国ドルを支払う旨の合意をしていること等の記載はあるものの、請求人の主張に係る販売手数料（輸出手数料及び危険負担手数料等）に関する記載はない。

(4)　当てはめ

①　前記(1)④のとおり、請求人は、本件取引について輸出許可証等の交付を受けていないことから、本件取引が簡易郵便物としての資産の輸出に該当しなければ、本件取引について消費税法第7条第2項に規定する証明はなされていないことになる。そして、ある郵便物が簡易郵便物に該当するか否かは、郵便物1個当たりの価格が20万円を超えるか否かで判断することとなる。

②　ところで、前記(1)②及び③のとおり、本件取引に係る郵便物の発送時において、請求人は、本件納品書の「price」欄を記載せず空欄のままG社に発送し、G社は当該欄に受領した腕時計ごとの金額を記載した上で請求人宛にファクシミリで送信し、当該金額を請求人に支払っていたことからすれば、腕時計の具体的な販売価格は、G社が腕時計を受領した後、その腕時計を査定することにより決定されており、輸出申告時点では、取引の対象となる腕時計の価格が未確定の状態で売買されたものと認められる。

なお、上記(2)③の内容に照らせば、輸出申告時点で資産の価格が未確定である郵便物については、郵便物1個当たりの輸出時見積価格（調達原価に通常の利潤、一般管理費等を加えた額又は値

引き等の調整が加えられる前の額）をもって当該郵便物の価格と
みるのが相当であり、通常は、輸出時見積価格は調達原価を上回
ると認められる。

③　本件取引においては、上記(3)①のとおり、１個の郵便物にまと
められた各腕時計のそれぞれの仕入れ金額の合計額は、最も少な
いものであっても20万円の２倍であり、輸出免税規定が適用され
て消費税等の還付金額が発生することがあり得ることを考慮して
も、郵便物１個当たりの輸出時見積価格は、いずれも20万円を上
回ることが認められる。

④　以上によれば、本件取引は簡易郵便物としての資産の輸出には
該当せず、本件取引について消費税法第７条第２項に規定する証
明はされていないと認められる。

(5)　請求人の主張について

請求人は、①本件取引に係る郵便物１個当たりの価格を300Ｊ国
ドルとする旨の合意（本件合意）があり、当該郵便物１個当たりの
販売価格は20万円を超えていない、②Ｇ社が本件納品書に記載する
金額は、腕時計の販売価格に販売手数料が加算された金額であって
販売価格そのものではない旨主張し、当審判所に対して、請求人の
代表者が同趣旨の答述をするとともに、本件合意書を提出した。

しかしながら、上記の各主張は、原処分庁における調査の際の申
述や審査請求書に記載はなく、請求人の帳簿書類にも当該各主張と
合致するような記載は認められないところ、審査請求書の提出後
に、原処分庁提出の答弁書に対する反論書の中で初めてなされ、併
せて当該主張に沿った答述と本件合意書の提出が行われたという一
連の経過に加えて、上記(3)⑤のとおり、本件合意書は審査請求の後
に作成されたものであることからすれば、当該主張や本件合意書は
本件取引の後に考えられ、あるいは作成された、実態と異なるもの
である疑いが払拭できない。また、請求人の主張を前提とすると、

販売手数料が腕時計の販売価格よりはるかに高額となるにもかかわらず、上記(3)⑤のとおり、本件合意書には重要な取引条件である販売手数料について何らの記載もないことは不自然である。

　以上からすれば、上記の請求人の各主張は、容易には採用できない。本件合意についてG社からの要請であったことも踏まえると、G社の事情により、郵便物が高額な商品でないように装ってJ国の輸入通関手続を通過させるためのものであったことがうかがえる。

　そして、当審判所の調査及び審理の結果によっても、請求人の主張を裏付ける証拠は認められない。

　したがって、請求人の主張にはいずれも理由がない。

(6)　以上のとおり、本件取引は簡易郵便物としての資産の譲渡には該当せず、輸出免税の適用を受けるには輸出許可証を保存する必要があるところ、請求人は輸出許可証を保存していないことから、更正処分は適法である。

本裁決の留意点

　本邦からの輸出として行われる資産の譲渡であっても、財務省令で定めるところにより証明がされたものでない場合には輸出免税の適用はされない。

　そして、簡易郵便物としての適用を受けるものは関税法第76条第1項に規定する郵便物に限られ、同項は「その価格が20万円を超えるものを除く。」とされていることから、郵便物に梱包された輸出される資産の価格で判定することになる。

　本件は、その価格の表示がされていない状態での輸出であったが、仕入価額から推測するところで、その価格が20万円を超えていると判断し、簡易郵便物には該当しない旨の判断を行っている。

◆関係法令

消費税法第7条第1項、消費税規則第5条第1項、関税法第76条第1項、消基通7−2−23

◆関係キーワード

輸出免税、輸出許可証、簡易郵便物

（諸星健司）

個別対応方式により課税仕入れに係る消費税額を計算するに当たり、調剤薬品等の課税仕入れは、課税資産の譲渡等とその他の資産の譲渡等に共通して要するものに区分すべきと判断された事例

令和元年7月17日裁決　裁決事例集№116-169頁

裁決の要旨

1　請求人は、調剤を取り扱う事業（以下「調剤事業」という。）と市販医薬品や日用雑貨等を取り扱う事業を営んでいるが、調剤事業において取り扱う医薬品等（以下「本件調剤薬品等」という。）の仕入れに係る消費税額を個別対応方式によりその他の資産の譲渡等に要する課税仕入れと区分して消費税の確定申告を行っていた。

　　しかし、本件調剤薬品等は他の薬局への販売など、課税資産の譲渡に該当するものがあることから、本件調剤薬品等の課税仕入れ（以下「本件調剤仕入れ」という。）は、共通用として区分すべきであったとして消費税の更正の請求をしたところ、原処分庁は更正をすべき理由のない旨の通知処分（以下「本件通知処分」という。）を行った。

　　請求人は、本件通知処分を不服として審査請求をした。

　　請求人は、本件調剤仕入れに対応する売上げには、その他の資産の譲渡に該当するものだけでなく、課税資産の譲渡等に該当するものもあるから、共通用とすべきものであることから、更正の請求は認められるべきである旨主張する。

2　これに対して原処分庁は、請求人は本件調剤医薬品等の仕入れはその他の資産の譲渡等に使用する目的で仕入れたものであるとして、その仕入れを行った日の状況により非課税売上対応に区分していたものであるから、その区分の仕方は適正であって更正をすべき理由はない旨主張する。

3　これらの主張に対して審判所は、請求人は日常的に他の薬局との間

で本件調剤薬品等を融通し合っていた状況からすれば、本件調剤仕入れのうち一定数は必ず他の薬局へ販売する状況にあったことから、課税資産の譲渡等に要することも予定されていたと認められることから、共通売上対応に区分するのが相当である。

　　したがって、本件通知処分はその一部を取り消すべきであると判断した。

本裁決のポイント解説

1　請求人は、本件調剤仕入れは、共通用として用途区分すべきものであり、非課税売上対応として行った用途区分は法律の適用を誤ったものであるから、更正の請求は認められるべきであるとして、次のとおり主張する。

　(1)　本件調剤仕入れに対応する売上げには、その他の資産の譲渡に該当するものだけでなく、課税資産の譲渡等に該当するものもあることから、請求人が本件調剤仕入れを行った日において、いずれの用途区分に該当するかの判断を行うことは困難である。

　(2)　本件調剤薬品等を売り上げた時に、課税資産の譲渡等又はその他の資産の譲渡等のいずれに該当するかが明らかになったとしても、売上げと仕入れとを結び付けることができるのは品名及び数量のみであって、仕入れの時期や仕入価額まで結びつけることはできない。

　(3)　これらの状況からすれば、本件調剤仕入れは、共通売上対応に区分すべきであったにもかかわらず、誤って非課税売上対応として区分していた。

　　したがって、請求人が消費税の確定申告書において、本件調剤仕入れの用途区分を全て非課税売上対応としたことは、国税に関する法律の規定に従っていなかったことに該当する。

2 　一方、原処分庁の主張は、次のとおりである。

(1) 　請求人は、消費税の確定申告書の控除対象仕入税額の計算におい
て、本件調剤薬品等をその他の資産の譲渡等に使用する目的で仕入
れたものであるとして、非課税売上対応に区分していたものであ
る。

(2) 　また、請求人の本件調剤薬品等の販売に係る課税資産の譲渡等の
金額がその他の資産の譲渡等の金額に比してわずかであることから
しても、請求人は、本件調剤仕入れを行った日の状況により、用途
区分を合理的に判定しているといえる。

(3) 　上記以外に、申告当時の区分の仕方に誤りがあると認められない
から、請求人が、確定申告書において本件調剤仕入れの用途区分を
全て非課税売上対応としたことは、通則法第23条第1項第1号の規
定に該当しない。

(4) 　消基通11-2-20によれば、用途区分の判定が合理的であり、か
つ、他の規定により調整が必要でないものについては、遡及して修
正する必要がないのであるから、請求人の主張には理由がない。

3 　これに対し、審判所は次のとおり判断している。

(1) 　法令解釈

　通則法第23条第1項第1号は、納付すべき税額が過大となる場合
に更正の請求が認められる事由を「当該申告書に記載した課税標準
等若しくは税額等の計算が国税に関する法律の規定に従っていな
かったこと又は当該計算に誤りがあったこと」の2つを事由に限定
しているところ、ここでいう「国税に関する法律の規定に従ってい
なかったこと」とは、国税に関する法律の解釈適用についての誤り
があったことを意味し、申告当時において上記の誤りが生じていた
ことによって納付すべき税額が過大となる場合に、同項の適用が認
められると解するのが相当である。

(2) 　当審判所の調査によれば、次の事実が認められる。

① 請求人は、本件調剤薬品等については、基本的に問屋から仕入れていたが、患者が持参した処方箋に記載された医薬品等の在庫がないときは他の薬局から仕入れることもあった。

② 請求人は、本件調剤薬品等につき、その大半を医師の処方箋に基づいて患者に対して販売していたが、他の薬局に在庫がない場合には、他の薬局に対して本件調剤薬品等を販売することもあり、課税期間においても、このような他の薬局への販売は毎年300回程度あった。また、自費診療に係る販売も、毎年少なくとも20回以上あったことが認められる。

(3) 請求人は、日常的に他の薬局との間で本件調剤薬品等を融通し合っていたところ、これは、薬局業務を行う事業者が、薬局の地域保健医療の担い手としての公共的使命として、地域の実情に応じて必要な調剤医薬品を備蓄するとともに、患者等が持参した処方箋に在庫がない医薬品が処方されていた場合に備えて、地域薬局間での医薬品の分譲等により、迅速に調剤用医薬品が調達できる体制を講じておくことなどが求められていること（厚生労働省の医薬業務運営ガイドライン）に基づくものであり、請求人は、以前からこうした他の薬局への販売を当然のように行っていたと認められるところである。

(4) 請求人は、本件調剤薬品等を医師の処方に基づいて販売するだけでなく、他の薬局からの都度の要請という仕入れ後の事情により、一定数は必ず他の薬局へ販売する状況にあったと認められるところは上記(2)のとおりであり、そうすると請求人が本件調剤仕入れを行った日の状況としては、仕入れた本件調剤薬品等は、将来、その他の資産の譲渡等のみに要するとはいえず、仕入れ後の事情により、課税資産の譲渡等に要することも予定されていたと認められることから、共通売上対応に区分するのが相当である。

(5) したがって、請求人が、本件調剤仕入れを共通売上対応に区分せず、非課税売上対応に区分して控除対象仕入税額を計算したこと

は、消費税法第30条第2項第1号の適用について誤りがあったと認められる。

(6) 以上のとおり、請求人が、本件調剤仕入れを共通売上対応とせずに非課税売上対応に区分したことは、通則法第23条第1項第1号に規定する「国税に関する法律の規定に従っていなかったこと」に該当する。

(7) 原処分庁は、請求人が、本件調剤薬品等をその他の資産の譲渡等に使用する目的で仕入れ、非課税売上対応に区分しており、請求人の本件調剤薬品等の販売に係る資産の譲渡等の金額がその他の資産の譲渡等の金額に比してわずかであることからしても、請求人は、本件調剤仕入れを行った日の状況により、用途区分を合理的に判定している旨主張する。

しかしながら、請求人の本件調剤薬品等の販売に係る課税資産の譲渡等の金額が、その他の資産の譲渡等の金額に比してわずかであるとしても、必ず存在していることは上記(1)のとおりであり、本件調剤仕入れを行った日の状況等を客観的にみれば、請求人が仕入れた本件調剤薬品等が、その他の資産の譲渡等だけでなく、課税資産の譲渡等に使用されることを予定していたというべきであるから、請求人が、その仕入れを行った日の状況において本件調剤薬品等を非課税売上対応に区分したことが合理的であったとは認められない。

よって、原処分庁の主張は、採用することができない。

本裁決の留意点

本裁決の争点は、請求人における個別対応方式による用途区分の判定が、消費税法第30条第2項の規定に従っていたか否かである。

消基通11-2-20で、個別対応方式における課税仕入れの用途区分の判定は、基本的に課税仕入れを行った日の状況等に基づき、課税仕入れをした事業者が有する目的、意図等諸般の事情を勘案し、当該事業者にお

いて行う将来の多様な取引のうちどのような取引に要するものであるか
を客観的に判断すべきものである。

　そして、この判断が誤っていたものであれば、本来区分されるべき用
途に区分して計算するのが相当であって、本件事例のように、仕入れた
資産のその大多数が非課税売上対応であったとしても、毎年一定程度課
税売上げとして使用されている事実があれば、共通売上対応として区分
しなかったことは法律の規定に従っていなかったことに該当し、更正の
請求の対象となる。

◆関係法令

通則法第23条第1項第1号、消費税法第30条第2項第1号、消基通11-
2-20

◆関係キーワード

法律の規定に従っていたか否か、個別対応方式、用途区分

（諸星健司）

税務重要裁決事例　企業編 第2集

国際課税関係

● 国内源泉所得

韓国法人との契約に基づいて支払った対価について、広告に用いる画像は無償で提供する旨の契約条項があったとしても、契約意思を合理的に解釈すれば、その本体をなす合意は著作物の利用の対価であり、国内源泉所得となる著作権の使用料であると認定された事例

平成27年3月11日裁決　仙裁（諸）26-10

裁決の要旨

　内国法人である請求人は、韓国に本店を置くK社が製造する商品（以下「本件商品」という。）を日本国内で販売していたが、日本国内でテレビCMによる広告活動を行うため、K社、他の韓国法人S社及び韓国の芸能人Aとの間で締結した契約（以下「本件契約」という。）に基づいて、K社からAが出演した韓国語の音声が収録された広告映像（以下「本件元広告物」という。）に係る電子データの提供を受け、対価（以下「本件金員」という。）を支払い、この広告映像を使用してテレビCMを行った。これに対し、原処分庁が、本件金員の性格は著作物の利用を可能とするための支払であり、国内源泉所得となる著作権の使用料に該当すると認定して源泉所得税の納税告知処分等を行ったところ、請求人は、本件契約においてはK社はAの画像を請求人に無償で提供する旨定められており、本件金員は、Aの出演承諾と、本件商品と同種の商品への広告出演への拘束、制限の対価のうち、請求人がK社との負担割合に応じて負担すべき金員であり、著作権の使用料には該当しない旨主張する。

　しかしながら、著作権の使用料に当たるか否かの判断に当たっては、契約に基づいて支払われる金員が何の対価であるかを、当該金員の支払

根拠となった契約における名目だけではなく、その目的や内容から契約意思を合理的に解釈し、その本体をなす合意を認定して判断すべきであるところ、本件契約の目的は、請求人がＫ社から著作物の利用の許諾を得るために締結されたものと認められ、また、本件契約は、請求人が本件元広告物を改編して日本国内でテレビCMを行うためには、Ｓ社らに対して対価が支払われることを前提として請求人がＫ社に本件金員を支払う旨定めていることから、本件契約の目的及び内容から契約意思を合理的に解釈すれば、本件契約の本体をなす合意は、Ｋ社に著作権が帰属する本件元広告物を請求人が日本国内で利用するために、Ｋ社の許諾を求めたものと認めるのが相当である。したがって、本件契約に基づいて支払われた本件金員は、請求人が著作物を利用すること及びその承諾を受けることについて、著作権者であるＫ社に支払われた対価であり、国内源泉所得となる著作権の使用料に該当する。

本裁決のポイント解説

　外国法人に支払う対価が国内源泉所得となる著作権の使用料に該当するか否かについては、実務上、非居住者等に係る源泉所得税の課税において最も問題が生じやすい事項である。というのも、内国法人があえて外国法人に対価を支払って取得しようとするものは、自ら製作したり、国内で調達したりできず、当該外国法人からしか入手できないような、何らかの権利関係を伴う著作物の利用といえるようなものが多いからである。

　本裁決は、外国法人に支払う対価が国内源泉所得となる著作権の使用料に該当するか否かの判断について、実務の参考になる。

1　本裁決における法令解釈の特徴

　本裁決は、著作権の使用料について、まず一般的な法令解釈として、次のように述べている。

「所得税法第161条第7号ロに規定する著作権とは、著作権について所得税法等の租税法規において特に定義されていないことからすると、著作権法に規定する著作権をいうものと解される。そして、著作権法第63条第1項は、著作権者が他人に対し、著作物の利用を許諾できる旨規定し、同条第2項は、許諾を得た者は、その許諾に係る利用方法及び条件の範囲内において、その許諾に係る著作物を利用することができる旨規定している。そうすると、所得税法第161条第7号ロに規定する著作権の使用料とは、所得税基本通達161-23が定めるとおり、著作権者以外の者が著作物を利用すること及びその許諾を受けることについて、著作権者に支払われる対価の一切をいうものと解される。」

そして、本裁決における法令解釈の特徴は、上記の法令解釈に続けて、次のように述べている点である。

「また、その支払われる対価が国内源泉所得となる著作権の使用料に当たるか否かの判断に当たっては、契約に基づいて支払われる金員が何の対価であるかを、当該金員の支払根拠となった契約における名目だけではなく、その目的や内容から契約意思を合理的に解釈し、その本体をなす合意を認定して判断すべきであるものと解される。」

2　本裁決の契約の解釈と課税の判断

本裁決は、本件契約には著作物である本件元広告物について無償使用の条項があったが、本件契約全体の内容から、本件契約の「本体をなす合意は、K社に著作権が帰属する元広告物を請求人が日本国内で利用するために、K社の許諾を求めたもの」と認定し、本件金員は国内源泉所得となる著作権の使用料に該当すると判断している。

3　請求人による著作物の無償使用の主張について

本裁決においては、請求人は著作物の無償使用を主張しているが、この主張に対して本裁決は、契約条項を解釈し、次のように判断して

いる。

「本件契約書第7条第1項では、Aが出演して、完成された広告物の所有権、著作権などの一切の権利はK社に帰属し、日本向けに改編された広告物の所有権、著作権などの一切の権利は請求人に帰属する旨定めていることから、本件契約は、著作物の使用のみを定めたものではなく、著作物を利用する権利である著作権などについても定めているものと解されるところ、同第3条第2項は、その文言からすると、請求人がK社の保有する著作物を改編するために必要な素材の提供を無償で受けることができることを定めた条項と解されるのであって、請求人がK社が有する著作物を改編し、日本国内でテレビCMを行うという著作権の利用まで無償であることを定めた条項とは認められないから、この点に関する請求人の主張には理由がない。」

4　著作物と著作権について

著作物と著作権とはやや混同しがちである。

例えば、美術品のように、唯一無二のものであり、本物の価値と複製物の価値が全く異なる著作物の場合は、展示等、著作物の利用等の範囲は狭い。一方、映像等のデジタル著作物のように、複製や改編が容易でオリジナルと複製物に価値の相違がないような著作物の場合は、利用しやすいため、その利用等の範囲も広い。そして、このような利用しやすい映像等のデジタル著作物については、その利用方法も多岐にわたり、様々なかたちでその利用の許諾（と認められるもの）に対して何らかの金銭の授受がなされることも多くなろう。この場合、その支払は著作権の使用料に該当することになることに留意する必要がある。

5　本裁決のポイント（契約内容の解釈による課税）

著作権の使用料の課税問題は、そのほとんどが著作権の帰属の問題である。

著作権は「著作物の利用を許諾」する権利であるが、デジタル著作物は、上記4のとおり、オリジナルと価値が同等の複製物の製作が可能であり、著作物の所有と著作物の著作権が分離され得ることから、産業上、商業上のデジタル著作物の利用に係る取引においては、その著作権の権利関係について事後に問題が生じる場合がある。

　本裁決のように、内国法人があえて外国法人に対価を支払って取得しようとするものは、自ら製作したり、国内で調達したりできないようなものであり、著作物の著作権を取得したといえるようなものがある一方、内国法人の原案に基づいて外国法人に業務委託することにより完成したものが著作物（内国法人による著作物の原始取得）に該当することになる場合もある。いずれにせよ、当事者間の契約においては、事後、契約当事者間で著作権に係る権利関係の問題が生じないよう、契約条項に著作物に係る権利関係を定めた条項がある場合が非常に多い。そして、その条項の内容は様々であり、中には著作権の問題が生じないような場合でも念のために規定している場合もある。さらには、この対価について課税が行われた場合の税負担について定めている場合もある。

　本裁決は、「支払根拠となった契約における名目だけではなく、その目的や内容から契約意思を合理的に解釈」して本件金員が著作権の使用料と判断しているが、その判断は個別事例の判断ではあるが、同様の判断がされる場合があり得ることに留意すべきであろう。

本裁決の留意点

　本件金員の支払については、日韓租税条約が適用されれば条約上の軽減税率が適用されるが、本裁決は、この点について、Ｋ社が請求人を経由して「租税条約に関する届出書」を原処分庁に提出していないとして、国内法の税率（20％）での課税を容認している。

　ただし、Ｋ社が後日支払者である請求人を通じて「租税条約に関する届出書」とともに「租税条約に関する源泉徴収税額の還付請求書」を支

払者の納税地の所轄税務署長へ提出することにより、事後的に租税条約の軽減税率（10%）を適用して還付請求を行うことは可能である。詳しくは、国税庁HPのタックスアンサーNo.2889「租税条約に関する源泉徴収税額の還付請求」を参照されたい。

　なお、我が国は、OECDモデル租税条約に準拠して条約改定をしており、近年改定された租税条約においては、使用料の源泉地国免税が定められている場合が多い。

◆関係法令

所得税法第161条第7号ロ（現行＝所得税法第161条第1項第11号ロ）、所基通161-23（現行＝所基通161-35）

◆関係キーワード

国内源泉所得、著作権の使用料

（山崎　昇）

内国法人の内国子会社が複数の外国法人と締結した契約を民法上の組合契約と認定して行われた当該内国法人に係る法人税等の更正処分等が適法とされた一方、当該内国法人には当該外国法人の組合所得を国内源泉所得として所得税等を源泉徴収する義務があるとして行われた納税告知処分等が全部取り消された事例

平成28年7月6日裁決　裁決事例集№104-120頁

裁決の要旨

　インターネット関連事業を営む請求人の代表者が国内に設立した情報提供サービス業を行う100％子会社（以下「本件内国子会社」という。）は、Ｌ国でインターネット関連事業を行うＧ社、Ｌ国でマーケティングサービス業を行うＪ社及びＭ社と商材の販売事業に係る契約を締結し（以下「本件契約」といい、本件契約に係る事業を「本件事業」、本件内国子会社、Ｇ社、Ｊ社及びＭ社を「本件契約当事者」という。）、本件事業に係る利益の分配率を、本件内国子会社が20％、Ｇ社が30％、Ｊ社が40％、Ｍ社が10％と定めていた。これに対し、原処分庁は、①本件契約を民法上の組合契約と認定した上で、②本件事業について、(a)請求人と本件内国子会社との間で締結した本件内国子会社の名義を借用する契約（以下「本件販売名義使用許諾契約」という。）に基づき、請求人が本件内国子会社の名義を使用して本件事業を行い、その収益を請求人に帰属させていること及び(b)請求人と本件内国子会社との間で締結された経理会計業務等の業務委託契約（以下「本件業務委託契約」という。）に基づき、本件契約に定められた本件内国子会社の業務を請求人の従業員が実際に行っていること等を理由として、本件内国子会社は名目上の契約者にすぎず、請求人が実質的な契約当事者であると認定し、本件事業における本件内国子会社の利益が直接請求人に帰属するものとして法人税

228

等更正処分等を、請求人には本件事業に係る利益の分配について国内源泉所得に係る源泉徴収義務があるとして源泉所得税等納税告知処分等を行った。

　本件契約については、民法第667条の組合契約は、①2人以上の当事者の存在、②各当事者が出資をすることを合意したこと、③各当事者が共同の事業を営むことについて合意することによって効力が生じるところ、本件契約は、①2者以上の当事者により締結され、②各当事者が本件契約に定められた役割を自らの負担で果たしていることから、これらの役割を果たすことが出資であると認められ、③各契約当事者が事業の遂行に関与し得る権利を有すること及び各当事者が本件事業の利益の分配を受け、事業の成功に利害関係を有することから、共同の事業を営む合意があると認められ、民法組合契約の要件を満たす組合契約に当たる。

　しかしながら、本件契約に係る契約書は、いわゆる処分証書に該当し、他に特段の事情がない限り、作成者によって記載どおりの行為がなされたものと認めるべきであるところ、本件内国子会社は事業を営む実体のある法人であり、その法人格を否認する特段の事情は認められず、本件契約の当事者が本件子会社であることを他の契約当事者が合意した上で本件契約を締結したことが認められ、あえて契約当事者を請求人であるとする特段の事情も認められない。また、本件販売名義使用許諾契約及び本件業務委託契約は、本件契約とは当事者が異なる別個の契約であり、それぞれの契約の締結には合理的な理由があると認められるから、これらの契約の存在を度外視して、本件契約と本件販売名義使用許諾契約及び本件業務委託契約をいわば不可分一体のものとみて、本件契約の当事者が請求人であるとすることはできない。したがって、請求人は本件契約の契約当事者ではない。

　本件法人税等更正処分等については、本件契約は組合契約に当たるから、組合契約に基づいて行われる本件事業から生ずる利益金額又は損失金額は、分配割合に応じて各組合員に直接帰属することとなるところ、本件事業から生ずる利益のうち20％相当額は、いったん本件内国子会社に帰属するとしても、請求人が同社名義を使用して発生した売上げ全て

を請求人のものとする旨が定められた本件販売名義使用許諾契約に基づき請求人に帰属すると認められ、適法である（総額主義）。

　一方、本件源泉所得税等納税告知処分等については、本件契約は組合契約に当たるが、請求人は本件契約の当事者ではなく、仮に本件契約に係る利益分配金が国内源泉所得に該当するとしても、請求人は本件利益分配金に係る源泉徴収義務者には当たらないから、その全部を取り消すべきである。

本裁決のポイント解説

　本件は、所得税法第161条第1項第4号（旧第1号の2）に規定する国内源泉所得「恒久的施設を通じて行う組合事業から生ずる利益」の課税上の取扱いについて理解する上で、実務の参考になる。

1　「恒久的施設を通じて行う組合事業から生ずる利益」に係る課税の概要
　(1)　国内源泉所得となる組合契約事業から生ずる利益
　　　所得税法第161条《国内源泉所得》第1項第4号は、民法第667条第1項（組合契約）に規定する組合契約（投資事業有限責任組合契約、有限責任事業組合契約及び外国における民法組合契約及びこの2つ組合契約に類するものを含む。）に基づいて恒久的施設（以下「PE」という。）を通じて行う事業から生ずる利益で当該組合契約に基づいて配分を受けるものを国内源泉所得と規定している（以下同号にいう組合契約を「民法組合契約等」といい、民法組合契約等に基づく組合を「民法組合等」という。）。
　　　民法組合契約等に基づいて行う事業（以下「組合契約事業」という。）については、組合員の共同事業であるから、国内でこれを行う場合は、組合契約事業に係る事務所等は、組合員である非居住者又は外国法人（以下「外国組合員」という。）においてはPEに該当

するということを前提に制度が設計されている。

(2)　PEを有しない外国組合員（例外）

　　上記(1)の例外として、投資事業有限責任組合契約（外国における
これに類するものを含む。以下「投資組合契約」という。）を締結
している外国組合員のうち、一定の要件を満たすものは、この投資
組合契約に基づいて行う事業につきPEを有しない外国組合員とみ
なすとされている（措置法第41条の21第1項）。適用要件は次のと
おりである。

①　この投資組合契約によって成立する投資組合（以下「投資組
　合」という。）の有限責任組合員であること。

②　この投資組合契約に基づいて行う事業に係る業務の執行を行わ
　ないこと。

③　この投資組合契約の組合財産に対する持分割合が25％未満であ
　ること。

④　この投資組合契約の無限責任組合員と特殊な関係にある者でな
　いこと。

⑤　この投資組合契約に基づいてPEを通じて事業を行っていない
　としたならば、PE帰属所得を有しないこと。

(3)　組合契約事業から生ずる利益に係る源泉徴収義務者

　　外国組合員における組合契約事業に係るPE（以下「組合PE」と
いう。）に帰属する組合利益は所得税法第161条第1項第4号の国内
源泉所得に該当し、外国組合員が組合利益について金銭その他の資
産の交付を受ける場合には、その「配分をする者」を源泉徴収義務
者として国内源泉所得に係る所得税を源泉徴収することになるが
（所得税法第212条第5項）、「配分をする者」とは、組合契約に基づ
き共同事業により配分する者をいうのであるから、その全ての組合
員に源泉徴収義務があることになる（所基通212-6）。

(4)　外国組合員に係る申告義務

　　上記(1)のとおり、外国組合員は、日本に組合PEがあるので、配

分された組合利益については日本で申告することになるが、上記(3)で源泉徴収された所得税等は税額控除することができる。

2 本裁決における民法組合契約の認定

本裁決は、民法第667条第1項の組合契約が有効に成立するための要件として、①2人以上の当事者の存在、②各当事者が出資をすることを合意したこと、③各当事者が共同の事業を営むことについて合意したことの要件を挙げ、各要件について、次のとおり、主として本件契約の条項を解釈することにより、本件契約を民法組合契約と認定している。

(1) 2人以上の当事者の存在

本件契約は、本件契約当事者の4者により締結された契約であるから、2人以上の当事者が存在するといえる。

(2) 各当事者が出資をすることを合意したこと

本件契約において、本件契約当事者が金銭出資を行う旨の定めはないが、民法第667条第1項にいう「出資」は、金銭に限らず、きわめて広い概念であり、金銭はもとより、金銭以外の物、債権、労務などでもよいと解されているところ、本件契約書の第7条では、本件契約当事者が分担する役割が定められ、第3条ないし第6条において本件契約当事者がこれらの役割を果たすことが義務付けられているなど、本件契約において本件契約当事者が出資に合意しているとみることができる。

(3) 各当事者が共同の事業を営むことについて合意したこと

本件契約書第3条ないし第7条において、本件契約当事者の販売上の権利、義務及び役割が明確に定められているほか、第10条では、本件商材の販売による利益を同条第2項に定めた分配率により本件契約当事者に分配することとされていることからすれば、本件契約当事者は本件事業の成功に利害関係を有しているといえるから、本件契約当事者間には、本件「事業を共同で営むことについて

の合意」があるといえる。

3　本裁決において請求人は組合契約当事者ではないという認定

　　本裁決は、本件契約の販売窓口業務を担当する本件内国子会社について、代表者1名のみの法人ではあるが、いわゆるペーパーカンパニーではなくアフィリエイト事業を営む実体のある法人であることが認められ、その法人格を否認する特段の事情は認められず、また、本件事業における販売名義人を本件内国子会社とすることを他の契約当事者が合意していることが認められることから、本件契約当事者は本件契約の契約当事者の一当事者は本件内国子会社であるとの意思に基づいて本件契約を締結したと認められるのであって、本件契約の文言に反して、あえて契約当事者を請求人であるとする特段の事情があるとは認められないとしている。

4　本裁決のポイント（事実認定と原処分の問題点）

　　本裁決は、本件内国子会社がJ社、M社及びG社と締結した本件契約について、その契約内容から民法上の組合契約と認定した原処分庁の認定は容認する一方、請求人が本件内国子会社と締結した本件販売名義許諾契約及び本件業務委託契約の内容に基づき、請求人が本件契約の契約当事者であるとする原処分庁の認定は否定している。

　　原処分庁の狙いは、外国法人であるG社、J社及びM社に配分された本件事業に係る利益分配金（それぞれ30％、40％、10％）に対して、国内源泉所得となる「組合事業から生ずる利益」として所得税等を源泉徴収課税することにあったと考えられる。そして、その方法として請求人を本件契約の契約当事者であると認定し、請求人を源泉徴収義務者として本件源泉所得税等納税告知処分等を行ったが、結果として本件内国子会社の法人格を否認するような税務処理は認められなかった。

　　しかしながら、本件契約が組合契約であり、本件内国子会社が実体

のある法人であるすると、本件内国子会社は本件組合の組合員であり、本件業務委託契約により請求人に業務を委託しているとしても「配分をする者」と認められることから、仮に本件内国子会社に対して源泉徴収義務を認定して納税告知処分等を行っていたら、その処分は取り消されることはなかったかもしれない。

本裁決の留意点

　源泉所得税の調査においては、外国法人等に対する金銭等の支払の根拠となる契約書を精査、解釈し、その支払を国内源泉所得と認定することはよく行われる。本裁決においても、本件契約についてその契約内容から民法組合契約に該当するとした原処分庁のかなり踏み込んだ認定を容認しているので留意する必要がある。

　一方、本裁決は、本件販売名義許使用諸契約及び本件業務委託契約の内容に基づき、請求人が本件内国子会社の契約上の地位を継承しているかのような原処分庁の認定は否定しており、調査においても、子会社が全くのペーパーカンパニーでない限り、このような認定がされることはないであろう。

　ただし、本裁決においては、本件契約が組合契約と認定されていることから、上記本裁決のポイントのとおり、本件内国子会社を源泉徴収義務者として、外国組合員に対する「組合事業から生ずる利益」について源泉所得税が課される可能性があったことに留意する必要がある。

◆関係法令

所得税法第161条第1項第4号（旧第1号の2）、第212条第5項、所基通212−6

◆関係キーワード

外国組合員、国内源泉所得となる組合契約事業から生ずる利益

（山崎　昇）

内国法人がインド国内での役務提供の対価としてインド法人に支払った業務委託料について、日印租税条約上の「技術上の役務に対する料金」に該当して日本に課税権が配分され、国内源泉所得の置換え規定の適用により国内源泉所得として源泉徴収課税の対象となるとされた事例

平成30年2月15日裁決　大裁（諸）平29-55

裁決の要旨

　医薬品製造販売業を営む内国法人である請求人が、インドに所在する外国法人（以下「本件インド法人」という。）に対し、インド国内における医薬化学物質に関する分析等の業務及びインドにおける薬事法規制等に関するコンサルティング業務（以下「本件技術役務」という。）を委託し、業務委託料（以下「本件業務委託料」という。）を支払った。これに対し、原処分庁が、本件業務委託料は日印租税条約第12条の「技術上の役務に対する料金」に該当し、その支払者が居住者であるから日本の源泉所得となり、所得税法第162条《租税条約に異なる定めがある場合の国内源泉所得》の規定により、同法第161条第2号（現行＝第1項第6号）の国内源泉所得である「人的役務の提供に係る対価」とみなされるとして、請求人に対し、源泉所得税等の納税告知処分等を行ったところ、請求人は、本件技術役務は同条第7号（現行＝第1項第11号）の「使用料」に対応するものであり、同号には「技術上の役務に対する料金」に関する規定がないから国内源泉所得には該当しない旨主張する。

　しかしながら、所得税法第162条（現行＝同条第1項）前段は、租税条約において国内源泉所得につき同法第161条の規定と異なる定めがある場合には租税条約の定めるところによる旨規定しているところ、日印租税条約第12条2は「技術上の役務に対する料金」が生じた締約国においても当該締約国の法令に従って租税を課すことができる旨規定し、同

235

条 6 は「技術上の役務に対する料金」は、その支払者が一方の締約国の居住者である場合には、当該一方の締約国において生じたものとされる旨規定していることから、内国法人である請求人がインド法人に支払う本件業務委託料は国内源泉所得とみなされる。また、所得税法第162条（現行＝同条第１項）後段は、租税条約により国内源泉所得とされたものをもってこれに対応する同法第161条第２号から第12号（現行＝同条第１項第６号から第16号）に掲げる国内源泉所得とみなす旨規定しているので、本件業務委託料は同法第161条第２号の人的役務提供事業（所得税令第282条第３号が規定する科学技術等の分野に関する専門知識等又は技術を活用して行う人的役務提供事業）の対価とみなされる。したがって、請求人は、本件業務委託料の支払に際し、源泉所得税等の源泉徴収義務を負うことになる。

本裁決のポイント解説

　本裁決は、最近よく源泉国際課税上の問題となる日印租税条約における「技術上の役務に対する料金」の解釈、及び所得税法第162条《租税条約に異なる定めがある場合の国内源泉所得》、いわゆる国内源泉所得の置換え規定の適用について理解する上で、実務の参考になる。

1　国内源泉所得の置換え規定の考え方

　　国内源泉所得は、国内法においても租税条約においても、基本的には「所得の種類」ごとに「課税範囲」と「所得源泉地の判定基準」が規定されているが、両者は全く同じ規定にはなっていないため、両者を調整する規定として国内源泉所得の置換え規定（所得税法第162条、法人税法第139条）が規定されている。

(1)　所得税法上の国内源泉所得

　　　所得税法第161条《国内源泉所得》第１項は、日本において非居住者及び外国法人（以下「外国法人等」という。）に対して所得税

を課することになる「国内源泉所得」について「所得の種類」ごとに規定しているが、所得税法上は、非居住者については、申告納税又は源泉徴収課税（所得税法第164条、第169条ほか）により課税関係が完結し、外国法人については、同条第1項第4号から第11号まで及び第13号から第16号までに掲げる国内源泉所得が所得税を源泉徴収課税されることになる（所得税法第7条第1項第5号、第212条第2項）。

(2)　租税条約上の国内源泉所得

　　所得税法は、上記(1)の国内源泉所得について外国法人等に対して所得税を課するため、当該外国法人等の所在地国における全世界所得課税との間で二重課税が生じ得る。二重課税は基本的には外国税額控除により排除することとなるが、それでは居住地国が一方的に譲歩することになるため、租税条約においては、源泉地国の課税権を制限する方向（例えば限度税率の設定）で課税権を配分している。

　　我が国が締結している租税条約は、基本的にはOECDモデル租税条約に準拠しているが、それぞれの締約相手国にも国内法があり、交渉により租税条約を締結するため、その内容は一律ではない。なお、租税条約においても、基本的に所得の種類ごとに課税権を配分する規定が設けられている。

(3)　国内源泉所得の置換え規定とは

　　租税条約の国内適用については、租税条約を直接適用するのではなく、租税条約を国内に適用する法律として軽減税率や免除等の適用関係等について定めた「租税条約等の実施に伴う所得税法、法人税法及び地方税法の特例等に関する法律」（以下「租税条約実施特例法」という。）が制定されている。ただし、租税条約において「国内源泉所得」について定めている場合は、租税条約実施特例法ではなく所得税法及び法人税法の国内源泉所得の置換え規定により、租税条約上の国内源泉所得について、国内法に取り込んで国内

法として機能させている。

(4)　所得税法第162条第1項前段の「租税条約（…）において国内源泉所得につき前条の規定と異なる定めがある場合」とは

　　国内源泉所得は、「所得の種類」ごとに「課税範囲」と「所得源泉地の判定基準」が規定されており、国内法と租税条約の「国内源泉所得につき…異なる定め」が生じる場合には、「所得の種類」の「課税範囲」が異なる場合と「所得源泉地の判定基準」が異なる場合とがある。

(5)　所得税法第162条第1項後段の「租税条約が同条第1項第6号から第16号までの規定に代わって国内源泉所得を定めているときは、この法律中これらの号に規定する事項に関する部分の適用については、その租税条約により国内源泉所得とされたものをもってこれに対応するこれらの号に掲げる国内源泉所得とみなす」とは

　　国内法も租税条約も、「所得の種類」ごとに国内源泉所得の課税範囲を規定しているため、租税条約上の国内源泉所得の種類が国内法に置き換えられる場合は、国内法の同じ種類の国内源泉所得（同条第1項第6号から第16号まで）に置き換えられたとみなして課税する（源泉分離課税、源泉徴収の上申告など）という規定である。

2　日印租税条約第12条の国内適用における国内源泉所得の置換え規定の機能

(1)　日印租税条約第12条は、「使用料」と「技術上の役務に対する料金」という異なる種類の所得について共通の所得源泉地の判定基準（債務者主義）を定めている

　　日印租税条約第12条3は、使用料の課税範囲について「この条において、『使用料』とは、文学上、美術上若しくは学術上の著作物（…）の著作権、特許権、商標権、意匠、模型、図面、秘密方式若しくは秘密工程の使用若しくは使用の権利の対価として、産業上、商業上若しくは学術上の設備の使用若しくは使用の権利の対価とし

て、又は産業上、商業上若しくは学術上の経験に関する情報の対価
として受領するすべての種類の支払金をいう。」と定め、同条4
は、「技術上の役務に対する料金」の範囲について「この条におい
て、『技術上の役務に対する料金』とは、技術者その他の人員に
よって提供される役務を含む経営的若しくは技術的性質の役務又は
コンサルタントの役務の対価としてのすべての支払金（…）をい
う。」と定めている。

　そして、これら2つの所得の種類の所得源泉地の判定基準につい
ては、同条6で「使用料及び技術上の役務に対する料金は、その支
払者が一方の締約国又は当該一方の締約国の地方政府、地方公共団
体若しくは居住者である場合には、当該一方の締約国内において生
じたものとされる。…」と債務者主義を定めている。

　なお、OECDモデル租税条約に準拠した租税条約においては、使
用料の課税範囲については第12条で、給与等以外の人的役務提供の
課税範囲については、芸能人及び運動家による役務提供についての
み第17条で定めている。

(2)　所得税法第161条第1項は異なる種類の所得である「使用料」と
「人的役務提供事業の対価」（「技術上の役務に対する料金」が含ま
れる所得）について別々に規定している

①　使用料

　　所得税法第161条第1項第11号は、その柱書で「国内において
業務を行う者から受ける次に掲げる使用料又は対価で当該業務に
係るもの」と所得源泉地の判定基準について「使用地基準」を規
定し、イ〜ロで次のとおり「使用料」の課税範囲を規定してい
る。

イ　工業所有権その他の技術に関する権利、特別の技術による生
　産方式若しくはこれらに準ずるものの使用料又はその譲渡によ
　る対価

ロ　著作権（出版権及び著作隣接権その他これに準ずるものを含

む。）の使用料又はその譲渡による対価

ハ　機械、装置その他政令で定める用具の使用料

②　人的役務提供事業の対価（「技術上の役務に対する料金」が含まれる所得）

　　所得税法第161条第1項第6号は、「国内において人的役務の提供を主たる内容とする事業で政令で定めるものを行う者が受ける当該人的役務の提供に係る対価」と所得源泉地の判定基準について「役務提供地基準」を規定し、所得税令第282条第1号〜第3号で次のとおり「人的役務提供事業」の課税範囲を規定している。なお、「技術上の役務に対する料金」は第3号に該当する。

一　映画若しくは演劇の俳優、音楽家その他の芸能人又は職業運動家の役務の提供を主たる内容とする事業

二　弁護士、公認会計士、建築士その他の自由職業者の役務の提供を主たる内容とする事業

三　科学技術、経営管理その他の分野に関する専門的知識又は特別の技能を有する者の当該知識又は技能を活用して行う役務の提供を主たる内容とする事業

(3)　「技術上の役務に対する料金」が置き換わるのは所得税令第282条第3号の「科学技術、経営管理その他の分野に関する専門的知識（…）を活用して行う役務の提供を主たる内容とする事業」に係る対価である

　　日印租税条約第12条は、「使用料」と「技術上の役務に対する料金」という異なる種類の所得について併せて定めており、このため両者は混同されやすいが、上記1(5)のとおり、「技術上の役務に対する料金」を国内法の国内源泉所得に置き換えた場合、所得税令第282条第3号の「科学技術、経営管理その他の分野に関する専門的知識（…）を活用して行う役務の提供を主たる内容とする事業」に係る対価とみなされ、所得税法第161条第1項第6号の国内源泉所得として課税されることになるのである。

3　本裁決について

（1）　法令解釈

　　本裁決は、上記1の理解のもと、「日本法人が、インド法人に対して、インド国内において提供された技術上の役務に対する料金を支払う場合、当該料金は、（…）日本国内において生じたものとされ、（…）日本の法令に従って租税を課すことができ、国内源泉所得となる」。そして、当該料金のうち、「人的役務の提供を主たる内容とする事業（同条第2号）、すなわち、科学技術、経営管理その他の分野に関する専門的知識又は特別の技能を有する者の当該知識又は技能を活用して行う役務の提供を主たる内容とする事業（同号を受けた所得税令第282条第3号）を行う者が受ける当該人的役務の提供に係る対価に対応するものは、（…）国内源泉所得の一つである同法第161条第2号に規定する『人的役務の提供に係る対価』とみなされることになる」と法令解釈している。

（2）　当てはめ

　　本裁決は、本件技術役務について、科学技術分野及びインド薬事法規制分野に関する専門的知識や特別の技能を有するインド法人の当該知識又は技能を活用して行う役務の提供であった旨認定し、本件業務委託料について、日印租税条約第12条の「技術役務提供に係る料金」に該当し、居住者が支払うから日本の源泉所得となり、国内源泉所得の置換え規定により所得税法第161条第2号に規定する「人的役務の提供に係る対価」とみなされるため、請求人は、その支払の際に源泉徴収義務を負うと認められると判断している。

4　本裁決のポイント

　日印租税条約第12条は、所得の種類の異なる「使用料」と「技術役務提供に係る料金」を区分しつつも、課税権の配分については同列に扱っているが、これを国内適用する場合には、国内法上のそれぞれの所得の種類の振り分けることになる。この点において請求人の主張に

は誤解があったが、この点を理解しておけばむしろわかりやすいともいえる。ただし、そもそも実務においては「使用料」と「技術役務提供に係る料金」の区分が難しいケースが多い。

　一方、日本が締結する租税条約の多くにおいては、両者は同列ではなく、「使用料」に該当すれば、源泉地国（役務提供地又は支払者の居住地）に課税権が配分されるが、「技術役務提供の対価」に該当すると源泉地国に課税権は配分されない。

本裁決の留意点

　「技術上の役務に対する料金」については、国連モデル租税条約第12条のＡに定められており、我が国が途上国との間で締結した租税条約を適用する場合には確認する必要がある。現に平成20年11月9日に発効した新日パキスタン租税条約においては、第13条として新たに「技術上の役務に対する料金」に関する規定が設けられ、源泉地国（債務者主義）において限度税率10％による課税を行うことになった。

　ところで、内国法人に著作権等が帰属する場合の対価が「使用料」であるか「技術役務提供の対価」であるかの区分は重要となるが、実務上は非常に難しい問題である。基本的には契約の内容を検討して判断することになるが、外国法人の有する著作権等の使用の対価に該当すれば「使用料」、単に技術者等による役務提供の対価であり、役務提供を受けた結果著作権等が原始的に内国法人に帰属する場合は「技術役務提供の対価」と判断することになる。実務上の判断要素としては、一般的には、役務提供の時間等にかかわらず定額又は売上げに応じて対価を支払う場合は「使用料」、対価を外国法人の技術者の作業時間に応じて計算（技術者の時間単価×作業時間で計算）して支払う場合は「技術役務提供の対価」と判断されることになろう。

◆関係法令

日印租税条約第12条、所得税法第161条、第162条

◆関係キーワード

日印租税条約上の「技術上の役務に対する料金」、所得源泉地判定における債務者主義、国内源泉所得の置換え規定

（山崎　昇）

● 外国税額控除

> 前期以前に収入計上（未収利息）していた韓国法人からの受取利息が本事業年度に支払われ、韓国において外国税額が源泉徴収されたため、法人税確定申告書に別表6(2)「外国税額控除の明細書」等を添付していたが、本事業年度に国外所得がないために外国税額控除は行わず、当該外国税額を所得加算しなかった税務処理について、外国税額控除を選択しているのであるから当該外国税額は所得加算すべきとされた事例

平成29年5月23日裁決　東裁（法）平28-132

裁決の要旨

　原処分庁は、請求人が、韓国において源泉徴収された税額（以下「本件外国税額」という。）について、法人税の確定申告書に別表6(2)「外国税額の控除に関する明細書」等（以下「本件各明細書」という。）を添付して外国税額控除の計算をする一方、本件外国税額について外国税額控除は行わず、損金の額に算入したまま法人税の確定申告をしていたことから、本件外国税額については、外国税額控除を選択しているから損金の額に算入することは認められないなどとして原処分を行った。

　請求人は、本件外国税額は、請求人が前期以前に収入計上して未収利息としていた韓国法人からの受取利息について、本事業年度に支払われた際に韓国において源泉徴収されたものであり、本件各明細書を添付して外国税額控除の計算をしたものの、本事業年度に国外所得がないために外国税額控除はしておらず、本件外国税額を別表4で所得加算していないのであり、また本件各明細書を添付して外国税額控除の計算をしたのは、税務署に相談してこれらの別表を作成し、提出しただけであるか

ら、本事業年度において本件外国税額を損金の額に算入することを認めるべきである旨主張する。

　しかしながら、本件各明細書は、外国税額の控除を選択して適用する場合に確定申告書に添付が必要となる書類であり、外国税額の控除を選択して適用する目的以外には使用しないものであるところ、本事業年度の法人税申告書には、法人税法第69条第10項に規定する書類である本件各明細書がそろえて添付されており、本件各明細書の記載内容をみると、多少の記載誤りがあるものの、控除対象外国法人税額の各記載欄には、本件外国税額が整合性をもって記載されているのであるから、請求人は、本件外国税額について、法人税法第69条第１項の外国税額控除の規定の適用を選択して本事業年度の法人税の確定申告をしたものと認めるのが相当であり、本件外国税額は、本事業年度の損金の額に算入されない。

本裁決のポイント解説

　本裁決は、外国税額控除の選択適用の問題としては単純であるが、海外取引の頻度が少ない内国法人が外国において源泉徴収課税を受けた場合に、外国税額控除を選択するか、外国税額を損金の額に算入するかの判断をする上で、実務の参考になる。

1　外国税額控除の選択適用の概要

　内国法人は、全世界所得に対して課税が行われるため、外国で法人税等（源泉所得税を含む。）が課された場合には二重課税が生じることになる。外国税額控除制度は、外国で課された外国税額を法人税額から控除することによって二重課税を排除するための制度である。

　内国法人が納付することとなった外国法人税（以下「納付外国法人税」という。）については、会計上租税公課として経費に計上しているため、外国税額控除を適用しない場合には、税務上はそのまま損金

となる。しかし、この場合は二重課税が完全には排除できない。外国税額控除を適用した場合は、納付外国法人税の額は別表4で所得加算した上で基本的に当該事業年度の所得に対する法人税の額から控除することになるため、理論的には二重課税は排除される。

　しかしながら、外国税額控除制度の対象となる外国法人税については、次のとおり、①納付外国法人税が外国税額控除の対象となる法人税に該当するか否か（外国法人税の範囲）（法人税令第141条）、②高率負担部分の除外（法人税令第142条の2第1項）、③租税条約に定める限度税率を超える部分の除外（法人税令第142条の2第8項第5号）などの規定があり、その全額が税額控除されるとは限らない。また、控除限度額の計算（法人税令第142条）や控除対象外国法人税額の繰越控除（法人税法第69条第2項、第3項、法人税令第144条）の規定があり、複雑な制度となっている。

2　外国法人税に含まれるものの例示と含まれないものの例示
(1)　外国法人税に含まれるものの例示（法人税令第141条第2項）
　　外国又はその地方公共団体により課される税で、次のものは外国法人税に含まれる。
　①　超過利潤税その他法人の所得の特定の部分を課税標準として課される税（第1号）
　②　法人の所得又はその特定の部分を課税標準として課される税の附加税（第2号）
　③　法人の所得を課税標準として課される税と同一の税目に属する税で、法人の特定の所得につき、徴税上の便宜のため、所得に代えて収入金額その他これに準ずるものを課税標準として課されるもの（第3号）
　④　法人の特定の所得につき、所得を課税標準とする税に代え、法人の収入金額その他これに準ずるものを課税標準として課される税（第4号）

　　　本件外国税額は、受取利息の額に対して外国税額が源泉徴収され
　　たものであり、③に該当する。
　⑵　外国法人税に含まれないものの例示（法人税令第141条第3項）
　　　外国又はその地方公共団体により課される税であっても、次のも
　　のは外国法人税に含まれない。
　　①　税を納付する者が、当該税の納付後、任意にその金額の全部又
　　　は一部の還付を請求することができる税（第1号）
　　②　税の納付が猶予される期間を、その税の納付をすることとなる
　　　者が任意に定めることができる税（第2号）
　　③　複数の税率の中から税の納付をすることとなる者と外国若しく
　　　はその地方公共団体又はこれらの者により税率の合意をする権限
　　　を付与された者との合意により税率が決定された税（第3号）
　　④　外国法人税に附帯して課される附帯税に相当する税その他これ
　　　に類する税（第4号）

3　外国税額控除の対象とならない外国法人税の額
　　外国法人税に含まれるものであっても、部分的に外国税額控除の対
　象から除かれる額があり、主なものとして次のものがある。
　⑴　高率負担部分の除外（法人税令第142条の2第1項）
　　　納付外国法人税の額のうちその外国法人税を課す国又は地域にお
　　いてその課税標準とされる金額に100分の35を乗じて計算した金額
　　を超える部分の金額は、外国税額控除の対象から除かれる。
　⑵　租税条約に定める限度税率を超える部分の除外（法人税令第142
　　条の2第8項第5号）
　　　日本の租税条約相手国等において課される外国法人税の額のう
　　ち、その租税条約の規定により条約相手国等において課すること が
　　できることとされる額を超える部分に相当する金額若しくは免除す
　　ることとされる額に相当する金額は、外国税額控除の対象から除か
　　れる。

本件外国税額は、韓国国内法の税率で源泉徴収課税されたもの
か、日韓租税条約第11条の軽減税率10％で源泉徴収課税されたもの
かは不明であるが、仮に韓国国内法の税率が10％を超えており、そ
の税率が適用されていた場合でも、控除対象外国法人税額は租税条
約の軽減税率10％が適用された場合の金額となる。

4　控除限度額の計算、控除対象外国法人税額の繰越控除
　(1)　控除限度額の計算（法人税令第142条）
　　　法人税法上に規定される内国法人に対する外国税額控除額は、次
　　のように算出される。

　　　控除限度額　＝　当期の全世界所得に対する法人税額
　　　　　　　　　　　　×　当期の国外所得（注）／当期の全世界所得
　　　（注）　国外所得が当該事業年度の全世界所得金額の90％に相当す
　　　　　　る金額を超える場合には、全世界所得の90％に相当する金額
　　　　　　が国外所得金額とされる。
　　　なお、当期の外国税額控除額は、控除対象外国法人税額と控除限
　　度額のいずれか小さい金額となる。
　(2)　控除対象外国法人税額の繰越控除（法人税法第69条第2項、第3
　　　項、法人税令第144条）
　　　上記(1)の計算において、控除対象外国法人税額が控除限
　　える場合は、控除対象外国法人税額のうち控除限度額を超える部分
　　の金額は、翌期に繰り越される。これを「繰越限度超過額」とい
　　う。一方、上記(1)の計算において、控除対象外国法人税額が控除限
　　度額に満たない場合は、控除限度額のうち控除対象外国法人税額を
　　超える部分の金額は、翌期に繰り越される。これを「繰越控除余裕
　　額」という。
　　　当期において、控除対象外国法人税額の限度超過額が生じた場合
　　には、前3年内事業年度の繰越控除余裕額の範囲でさらに控除さ
　　れ、当期において、控除対象外国法人税額の控除余裕額が生じた場

合に、前3年内事業年度の繰越限度超過額がある場合はこれも控除
余裕額の範囲で控除される。

5　本裁決について

　本裁決は、外国税額控除の選択適用については、法令解釈をしてい
ない。

　しかし、外国税額控除の選択に係る法令解釈については、別表の転
記誤りに係る更正の請求に係る事件として福岡高裁平成19年5月9日
判決（平成18年（行コ）12号、最高裁平成21年3月23日上告不受理
（平成19年（行ヒ）235号）、国側敗訴）が参考となる。

　同判決は、「外国税額控除の適用については、確定申告における所
定の申告記載がその要件とされており、かつ、これにより控除をされ
るべき金額については、控除限度要件が付されているが、その理由
は、外国税額控除制度の適用を受けることを選択するかどうか、又は
その適用を受ける範囲をどうするかについては、法上、内国法人の選
択にかかわらしめている」とした上で、次のように法令解釈してい
る。

　「法上、外国税額控除の対象とするかどうかを内国法人の選択にか
かわらしめている事項について、内国法人が当初申告においてこれを
選択しなかった場合には、その選択しなかったこと自体が税法上適法
な行為ということになるから、たとえそのことにより、その選択をし
た場合に比して結果的に納付税額が過大になっているとしても、これ
については更正の請求をしてその減額（控除額の増額）を求める理由
はないと解すべきものである。これに対し、当初申告において控除対
象に選択して申告記載した事項について、たまたまその記載金額又は
計算に誤りがあったために、結果的にその申告記載した控除金額が過
少になっているような場合には、上記とは事情が異なり、基本的には
更正の請求の対象になりうるものと解するのが相当である。」

　本判決は、この法令解釈に基づいて判断したと考えられる。

6　本裁決のポイント

　外国税額控除の適用時期は、「外国法人税を納付することとなる日」の属する事業年度であるが、この「納付することとなる日」は外国法令に基づいて判断され、基本的には申告納税方式の場合は申告書提出の日、賦課課税方式の場合は賦課決定の通知日、源泉徴収方式の場合は源泉徴収の対象となった所得の支払日となる。このため、これらの国外所得に係る外国法人税を納付することとなる日とその国外所得を内国法人が計上した時期との間にはタイムラグが生じ、そのタイムラグが事業年度をまたぐ場合が多い。

　本裁決は、このタイムラグが事業年度をまたいで生じたために、本件外国法人税を「納付することとなる日」の属する事業年度において国外所得がなかったために外国税額控除ができなかった事例である。海外取引が多く、外国法人税が継続的に生じている内国法人であれば、控除対象外国法人税額の繰越控除により外国税額控除のメリットが享受できると考えられるが、単発的に国外所得が発生し、国外所得の収益計上とこれに係る外国法人税を納付することとなった日が事業年度をまたいでいる場合には、外国法人税を損金に算入した方が結果的に税負担が少なくなる場合もある。

本裁決の留意点

　外国税額控除制度の対象となる外国法人税については、納付外国法人税が外国税額控除の対象となる法人税に該当するか否か（外国法人税の範囲）の判定、高率負担部分や租税条約に定める限度税率を超える部分の除外などの規定があり、その全額が税額控除されるとは限らない。また、控除限度額の計算や控除対象外国法人税額の繰越控除の計算も必要である。例えば、赤字により課税所得が発生せず、税額控除の適用を受けることができない場合や、控除限度額が不足している場合等、単年度でみれば損金算入の方が有利になるケースもあるが、外国税額控除は将来の３年間にわたって繰り越すこともできるため、納付外国法人税につ

いて、外国税額控除の適用と損金算入のいずれを選択するかは慎重に判断する必要がある。

　また、外国税額控除と損金算入の選択はすべての外国法人税について行うものであり、一部の外国法人税額については税額控除し、その他の外国法人税額については損金算入という選択はできないことに留意する必要がある。

◆関係法令

法人税法第69条、第41条、第78条第1項、法人税令第141条、第142条、第142条の2、第144条

◆関係キーワード

外国税額控除の選択適用

◆参考判決・裁決

福岡高裁平成19年5月9日判決・平成18年（行コ）12号
最高裁平成21年3月23日判決・平成19年（行ヒ）235号

（山崎　昇）

● 外国子会社合算税制

外国子会社合算税制上の適用除外要件である管理支配基準について、特定外国子会社等である香港法人の事務所において取締役会の決議事項の一部が決議され、会計帳簿の作成・保管がされていたとしても、当該特定外国子会社等の事業を実際に管理支配しているのが香港に常駐していない中国在住の役員である場合は、管理支配基準を満たさないとされた事例

平成29年9月7日裁決　東裁（法）29-36

裁決の要旨

　原処分庁が、請求人の香港子会社（以下「香港社」という。）は特定外国子会社等に該当し、外国子会社合算税制（以下「CFC税制」という。）の適用除外要件である管理支配基準を満たしていないとして、同税制を適用して原処分を行ったところ、請求人は、CFC税制の適用除外要件は、特定外国子会社等が独立企業としての実体を備え、かつ、その所在地国で事業活動を行うにつき十分な経済的合理性がある場合にまでCFC税制を適用することは我が国の企業の正常な海外投資活動を阻害する結果を招くことになるので避けるべきであるという趣旨で設けられたものであり、管理支配基準は、事業の管理運営の面からその趣旨に合致するかを判断するための基準であるから、管理支配基準を満たしているか否かは、特定外国子会社等の業務執行に関する意思決定及びその決定に基づく具体的な業務の執行が親会社等から独立して行われているか否かをもって判断すべきである旨主張する。

　しかしながら、特定外国子会社等が管理支配基準を満たしているか否かは、当該特定外国子会社等の重要な意思決定機関である株主総会及び

取締役会の開催、役員の職務執行、会計帳簿の作成及び保管等が当該特定外国子会社等の本店の所在する国又は地域で行われているかどうか、業務遂行上の重要事項を当該特定外国子会社等が自らの意思で決定しているかどうかなどの諸事情を総合的に考慮し、当該特定外国子会社等がその本店の所在する国又は地域において、独立した企業としての実体を備えて活動しているといえるか否かによって判断すべきである。これを香港社についてみると、その株主総会及び董事会（取締役会）の決議事項が、基本的に毎年7月に日本の親会社において開催される報告会において、あらかじめ香港社各株主及び本件各董事（取締役）に対して報告等が行われた上でその後その多くが書面決議等に至ったものと認められるほか、香港社の所在地である香港で董事会の決議事項の一部が決議されたものの、株主総会が香港で開催されたと認めることができないことからすると、香港社の業務執行上の重要事項の決定が香港において行われたと認めることはできず、また、香港社の業務を管理している董事長兼総経理（代表取締役）は、香港事務所には常駐しておらず、香港事務所に常駐している董事兼総経理（取締役）は中国の関連会社の董事長（代表取締役）を兼務し、当該中国関連会社の業務を通じて香港社の営業に関与していたにとどまり、香港社の事業の管理、運営は、香港事務所ではなく、中国関連会社において行われていたと認めるのが相当であることからすると、香港社の董事会（取締役会）の決議事項の一部が香港において決議され、会計帳簿の作成及び保管が香港において行われていたことなどの事実があったとしても、香港社は、香港において、その事業の管理、支配及び運営を自ら行っていたとはいえず、香港において独立した企業としての実体を備えて活動していたと認めることはできないから、香港社が管理支配基準を満たしていると認めることはできず、請求人はCFC税制の適用を受けることになる。

本裁決のポイント解説

本裁決は、CFC税制における「管理支配基準」の判定が争点となっ

た。

CFC税制は、平成29年度～令和元年度税制改正において大きな改正があり、本裁決は改正前のCFC課税であるが、本裁決で問題となった適用除外要件の一つである管理支配基準は、改正後においては経済活動基準の一つとして、また、特定外国関係会社におけるペーパーカンパニーの判定基準の一つとして重要であり、本裁決は実務の参考になる。

なお、ペーパーカンパニーの判定基準としての管理支配基準は、本裁決の認定事実において判定の要素となった「本店所在地国における」管理支配は求められていないことに留意する必要がある。

1　CFC税制の平成29年度～令和元年度税制改正の概要

改正前（本裁決は改正前の課税）は、内国法人等が直接・間接に50％超を有する外国関係会社が、税のない国・地域に所在する場合又は所得に対する租税負担割合が20％未満（平成27年度改正前は20％以下）である場合を「特定外国子会社等」と規定し、特定外国子会社等が適用除外要件（①事業基準、②実体基準、③管理支配基準、④所在地国基準又は非関連者基準）のいずれかを満たさない場合にCFC税制が適用されることとされていた。

改正後は、内国法人等の外国関係会社に対する持株割合の計算方法が掛け算方式から連鎖方式に改正され、外国関係会社について、経済活動基準（①事業基準、②実体基準、③管理支配基準、④所在地国基準又は非関連者基準）を全て満たす場合（部分対象外国関係会社）といずれかを満たさない場合（対象外国関係会社）とに区分し、前者の場合は租税負担割合が20％未満の場合に受動的所得のみを合算課税し、後者の場合は租税負担割合が20％未満の場合に会社単位で合算課税することとされた。それに加えて、外国関係会社が一定のペーパーカンパニー等に該当する場合（特定外国関係会社）は、租税負担割合が30％未満の場合は会社単位で合算課税することとされた。

254

2 「管理支配基準」における「本店所在地国において」「自ら事業の管理、支配等を行っている」ことに係る法令解釈

　　管理支配基準を満たすか否かについては、CFC税制における経済活動基準の判定実務においては最も問題となるといってよいであろう。そして、その判定は事実認定の問題となるのであるが、事実認定においてどのような事実についてどのように認定するかは、法令解釈に依拠することになるため、法令解釈も重要である。そこで、まず、管理支配基準に係る法令解釈をみてみる。

(1)　法令・通達

　　　法令上は、その本店又は主たる事務所の所在する国又は地域（以下「本店所在地国」という。）において、「その事業の管理、支配及び運営を自ら行つている外国関係会社」と規定され（措置法第66条の6第3項（現措置法第66条の6第2項第2号イ(2)))、「自ら事業の管理、支配等を行っている」かどうかについては、改正前措置法通達66の6-16《自ら事業の管理、支配等を行っていることの意義》において、「当該特定外国子会社等の株主総会及び取締役会等の開催、役員としての職務執行、会計帳簿の作成及び保管等が行われている場所並びにその他の状況を勘案の上判定するものとする。」と定められていた（ただし、本裁決においてこの通達は参照していない。）。

(2)　裁判例（東京高裁平成25年5月29日判決（平成24年（行コ）421号））

　　　東京高裁平成25年5月29日判決は、「管理支配基準が機能的な側面から独立企業としての実体があるかどうかを判断する基準であるとすれば、前提として、事業を行うために必要な常勤役員及び従業員が存在していることが必要であり、かつ、特定外国子会社等の業務執行に関する意思決定及びその決定に基づく具体的な業務の執行が親会社等から独立して行われていると認められるか否かについては、特定外国子会社等の株主総会及び取締役会の開催、役員として

の職務執行、会計帳簿の作成及び保管等が行われている場所等を総合的に勘案することが必要である。」と判示している。

(3) 本裁決の法令解釈

本裁決は、「特定外国子会社等が管理支配基準を満たしているといえるか否かは、当該特定外国子会社等の重要な意思決定機関である株主総会及び取締役会の開催、役員の職務執行、会計帳簿の作成及び保管等が当該特定外国子会社等の本店の所在する国又は地域で行われているかどうか、業務遂行上の重要事項を当該特定外国子会社等が自らの意思で決定しているかどうかなどの諸事情を総合的に考慮し、当該特定外国子会社等がその本店の所在する国又は地域において、独立した企業としての実体を備えて活動しているといえるか否かによって判断すべきものと解するのが相当である。」と法令解釈している。

(4) 請求人の法令解釈

請求人は、「特定外国子会社等が独立企業としての実体を備え、かつ、その所在地国で事業活動を行うにつき十分な経済的合理性がある場合にまで外国子会社合算税制を適用することは、我が国の企業の正常な海外投資活動を阻害する結果を招くことになるので、避けるべきであるという趣旨」からすれば、管理支配基準は、「当該特定外国子会社等の業務執行に関する意思決定及びその決定に基づく具体的な業務の執行が親会社等から独立して行われているか否かをもって判断すべきである。」と主張している。

3 本裁決における認定事実及び当てはめ

本裁決は、上記2(3)の法令解釈に従い、香港社の株主総会及び董事会（取締役会）の決議事項が、基本的に毎年7月に日本の親会社において開催される報告会において、あらかじめ香港社各株主及び本件各董事（取締役）に対して報告等が行われた上でその後その多くが書面決議等に至った事実、また、香港社の業務管理をしている董事長（代

表取締役）は香港に常駐せず、香港に常駐して直接香港社の業務管理
をしている董事もいないという事実を認定し、これらの認定事実のも
とにおいては、香港社の董事会（取締役会）の決議事項の一部が香港
において決議され、会計帳簿の作成及び保管が香港において行われて
いたことなどの事実があったとしても、香港社は、香港において、そ
の事業の管理、支配及び運営を自ら行っていたとはいえず、香港にお
いて独立した企業としての実体を備えて活動していたと認めることは
できないから、香港社が管理支配基準を満たしていると認めることは
できず、請求人はCFC税制の適用を受けることになるとしている、
と判断している。

4　自ら事業の管理、支配等を行っていることの意義

　旧措置法通達66の16-16は、「自ら事業の管理、支配等を行ってい
る」かどうかの判定要素として「当該特定外国子会社等の株主総会及
び取締役会等の開催、役員としての職務執行、会計帳簿の作成及び保
管等が行われている場所」という場所的要素を挙げており、改正前の
実務においても特定外国子会社等の株主総会及び取締役会等の開催場
所は判断要素して重視され、旧通達が留意事項として株主総会等の開
催が本店所在地国以外の場所で行われている事実等だけでは事業の管
理、支配及び運営を自ら行っていないことにはならない旨定めている
ことについては軽視される傾向にあった。これは、管理支配基準が、
「自ら事業の管理、支配等を行っている」のは「本店所在地国におい
て」であることを前提としているからであると考えられる。

　改正後に新設された新措置法通達66の6-7《自ら事業の管理、支
配等を行っていることの意義》については、「平成29年12月21日付課
法2-22ほか2課共同『租税特別措置法関係通達（法人税編）等の一
部改正について』（法令解釈通達）の趣旨説明」によれば、「本通達に
より従来の取扱いを変更するものではない。」と説明されている。し
かし、改正前の管理支配基準と改正後の経済活動基準の管理支配基準

における「自ら事業の管理、支配等を行っていることの意義」は同じであるとしても、新通達においては、特定外国関係会社に係るペーパーカンパニー判定基準の一つとしての管理支配基準における「自ら事業の管理、支配等を行っていることの意義」も同時に定めており、ペーパーカンパニー判定基準には「本店所在地国において」の文言がないから、この点を明確にするために、新通達では旧通達66の6-16における判定要素である「株主総会及び取締役会等の開催、役員としての職務執行、会計帳簿の作成及び保管等が行われている場所」の文言を除いていると考えられる。

　そして、新措置法通達66の6-7は、「『その事業の管理、支配及び運営を自ら行つている』こととは、外国関係会社が、当該外国関係会社の事業計画の策定等を行い、その事業計画等に従い裁量をもって事業を執行することであり、これらの行為に係る結果及び責任が当該外国関係会社に帰属していることをいうのであるが、次の事実があるとしてもそのことだけでこの要件を満たさないことにはならないことに留意する。

(1)　当該外国関係会社の役員が当該外国関係会社以外の法人の役員又は使用人（以下「役員等」という。）を兼務していること。

(2)　当該外国関係会社の事業計画の策定等に当たり、親会社等と協議し、その意見を求めていること。

(3)　当該事業計画等に基づき、当該外国関係会社の業務の一部を委託していること。」

と定めており（(2)については旧通達でも定められていた。）、外国関係会社の株主総会及び取締役会等の開催場所という場所的要素は「自ら事業の管理、支配等を行っている」かどうかの判定要素とはしておらず、明確になった。

5　本裁決のポイント

　外国関係会社は、内国法人等がその株式等を50％超保有する外国法

人（連鎖方式で判定）であるから、少なからず親会社の管理、支配を受けることになる。改正前のCFC税制においては、管理支配基準の判定において株主総会等の開催場所や役員の職務執行の場所など場所的要素を重視する傾向にあったと考えられる。

しかし、近年は、複数の国に所在する海外子会社がそれぞれ役割分担等により事業運営を行っている場合など、インターネットの普及により現地にいなくても一定の事業運営することが可能となり、必ずしも事業の業務執行をする専任役員を本店所在地国に常駐させて業務を遂行する必要がない場合もあろうから、新措置法通達は「その事業の管理、支配及び運営を自ら行つている」ことについてはその実質で判断することを明確にしたものと考えられる。

ただし、本裁決は、そのような現状であったとしても、経済活動基準としての管理支配基準の判断においては、自らが事業の管理、支配を行っているのが「本店所在地国において」であるかどうかについては、本店所在地国における株主総会及び取締役会の開催、及び役員の職務執行が判定要素として重要であることを示唆している。

本裁決の留意点

CFC税制の適用実務において管理支配基準が問題となるのは、CFC子会社が一定の事業を行っている場合であるが、改正前の適用除外要件の一つである管理支配基準も改正後の経済活動基準の一つである管理支配基準も、①「本店所在地国において」、②「自ら事業の管理、支配等を行っている」かどうかで判定することになる。

従来、CFC子会社における管理支配基準の判定においては、①と②を明確に区分せず、(a)株主総会及び取締役会の開催、(b)役員の職務執行、(c)会計帳簿の作成及び保管等の場所や、業務遂行上の重要事項をCFC子会社が自らの意思で決定しているかどうかを総合的に判断して判定することとしていたが、実務上は、子会社の業務遂行上の重要事項の意思決定は株主総会や取締役会で行われることが多いことから、(a)株

主総会及び取締役会の開催、及び(b)役員の職務執行が本店所在地国で行われているかどうかが重要な判定要素とされていた。本裁決もそのようにして管理支配基準を判定している。

　しかし、新措置法通達66の6-7により、「自ら事業の管理、支配等を行っていること」の意義は「外国関係会社が、当該外国関係会社の事業計画の策定等を行い、その事業計画等に従い裁量をもって事業を執行することであり、これらの行為に係る結果及び責任が当該外国関係会社に帰属していることをいう」と定められ、この判断においては場所的要素は判断要素とされていない。

　そうすると、「自ら事業の管理、支配等を行っている」かどうかの判定はますます難しくなるが、新通達は「本店所在地国において」について定めたものではないから、その判定において、株主総会及び取締役会の開催並びに役員の職務執行が「本店所在地国において」行われているかどうかは、経済活動基準の管理支配基準の判定要素として、相変わらず重要であることに留意する必要がある。

◆**関係法令**

措置法（平成22年度改正前のもの）第66条の6、旧措置法通達66の6-16

◆**関係キーワード**

外国子会社合算税制、管理支配基準

◆**参考判決・裁決**

東京高裁平成25年5月29日判決・平成24年（行コ）421号

（山崎　昇）

米国において保険業を行う外国関係会社は、総収入から費用等を控除した所得（課税所得）に対する課税に代えて、保険料収入以外の投資等に係る収入から非課税利子等を控除した投資所得（課税投資所得）に対して課税される制度を選択していたが、当該外国関係会社の租税負担割合については、課税所得を分母とし、課税投資所得に対して課された外国法人税の額を分子として、分母分子に所定の調整を加えて算定するとされた事例

平成30年7月2日裁決　東裁（法）平30-6

裁決の要旨

　保険会社である請求人の米国関係会社（以下「本件米国関係会社」という。）は、米国内国歳入法典（以下「歳入法」という。）第831条(b)項を適用し、総収入から費用等を控除して計算した所得（以下「本件米国課税所得（原則）」という。）に対する課税に代えて、保険料収入以外の投資等に係る収入から非課税利子等を控除した投資所得（以下「本件米国課税投資所得（代替）」という。）に対して課税されていた。これに対し、原処分庁が、本件米国関係会社の各事業年度（以下「本件各事業年度」という。）の租税負担割合は本件米国課税所得（原則）を基礎として計算した20％以下であるとして外国子会社合算税制（以下「CFC税制」という。）を適用して原処分を行ったところ、請求人は、本件各事業年度の租税負担割合は本件米国課税投資所得（代替）を基礎として計算した20％超である旨主張する。

　しかしながら、CFC税制における租税負担割合は、措置法令第39条の14第2項（現行＝措置法令第39条の17の2）において、外国関係会社の「各事業年度の所得に対して課される租税の額を当該所得の金額で除して計算した割合」と規定されているが、本件米国関係会社には米国課税投資所得（代替）に対して歳入法第11条の規定に基づく税率で租税が

課されており、CFC税制における租税負担割合の計算における「租税の額」は、米国課税投資所得（代替）に対して歳入法第11条における累進税率の最高税率35％を乗じた金額となる一方、「所得の金額」は、本件課税投資所得（代替）に、歳入法第831条(b)項の適用により法人税が課されないこととなった本件米国関係会社の税引後当期利益から本件課税投資所得（代替）を控除した差額（「外国法人税の課税標準に含まれないこととされる所得の金額」）を加算した金額となるから、本件米国関係会社は、租税負担割合が20％以下となり、CFC税制の適用を受けることになる。

<hr>

本裁決のポイント解説

　本裁決は、CFC税制における「租税負担割合」の計算方法が争点となった。

　CFC税制は、平成29年度〜令和元年度税制改正において大きな改正があり、本裁決は改正前のCFC課税であるが、本裁決で問題となった租税負担割合については、それほど大きな改正点はなく、本裁決は実務の参考になる。

1　米国における小規模保険会社（生命保険を除く）における課税所得
　計算の選択制度

　米国において生命保険会社以外の保険会社の課税所得について規定する歳入法第831条は、(a)項が一般法人の課税所得及び税額計算と同様の方法として、総収入から費用等を控除して課税所得を計算し（歳入法第832条）、累進税率（5万米ドル以下の部分15％、5万米ドル超7.5万米ドル以下の部分25％、7.5万米ドル超1,000万米ドル以下の部分34％、1,000万米ドル超の部分35％）により課税する方法（歳入法第11条）を規定しているのに対し、(b)項は、一定の小規模保険会社（純保険料収入が120万米ドルを超えないなど）については、歳入法第834条に規定する課税投資所得（利子や配当などの投資収入から非課

税利子等の金額を控除した金額）に対して歳入法第11条の累進税率により課税する代替的課税を選択することを認めている。

2　CFC税制の適用対象外となるかの基準となる「租税負担割合」の算定における留意事項

租税負担割合は、原則として、①外国関係会社の事業年度の所得に対して課される租税の額（以下「外国法人税の額」という。）を分子とし、②外国関係会社の事業年度の決算に基づく所得金額につき、その本店所在地国の外国法人税に関する法令の規定により計算した所得の金額（以下「本店所在地国法令による所得」という。）に一定の調整をした金額を分母として計算した割合とされている（措置法令第39条の17の2第1項）。

ここで、分子の外国法人税の額については、その本店所在地国の外国法人税の税率が所得の額に応じて高くなる場合には、その税率を「これらの税率のうち最も高い税率であるものとして算定した外国法人税の額とすることができる」という規定（措置法令第39条の17の2第2項第4号（旧措置法令第39条の14第2項第3号））があり、累進税率の場合には最高税率で課税された場合の税額とすることができることになる。

また、分母の本店所在地国法令による所得についてよく問題となるのは、本裁決もそうであるが、分母における「一定の調整」として分母に加算することとなる「本店所在地国の法令により外国法人税の課税標準に含まれないこととされる所得の金額」（以下「本店所在地国の法令による非課税所得」という。）である。

3　本裁決について

本裁決で問題となったのは、歳入法第831条(b)項を適用して課税所得を申告した本件米国関係会社に係る累進税率の捉え方及び租税負担割合の計算における「本店所在地国の法令による非課税所得」の範囲である。

(1) 請求人の主張

① 租税負担割合の分子の「外国法人税の額」

請求人は、本件米国関係会社が選択した代替的課税について、累進税率による課税、すなわち、代替的課税が選択できる要件の一つである純保険料収入120万米ドルまでは同条(b)項が適用されるが、同項は税額計算規定にすぎず、純保険料収入120万米ドルを超えた場合は同条(a)項により歳入法第832条により算定した米国課税所得（原則）に同法第11条の税率が適用されるという累進税率による課税である。すなわち、本件米国関係会社においては、純保険料収入120万米ドル以内の場合は税額がゼロになるという累進税率であるから、120万米ドル以内の純保険料収入の額に米国における最高税率35％を乗じた金額も本件米国関係会社に係る外国法人税の額に含めるべき旨主張した。

② 租税負担割合の分母の「本店所在地国の法令による非課税所得」

請求人は、本件米国課税所得（原則）のうち本件米国課税投資所得（代替）以外の所得も課税標準に含まれる所得であり、「本店所在地国の法令による非課税所得」には該当しない旨主張した。

すなわち、本件米国課税所得（原則）と本件米国課税投資所得（代替）の差額は、歳入法によって課税標準に含まれないと規定されているわけではないので、「本店所在地国の法令による非課税所得」ではないという主張であったと考えられる。

(2) 本裁決の判断

本裁決は、次のように判断している。

本件米国関係会社は、歳入法第831条(b)項の代替的課税の適用を選択したことにより、本件米国課税投資所得（代替）が措置法上の「本店所在地国法令による所得」となり、本件米国課税投資所得（代替）に35％を乗じた金額が措置法上の「外国法人税の額」となる。

　また、本件米国関係会社は、本件米国課税所得（原則）に対する課税に代えて本件米国課税投資所得（代替）に対して課税されているのであるから、本件米国課税所得（原則）から本件米国課税投資所得（代替）を控除した金額は、「本店所在地国の法令による非課税所得」となる。

4　本裁決のポイント

　CFC税制は、平成29年度〜令和元年度税制改正において大きな改正があり、改正後は、トリガー税率を廃止したとされているが、租税負担割合は事実上トリガー税率として機能しており、その算定は重要である。

　すなわち、外国関係会社の租税負担割合が20％未満であれば、当該外国関係会社が経済活動基準のすべてを満たしていても部分対象外国関係会社として受動的所得が合算課税されることになるし、経済活動基準のいずれかを満たしていない場合は対象外国関係会社として会社単位の合算課税がされることになる。また、租税負担割合が20％以上であっても30％未満であれば、当該外国関係会社が一定のペーパーカンパニーに該当する特定外国関係会社であれば会社単位で合算課税されることになるのである。

　本裁決は、外国において特定の業種などに代替的選択課税の制度がある場合における租税負担割合の計算方法を確認する上で、また、小規模な損害保険会社とはいえ、法人税の最高税率が35％の米国関係会社がCFC税制の対象となり得る場合があることを示すものとして、改正後の実務にも参考になる重要な裁決である。

本裁決の留意点

　CFC税制は、複雑であり、様々な論点があるが、本裁決は、租税負担割合が争点となった。

　租税負担割合については、従来から分母における「本店所在地国の法

令による非課税所得」が争点となるケースが多かったのであるが、分子の「外国法人税の額」の算定において、外国関係会社が代替的課税を選択している場合の計算方法についてはケースをみない。

　ただし、本裁決においては争点となってはいないが、本件においては損害保険会社の課税所得計算の問題が含まれている。すなわち、日本の損害保険会社の法人税の取扱いにおいても、平成15年12月19日課法2-24「損害保険会社の所得計算等に関する法人税の取扱いについて」（法令解釈通達）が示すとおり、損害保険会社が積み立てる支払備金や責任準備金等は、一定の限度計算をした上で損金に算入されることになる。そうしないと、現在の保険料収入に対して、これに対応する将来の保険金の支払見込額が控除されないまま課税されてしまうことになるからである。CFC税制上、この取扱いは租税負担割合には反映されないかもしれないが、適用対象金額の計算には反映されると考えられる。

　本裁決は、裁判において係争中であり、地裁判決（東京地裁令和4年3月10日判決）は出たものの、控訴中のようである。訴訟の動向を注視する必要がある。

◆関係法令

（平成27年度改正前）措置法令第39条の14第2項（現行＝措置法令第39条の17の2）

◆関係キーワード

外国子会社合算税制、租税負担割合

◆参考判決・裁決

東京地裁令和4年3月10日判決（平成30年（行ウ）607号、令和元年（行ウ）305号）

（山崎　昇）

● 移転価格税制（国外関連者寄附金）

内国法人が国外関連者に対して支払った金員について、ある製品の販売権許諾対価相当額は国外関連者寄附金と認定され、別の製品の販売権譲渡対価額については国外関連者寄附金とは認定されなかった事例

平成28年1月6日裁決　東裁（法）平27-73

裁決の要旨

　A製品等の製造販売業等を営む請求人が、A製品等の販売業務の一部を日本国の販売業者に移転したことにより金員を受領し、この金員を複数の国外関連者（以下「本件A各国外関連者」という。）に支払い（以下「本件A支払額」という。）、また、別の国外関連者（以下「本件B国外関連者」という。）の代理人としてB製品に係る独占販売権と商標権を販売業者に譲渡し、その譲渡対価（以下「本件B販売権譲渡対価額」という。）を受領し、この総額を本件B国外関連者に支払った（以下「本件B総支払額」という。）。これに対し、原処分庁が、本件A支払額は、請求人のA製品等に係る販売業務を当該販売業者に許諾又は譲渡した対価であり、請求人に帰属するから本件A各国外関連者に対する寄附金に該当し、本件B総支払額は、請求人が有するB製品の独占販売権及び商標権を譲渡した対価であり、請求人に帰属するから本件B国外関連者に対する寄附金に該当するなどとして原処分を行ったところ、請求人は、A製品等の日本における販売業務の譲渡対価は本件A各国外関連者に帰属し、本件B販売権譲渡対価額は本件B国外関連者に帰属するから、いずれも請求人の益金を構成せず、本件A支払額及び本件B総支払額は寄附金には該当しない旨主張する。

　しかしながら、A製品等の販売業務の一部を販売業者に移転する契約

は、日本国においてＡ製品等の独占販売権を有する請求人が、販売業者に対し、契約期間中、Ａ製品等の独占販売権並びに当該販売権と有機的一体として機能する特許、商標及びノウハウを実施・使用する権利を許諾し、当該許諾の対価を請求人が受領することを約した販売権許諾契約（以下、「本件Ａ販売権許諾契約」といい、本件Ａ販売権許諾契約に基づく取引を「本件Ａ販売権許諾取引」といい、本件Ａ販売権許諾取引の対価を「本件Ａ販売権許諾対価」という。）と認められ、本件Ａ販売権許諾対価額の全額が請求人に帰属するといえる。すなわち、本件Ａ販売権許諾対価額は、請求人に帰属するもので、本件Ａ各国外関連者に帰属するものではないから、請求人が受領する販売権許諾対価額を基礎とした本件Ａ支払額を本件Ａ各国外関連者に支払うべき理由は見当たらない。そうすると、本件Ａ支払額の支払は、金銭その他の資産又は経済的利益を対価なく他に移転する場合に該当し、通常の経済取引として是認できる合理的理由も存在しないから、本件Ａ支払額は、措置法第66条の４第３項に規定する国外関連者に対する寄附金の額に該当する。

一方、請求人は、Ｂ製品の独占販売権及び商標権を譲渡する契約（以下「本件販売権譲渡契約」という。）による譲渡前Ｂ製品独占販売権及びＢ製品商標権の譲渡者として本件Ｂ販売権譲渡対価額を受領する権利を有すると認められることから、本件Ｂ販売権譲渡対価額はその全額（以下「本件Ｂ販売権譲渡収益」という。）が請求人に帰属するというべきであるが、本件Ｂ販売権譲渡対価額のうちのＢ製品商標権及び譲渡前Ｂ製品独占販売権のそれぞれの譲渡対価は明らかではないものの、本件Ｂ総支払額には、本件Ｂ販売権等譲渡収益に係る原価として、本件Ｂ国外関連者に支払うべき金額が含まれていると認められ、総支払額の全額が経済的にみて贈与と同視し得る資産の譲渡又は経済的な利益の供与に該当するということはできず、本件Ｂ総支払額の全額が寄附金と認められないことから、措置法第66条の４第３項に規定する国外関連者に対する寄附金の額として損金の額に算入されないとした部分は、取り消すべきである。

本裁決のポイント解説

　本裁決は、原処分庁による国外関連者寄附金の認定が認められた支払と認められなかった支払が両方含まれており、措置法第66条の４第３項に規定する国外関連者に対する寄附金について理解する上で、実務の参考になる。

1　国外関連者との取引における留意点

　関連法人間の取引については恣意が入りやすいが、恣意性が認められる取引でも、基本的には、国内取引については法人税法第22条により、国際取引については措置法第66条の４により、独立企業間取引に修正されることになる。

　しかしながら、当事者間において恣意的意図はなくても、グループ全体の方針等に基づいて行われるような関連法人間取引、特に国外関連取引については、取引価格にゆがみが生じたり、無形資産の帰属が不分明なまま無償取引が行われる場合があるので注意が必要である。

2　本裁決について

　本裁決における契約関係や事実関係は複雑であるが、事実関係を整理すれば、請求人が属する多国籍企業グループにおいて、請求人が日本におけるＡ製品等の独占販売権及び商標権等の帰属は本件Ａ各国外関連者にあると認識し、国内販売業者から受け取ったＡ製品等の独占販売権及び商標権等の許諾の対価に相当する本件Ａ支払額を本件Ａ各国外関連者に支払い、また、請求人が日本におけるＢ製品の独占販売権及び商標権の帰属は本件Ｂ国外関連者にあると認識し、国内販売業者から受け取ったＢ製品の独占販売権及び商標権の譲渡の対価に相当する本件Ｂ総支払額を本件Ｂ国外関連者に支払っていたという事実関係である。

　本裁決は、原処分庁の調査担当職員等が関係者から得た契約締結の

経緯に係る申述が信用できると評価した上で、契約関係や契約条項を精査し、日本におけるＡ製品等の独占販売権及び商標権等は請求人に帰属し、Ａ製品等の独占販売権及び商標権等の許諾の対価も請求人に帰属すると認定し、本件Ａ支払額は本件Ａ各国外関連者に対する寄附金に該当すると判断している。一方、日本におけるＢ製品の独占販売権及び商標権は請求人に帰属し、Ｂ製品の独占販売権及び商標権の対価も請求人に帰属するものの、請求人は、Ｂ製品の商標権については収益に対応する取得原価としてＢ製品の商標権の取得対価を本件Ｂ国外関連者に支払うべきであるから、本件Ｂ総支払額の全額が本件Ｂ国外関連者に対する寄附金には該当しないと判断している。

3　本裁決における移転価格の主張について

　　移転価格か寄附金かは、古くから議論があるところではあるが、実務上は、取引内容や契約内容を精査し、事案に応じて判断されているものと考えられ、本裁決もそのように判断している。

　(1)　請求人の主張

　　　請求人は、日本国憲法第98条は条約は国内法に優先する旨規定するから、国外関連取引については租税条約の独立企業原則が法人税法第37条に優先するし（租税条約の直接適用の主張？）、措置法は一般法である法人税法の特別法であり、措置法第66条の４第１項及び第２項は法人税法第37条に優先するから、独立企業原則を適用しないで行った原処分は違法かつ無効であると主張した。

　(2)　本裁決の判断

　　　租税条約の規定は、我が国において独立企業原則に則した課税を行う直接の法的根拠とはなり得ないものと解するのが相当であるから、国内法の適用に優先して独立企業原則を適用すべきとする請求人の主張を採用することはできない（請求人の主張を租税条約の直接適用の主張と解して排斥）。

　　　措置法第66条の４第１項の適用がある場合における国外関連取引

の対価の額と当該国外関連取引に係る独立企業間価格との差額の取扱いを規定した同条第4項は、当該差額から法人税法第37条第7項に規定する寄附金の額に該当するものを除いており、仮に寄附金の額に該当するものがある場合には、措置法第66条の4第3項の国外関連者に対する寄附金の規定を適用することとなるから、請求人の主張する法令解釈を採用することはできない。

4　本裁決のポイント

　本裁決においては、最終的に、本件A支払額の支払について、金銭その他の資産又は経済的利益を対価なく他に移転する場合に該当し、通常の経済取引として是認できる合理的理由も存在しないと言い切って、本件A支払額が国外関連者に対する寄附金の額に該当すると認定する一方、本件B総支払額の支払については、本件B国外関連者に支払うべき金額が含まれていると認められるから、総支払額の全額が経済的にみて贈与と同視し得る資産の譲渡又は経済的な利益の供与に該当するということはできないとして、本件B総支払額の全額が寄附金の額とは認められないと認定している。

　すなわち、寄附金の額に該当するかどうかは、その全額が経済的にみて贈与と同視し得る資産の譲渡又は経済的な利益の供与に該当するかどうかで判断するスタンスを採っている。この点において、移転価格とは一線を画した判断をしている。

本裁決の留意点

　内国法人と国外関連者との金銭等の授受においては、一般的にいえば、対価性に着目すれば、対価性はあるが価格がALPでない場合は移転価格課税が行われ、対価性が全く認められない場合は国外関連者寄附金課税が行われることになり、また、支払形態に着目すれば、棚卸取引等継続的に行われる取引については移転価格課税が行われ、何らかの理由で単発的に行われる金銭等の支払については国外関連者寄附金課税が行

われることになる。

　そして、内国法人等が国外関連者に対する支払金額について自己否認して寄附金処理することはほとんどなく、国外関連者寄附金は、税務調査において問題となる場合が圧倒的に多い。その場合は納税者の認識とは異なる契約解釈や事実認定が行われるのであるが、それらの多くは、何らかの無形資産、例えば、本裁決の事例のように、独占販売権や商標権の許諾の対価や譲渡の対価に係るものが多い。

　したがって、多国籍企業グループ内において取引形態等の変更が行われるような場合には、グループ内における無形資産の存在の有無やその保有者、移転の有無について、十分に吟味する必要がある。

◆関係法令
措置法第66条の4

◆関係キーワード
国外関連者寄附金

（山崎　昇）

国外関連者に対する役務提供の対価として計上したサービスフィー（期末未払金）について、請求人が事前の合意に基づく取引価格の修正であり、移転価格上の価格調整金であると主張したのに対し、事前の合意があったとは認められず、合理的な理由に基づく価格調整金とは認められないとされた事例

平成28年6月9日裁決　東裁（法）平27-146

裁決の要旨

　合成樹脂製品の製造・販売を行う請求人は、1つの事業部門で製造する製品（以下「本件IPD製品」という。）を香港の国外関連者A社に販売し（以下「本件国外関連取引」という。）、A社は本件IPD製品を香港を含むアジア・太平洋地域の市場に販売していたが、請求人は、A社とサービス・アグリーメント（以下「本件契約書」という。）を締結し、本件契約書に基づくサービス報酬（以下「本件サービスフィー」という。）を本事業年度末に損金計上していた。これに対し、原処分庁が、当該金額は、本件契約書に基づく役務の提供がないにもかかわらず、A社と通謀して架空の契約書を作成し損金の額に算入したものであるとして原処分を行ったところ、請求人は、当該金額は、移転価格文書に基づくA社への本件IPD製品の販売に係る取引価格の修正による調整金であり、損金の額に算入されるものである旨主張する。

　しかしながら、①請求人、A社及び両社の米国親会社P社の担当者間のメールのやり取りによれば、本件契約書は、A社の本件IPD製品に係る営業損益がマイナスになる見込みであることに基因し、A社の本件IPD損益を均衡させるために、請求人とP社で折半して必要な金額を負担する旨の合意があったと認められること、②請求人がA社から本件契約書に基づく役務の提供を受けた事実はなく、また、請求人の担当者は、当該役務の提供の事実がないことを認識しながらA社との間で本件

契約書を作成したものと認められること、③Ｐ社グループの移転価格ポリシーには製造会社と販売会社との取引価格の修正又は遡及改定に関する具体的な記載はなく、外部の法律事務所が作成した請求人の本事業年度に係る移転価格文書にもＡ社との取引に係る取引価格の遡及改定の記載はないこと等から、本件サービスフィーは、役務の提供の対価又は本件国外関連取引に係る合理的な理由に基づく取引価格の修正による価格調整金のいずれにも該当せず、また、当審判所の調査によっても、本件国外関連取引又はその他の取引に係る何らかの対価であることを認めるに足りる証拠はないから、金銭を対価なく他に移転させるものと認められる。そして、本件サービスフィーを支払わなければ、請求人が今後より大きな損失等を被ることが社会通念上明らかであると認められるためやむを得ず行ったものであるなど、その行為について通常の経済取引として是認することができる合理的な理由は存在しないものと認められる。

　以上のことから、本件サービスフィーは、法人税法第37条第7項に規定する寄附金の額に該当し、かつ、国外関連者Ａ社に対する寄附金の額として措置法第66条の4第3項の規定の適用対象となるというべきである。なお、未払寄附金は損金の額に算入されないところ、本件サービスフィーは本事業年度の末日までにＡ社に支払がされていないことから、本事業年度の損金の額に算入されず、Ａ社に支払がされた事業年度において、措置法第66条の4第3項の規定が適用されることとなる。

本裁決のポイント解説

　請求人及び本件国外関連取引の相手である香港法人Ａ社は米国法人Ｐ社を100％親会社とする兄弟会社であり、本件IPD製品の製造会社と販売会社であることからすれば、当然に移転価格課税問題が生じ得る取引である。そして、Ｐ社グループは移転価格ポリシーを作成し、請求人も外部の法律事務所にTPレビュー（移転価格文書の作成）を依頼している。

　本裁決は、Ｐ社グループのような製造・販売企業グループにおける移転価格ポリシーであれば取り決めておいてしかるべき価格調整金に係る取決めがなかったことに基因し、請求人におけるTPレビューの際にも価格改定におけるリスクが指摘されているにもかかわらず、請求人等において、価格調整金の取決めをすることを怠る一方、架空の契約書と認定されるような契約書を作成して実質的に価格調整金といえるような金額を本事業年度末に計上したことについて、損金算入を否認されるとともに、重加算税を賦課決定された事案であり、移転価格における価格調整金に係る実務の参考になる。

1　移転価格における価格調整金とは

　移転価格における価格調整とは、すでに行われた国外関連取引に係る対価の額を事後に独立企業間価格（以下「ALP」という。）に修正することである。移転価格において価格調整金の支払等が損金と認められるためには「合理的な理由に基づく取引価格の修正」である場合に限られる。

　この点につき、本裁決は、移転価格事務運営要領（以下「TP事務運営指針」という。）3-20（現行＝3-21）（価格調整金等がある場合の留意事項）を参照しているが、同指針は次のとおり定めている。

　「法人が価格調整金等の名目で、既に行われた国外関連取引に係る対価の額を事後に変更している場合には、当該変更が合理的な理由に基づく取引価格の修正に該当するものかどうかを検討する。

　当該変更が国外関連者に対する金銭の支払又は費用等の計上（以下「支払等」という。）により行われている場合には、当該支払等に係る理由、事前の取決めの内容、算定の方法及び計算根拠、当該支払等を決定した日、当該支払等をした日等を総合的に勘案して検討し、当該支払等が合理的な理由に基づくものと認められるときは、取引価格の修正が行われたものとして取り扱う。

　なお、当該支払等が合理的な理由に基づくものと認められない場合

には、当該支払等が措置法第66条の4第3項の規定の適用を受けるものであるか等について検討する。」

2 例外的に事前の取決めがなくても「合理的な理由に基づく取引価格の修正」と認められる場合

上記1のとおり、価格調整金を本来の価格調整金として機能させるためには事前に取り決めておく必要があるのであるが、例外的に事前の取決めがなくても価格調整金と認められる場合がある。この点につき、本裁決はTP事務運営指針別冊「移転価格税制の適用に当たっての参考事例集」【事例26】（現【事例29】）（価格調整金等の取扱い）《前提条件1》を参照している。

《前提条件1》は、例外的に事前の取決めに基づかずに遡及して国外関連取引に係る対価の額を変更しても合理的な理由に基づく取引価格の修正によるものと認められるケースとして、非関連者間取引において同様の価格調整金等の支払が行われる場合を挙げ、「P社とS社は、事前の取決めに基づかずに遡及して国外関連取引に係る対価の額を変更しているが、当該国外関連取引と類似する非関連者間取引においても同様の変更が行われていることから、P社がS社に支払った価格調整金については、合理的な理由に基づく取引価格の修正によるものと認められる。」と説明している。

これはあくまでも例外的なケースであり、また業界の慣習として認められている事後的な価格調整であるから、そもそも移転価格における価格調整金問題は生じないであろう。

3 ALPで取引が行われたかどうかの判定と事前の価格調整金の定め

国外関連取引がALPで行われたかどうかについては、租税特別措置法第66条の4に規定するALPの算定方法（以下「ALP算定方法」という。）に基づいて判定することになるが、例えば、ある法人が、取引単位営業利益法（以下「TNMM」という。）のように比較対象取

引を用いてALPを算定するALP算定方法を採用し、事前確認（以下
「APA」という。）や移転価格ポリシーの作成などにより事前に検証
対象企業の営業利益率レンジを設定する場合には、期中における価格
改定が遅れたなどの諸事情により、取引価格が事業年度に事前に設定
していた営業利益率レンジの範囲内に収まらない場合がある。

　そのような場合に備え、移転価格の実務においては、期末における
取引価格の修正でも「合理的な理由に基づく取引価格の修正」と認め
てもらうために、事前に覚書等に基づいて価格調整金の授受を定めて
おき、APAの申出書類やALPを算定するために必要と認められる書
類（以下「ローカルファイル」という。）に記載している場合が多
い。

4　本裁決について
(1)　請求人の主張

　　本件サービスフィーは、Ａ社の本事業年度の本件IPD製品に係る
営業利益が激減することとなったため、本件IPD製品に係る損益が
ゼロとなるよう請求人及びＰ社から価格調整金を支払うもので、当
該支払は請求人のTPレビューに従ったものであり、この価格調整
金を考慮した後のＡ社の営業利益率はほぼ独立企業間の平均水準に
近い数字となっている。請求人とＡ社との間には、価格調整金の支
払に関する事前の取決めを明確にした移転価格文書は存在していな
いものの、本件サービスフィーは、Ａ社が請求人のTPレビューに
おけるTNMMに基づく適正な利益を確保すること及びＡ社が果た
している役割に基づく適正な所得配分を目的としたもので、経済合
理性又は実体のないものではなく、価格調整金としての実質を有す
るものである。

(2)　本裁決の判断

　　本裁決は、次の①～④のとおり事実認定し、本件サービスフィー
は、本件国外関連取引に係る取引価格の遡及改定に関する事前の取

決めがあったと認められないこと、並びに支払等に係る理由、算定の方法及び計算根拠が本件国外関連取引に係る取引価格を事後に変更する場合の合理的な理由又は算定とはいえないことから、合理的な理由に基づく取引価格の修正による価格調整金に該当しない、と判断している。

① 請求人、Ａ社及Ｐ社の担当者間のメールのやり取りによれば、本件契約書は、Ａ社の本件IPD製品に係る営業損益がマイナスになる見込みであることに基因し、Ａ社の本件IPD損益を均衡させるために、請求人とＰ社で折半して必要な金額を負担する旨の合意があったと認められる。

② 請求人がＡ社から本件契約書に基づく役務の提供を受けた事実はなく、また、請求人の担当者は、当該役務の提供の事実がないことを認識しながらＡ社との間で本件契約書を作成したものと認められる。

③ Ｐ社グループの移転価格ポリシーには製造会社と販売会社との取引価格の修正又は遡及改定に関する具体的な記載はなく、外部の法律事務所が作成した請求人の本事業年度に係る移転価格文書にもＡ社との取引に係る取引価格の遡及改定の記載はない。

④ 請求人は、本件サービスフィーの計上に際し、本事業年度における本件国外関連取引という取引単位でのＡ社の損益実績を確認し検証していない。また、本件サービスフィーは、Ａ社の本件IPD製品の損益を均衡させるために、IPD製品の売上げは請求人が製造した製品のほかにＰ社及びＰ社グループのその他の製造会社が製造した製品が併せて67％程度あるにもかかわらず、これら３社の製品に係る損益を確認し検証することなく、請求人とＰ社のみが折半して負担するよう計算されたものであるから、本事業年度の本件国外関連取引に係るＡ社が得るべき独立企業間の営業利益の額と営業利益の額の実績値との差額をもとに算定したものとは認められない。

5　本裁決のポイント

　移転価格において価格調整金の支払等が損金と認められるためには
原則として「合理的な理由に基づく取引価格の修正」である場合に限
られるが、その判断は、「当該支払等に係る理由、事前の取決めの内
容、算定の方法及び計算根拠、当該支払等を決定した日、当該支払等
をした日等を総合的に勘案」するとされており（TP事務運営指針3‐
21）、本裁決は、このTP事務運営指針に基づいて判断している。

　一方、請求人は、Ｐ社グループの移転価格ポリシーにも、請求人が
外部の法律事務所に依頼して作成した移転価格文書にも価格調整金に
係る記載がないだけでなく、請求人の移転価格文書には、本件IPD製
品等を販売するＰ社グループ会社への移転価格については、Ｐ社グ
ループ会社が独立企業間の利益に達することを見込んで製品の市場価
格を参考にして定期的に交渉されるため、当該製品の市場価格が変動
した場合にはＰ社グループ会社は新たな価格が交渉されるまでは市場
リスクを負う旨の記載あるにもかかわらず、価格調整金に係る事前の
取決めをしていなかった。しかも価格調整金とは言い難い役務提供に
係る本件契約書を作成して本件サービスフィーを支払うこととしてA
社の営業利益率を調整したため、仮装、隠蔽と認定され、重加算税の
賦課決定処分も受けている。

　一定規模の国外関連取引があって移転価格課税リスクがある場合に
は、ローカルファイル等を準備しておくことが重要であるが、ALP
算定方法としてTNMMのように比較対象企業の営業利益率レンジで
ALPを検証する方法を採用する場合には、経済情勢や事業環境の変
化などにより検証対象法人の営業利益率が低下する場合などに備え
て、事前に価格調整金に係る取決めをしておくことが重要である。

　平成28年度税制改正により、国外関連取引の合計金額（前事業年度）が50億円以上又は無形資産取引の合計金額（前事業年度）が３億円以上である法人は、当該国外関連取引に係るローカルファイルを確定申告書の提出期限までに作成又は取得し、保存しなければならないという、いわゆる「同時文書化義務」が制度化された。また、上記の取引金額未満で同時文書化義務が免除される国外関連取引であっても、調査において提示又は提出が求められた日から60日以内の調査官の指定する日までにローカルファイルに相当する書類提出する必要がある。

　そして、移転価格ポリシー等により事前に検証対象企業の営業利益率レンジを設定していても、期中における諸事情により、事業年度末において算定した営業利益率が事前に設定していた営業利益率レンジの範囲内に収まらない場合があるから、覚書等により事前に価格調整金に係る取決めをしておくことは必須である。

◆関係法令

措置法第66条の４、移転価格事務運営要領３−21

◆関係キーワード

移転価格税制、価格調整金、ローカルファイル

（山崎　昇）

請求人が非関連者との技術支援契約に基づいて行った技術支援について、事実上国外関連者との取引であると認定して行った移転価格課税が取り消された事例

令和2年3月19日裁決　関裁（法）令元–43

裁決の要旨

　請求人は、タイ国所在の国外関連者（以下「本件国外関連者」という。）に対し製品Aの基幹部品（以下「本件基幹部品」という。）を製造販売し、本件国外関連者は本件基幹部品をフィリピン法人（以下「本件フィリピン法人」という。）に販売し、本件フィリピン法人は本件基幹部品をフィリピン国内で製品Aの組立製造を行っているメーカーY（以下「本件メーカー」という。）に販売しているところ、請求人は、本件フィリピン法人との間で技術支援契約を締結し（以下「本件技術支援契約」という。）、この契約に基づいて本件基幹部品に係る技術支援（以下「本件技術支援」という。）をしていたが、本件技術支援は請求人が本件国外関連者の工場に請求人の従業員を常駐又は出張させて（以下それぞれ「本件常駐従業員」、「本件出張従業員」という。）行っていた。

　これに対し、原処分庁は、本件技術支援が本件国外関連者の工場内で請求人の従業員により行われている事実から、本件技術支援は請求人と本件国外関連者との間の国外関連取引（役務提供取引）であると認定し、措置法第66条の4を適用して独立企業間価格で対価を授受すべきであるとして原処分を行った。

　しかしながら、本件技術支援契約は、本件フィリピン法人が本件メーカーの要求する品質に合致する製品A用の本件基幹部品を安定して調達するために請求人と締結したものであり、請求人は本件フィリピン法人と締結した本件技術支援契約に基づいて役務提供を行ったことがうかがわれるから、本件技術支援は、請求人が本件国外関連者との間で行った

役務の提供であったとは認められない。

本裁決のポイント解説

　移転価格課税が行われるのは、通常は、内国法人等とその国外関連者との取引があり、その取引が独立企業間価格で行われていない場合である。しかし、実務においては、内国法人等が国外関連者とは認識していない外国法人と行っていた取引について、課税庁がその外国法人が国外関連者であると認定した上で移転価格課税が行われる場合や、IGS（企業グループ内役務提供）に係る移転価格課税の場合にみられるように、国外関連者との間に取引がないようにみえても、役務提供取引等が存在すると認定した上で移転価格課税が行われる場合がある。

　本裁決は、原処分庁が国外関連取引（役務提供取引）を認定した上で移転価格課税を行ったもので、しかも原処分が取り消されたものであり、実務の参考になる。

1　本件技術支援に係る事実関係

　本裁決に係る事実関係は、本件技術支援契約自体は請求人と非関連者である本件フィリピン法人との間で締結されているのであるが、本件技術支援自体は、本件常駐従業員や本件出張従業員が本件国外関連者の工場において行っている。

　原処分庁は、この事実関係に着目し、本件技術支援について、請求人が本件国外関連者のとの間の国外関連取引に該当する役務提供と認定しているのである。

2　本件技術支援契約締結の経緯

　本件国外関連者は、独自技術を用いた専用切削機械（以下「本件専用機械」という。）を用いて本件基幹部品を製造して本件フィリピン法人に販売し、本件フィリピン法人は本件基幹部品を組み込んだ製品

Aを本件メーカーに販売していた。ただし、本件専用機械は本件国外関連者がグループ会社から譲渡を受けたものであるため、本件国外関連者は、本件専用機械による製造の技術や経験がなかった。

　一方、本件フィリピン法人は、本件メーカーが本件専用機械による本件基幹部品の製造技術を高く評価していたこともあり、同社との取引を継続するには同社が要求する品質に対応するため、製品Aの基幹部品を製造する本件専用機械に係る技術支援を必要とした。

　そこで、本件専用機械による製造の技術や経験を有する請求人が、本件基幹部品の直接の取引先ではないものの、本件フィリピン法人の要請に応える形で、同社と本件技術支援契約を締結したのである。

3　本裁決の判断

　本裁決は、次のとおり、本件技術支援契約に基づいて行われた本件技術支援には合理性があると判断し、原処分庁の国外関連取引の認定と移転価格課税を取り消している。

　「確かに、請求人は、（…）本件国外関連者の製造する本件基幹部品に係る技術支援を行うために、本件出張者を本件国外関連者の工場に出張させ、本件技術支援を行わせているが、この本件技術支援は、（…）本件フィリピン法人の要請を受けて行われており、請求人は、その支援した内容及びその結果などの情報を本件フィリピン法人に提供していたことが認められる。また、本件技術支援の対象である本件基幹部品は、（…）本件フィリピン法人が本件メーカーに販売している製品Aの基幹部品で、それによって本件製品Aの性能を左右するものであり、本件メーカーも本件基幹部品の製造技術を高く評価して取引を行っていたことからすると、本件フィリピン法人にも、本件メーカーの要求する品質に合致した本件基幹部品を安定して調達するために、本件技術支援を受ける必要があったと認められる。そして、本件技術支援契約は、（…）そのような本件メーカーとの取引に鑑みて締結されたものであって、また、本件各契約の対価の決定に当たって

も、(…) 本件国外関連者の工場への出張等に係る費用などが基礎とされていたことなども考慮すれば、本件技術支援が本件フィリピン法人との間で締結された本件技術支援契約に基づいて行われたとすることにも合理性がある。」

4　本裁決のポイント

　　国外関連取引については、恣意が入り込む余地があることから移転価格税制により独立企業間価格で取引したとみなして課税関係を律することとしているのであるが、「恣意」については、国外関連者との契約関係にも入り込む余地があることから、移転価格調査においては、契約の内容もさることながら、事実関係も重視される傾向がある。

　　本裁決は、請求人が非関連者との契約に基づいて行った技術支援に係る役務が、表面的な事実として国外関連者に対して行われていたために移転価格課税を受けたものであるが、契約の内容と役務提供の実質が矛盾していなかったことから原処分が取り消されることになったものである。

本裁決の留意点

　　非関連者との契約に基づく役務提供であっても、課税庁により事実関係に着目にして国外関連取引が認定され、移転価格課税が行われる可能性があることに留意する必要がある。

　　本裁決においては、表面的な事実関係としては請求人と本件国外関連者との役務提供取引のように見える取引であったが、契約において役務提供の趣旨や内容を明記し、また、契約に至る経緯を矛盾なく説明できたことが取消しとなった理由と考えられる。

◆関係法令

措置法第66条の 4

◆関係キーワード

国外関連取引、役務提供取引

（山崎　昇）

◇著者紹介◇

【編集代表】
成松　洋一（なりまつ　よういち）

国税庁法人税課課長補佐、国税不服審判所（本部）国税審判官、名古屋国税不服審判所部長審判官、東京国税局調査第三部長を経て退官。現在、税理士。

【執筆者】（五十音順）
糸賀　定雄（いとが　さだお）

国税庁法人課税課、東京国税局調査第一部調査審理課長、名古屋国税不服審判所部長審判官、板橋税務署長を経て退官。現在、税理士。

奥田　芳彦（おくだ　よしひこ）

国税庁法人税課課長補佐、国税不服審判所（本部）国税審判官、東京国税不服審判所横浜支所長、同審判所部長審判官、高松国税不服審判所長を経て退職。現在、税理士。

髙田　次郎（たかだ　じろう）

東京国税局調査第一部主任国際調査審理官、東京国税不服審判所審判官、島田税務署長、小田原税務署長を経て退職。現在、税理士。

諸星　健司（もろほし　けんじ）

国税庁消費税課、東京国税局調査第一部調査審理課課長補佐、東京国税不服審判所国税副審判官を経て退官。現在、税理士。

矢田　公一（やだ　こういち）

国税庁法人課税課課長補佐、東京国税局課税第二部資料調査第三課長、大阪国税不服審判所部長審判官、四谷税務署長を経て退官。現在、税理士。

山崎　昇（やまざき　のぼる）

国税庁調査課主査、国税不服審判所（本部）国税審判官、東京国税局調査第一部国際監理官、豊島税務署長を経て退官。現在、税理士。

サービス・インフォメーション

┌──────────── 通話無料 ────────────┐

①商品に関するご照会・お申込みのご依頼
　　　　TEL 0120 (203) 694／FAX 0120 (302) 640
②ご住所・ご名義等各種変更のご連絡
　　　　TEL 0120 (203) 696／FAX 0120 (202) 974
③請求・お支払いに関するご照会・ご要望
　　　　TEL 0120 (203) 695／FAX 0120 (202) 973

└────────────────────────────┘

●フリーダイヤル（TEL）の受付時間は、土・日・祝日を除く
　9：00〜17：30です。
●FAXは24時間受け付けておりますので、あわせてご利用ください。

税務重要裁決事例　企業編　第2集
〜元審判官が解説！税理士が誤りやすいポイント〜

2023年3月25日　初版発行

編集代表　成　松　洋　一
発行者　　田　中　英　弥
発行所　　第一法規株式会社
　　　　　〒107－8560　東京都港区南青山2-11-17
　　　　　ホームページ　https://www.daiichihoki.co.jp/

裁決事例企業2　ISBN 978-4-474-09202-0　C2034　(3)